Studien Über Die Schwärmer Einiger Süsswasseralgen: Mit Unterstützung Der Gesellschaft Zur Förderung Deutscher Wissenschaft, Kunst Und Literatur In Böhmen Durchgeführt...

Adolf Pascher

BIBLIOTHECA BOTANICA.

Original-Abhandlungen

aus

dem Gesamtgebiete der Botanik.

Herausgegeben

von

Prof. Dr. Chr. Luerssen

Königsberg i. Pr.

Heft 67.

Dr. Adolf Pascher:

Studien über die Schwärmer einiger Süsswasseralgen.

Mit 3 Tafeln.

STUTTGART.
E. Schweizerbartsche Verlagsbuchhandlung (E. Nägele).
1907.

BIBLIOTHECA BOTANICA.

Original-Abhandlungen

aus

dem Gesamtgebiete der Botanik.

Herausgegeben

von

Prof. Dr. Chr. Luerssen

in Königsberg i. Pr.

Band XIV.

STUTTGART.

E. Schweizerbartsche Verlagsbuchhandlung (E. Nägele).

1907.

Satz und Druck der Chr. Belser'schen Buchdruckerei. Stuttgart.

INHALTS-VERZEICHNIS.

BIBLIOTHECA BOTANICA.

Original-Abhandlungen

aus

dem Gesamtgebiete der Botanik.

Herausgegeben

von

Prof. Dr. Chr. Luerssen
Königsberg i. Pr.

Heft 67.

Dr. Adolf Pascher

Studien über die Schwärmer einiger Süsswasseralgen.

Mit 8 Tafeln.

STUTTGART.
E. Schweizerbartsche Verlagsbuchhandlung (E. Nägele).
1907.

Studien über die Schwärmer

einiger Süsswasseralgen.

Mit Unterstützung der Gesellschaft zur Förderung deutscher Wissenschaft,
Kunst und Literatur in Böhmen durchgeführt

von

Dr. Adolf Pascher,

Assistenten am botanischen Institute der deutschen Universität zu Prag.

═══ Mit 8 Tafeln. ═══

STUTTGART.
E. Schweizerbartsche Verlagsbuchhandlung (E. Nägele).
1907.

Vorliegende Abhandlung führt sich auf eine Reihe von Untersuchungen, die im Laufe der letzten vier Jahre an verschiedenen Chlorophyceen gemacht wurden, zurück. Diese Untersuchungen, die mit dem Studium der Reproduktion einzelner Arten begannen und sich erst nach und nach zum Vergleich der erhaltenen Resultate entwickelten, bezwecken: für den Fall, als zwischen den einzelnen Schwärmertypen der Chlorophyceen Beziehungen bestehen, solche festzustellen.

Bekanntlich wird die Schwärmerreproduktion nicht nur bei den höheren Grünalgen, sondern auch bei den Braunalgen nicht durch e i n e n bestimmten Schwärmertypus, sondern gewöhnlich durch deren m e h r e r e besorgt, die sich in ihrer Morphologie und ihrer Keimungsgeschichte sowie auch in ihrer Physiologie verschieden verhalten. So sehen wir, daß bei fast sämtlichen Chlorophyceen ein Schwärmertypus die ungeschlechtliche direkte Vermehrung besorgt, ein anderer dafür die Fähigkeit hat, Dauerstadien zu bilden oder sich auch geschlechtlich zu verbinden, wenn nicht ein für diesen letzteren Zweck wieder neuer Zoosporentypus auftritt. Diese einzelnen Zoosporentypen, die an den einzelnen Algen von C r a m e r , D o d e l - P o r t angefangen von verschiedenen Autoren mit verschiedener Genauigkeit studiert wurden, haben eine eingehendere Behandlung erst durch K l e b s[1]) gefunden, der insbesondere ihr differentes physiologisches sowie entwickelungsgeschichtliches Verhalten bei vielen Arten und Gattungen klarlegte. Es kann hier nicht näher auf die Entwickelung unserer Kenntnis von den Zoosporen eingegangen werden, Tatsache ist es aber, daß die so interessanten Untersuchungen K l e b s', die sich auf die äußeren Bedingungen der Schwärmerbildung bezogen, keine Fortsetzung fanden, obwohl in den von ihm erzielten Resultaten eine Reihe von neuen Fragen angeschnitten waren.

So hat K l e b s das erstemal sicher nachgewiesen, daß zwischen den drei Zoosporen von *Ulothrix* Übergänge existieren, und er sagt ausdrücklich, daß diese drei Schwärmertypen keine scharf abgegrenzten seien. Diese Angabe gab den eigentlichen Anstoß zu den vorliegenden Untersuchungen, die den Beziehungen der einzelnen Zoosporentypen untereinander bei verschiedenen Algen höher entwickelter Familien nachgingen.

Diese Beziehungen schienen deshalb einer näheren Untersuchung wert zu sein, weil einerseits die Zoosporen die ursprünglichen Vermehrungsorgane der Grünalgen darstellen, andererseits sich aber aus ihnen in mannigfacher Form die Produkte der geschlechtlichen Fortpflanzung, sei sie nun eine solche durch Iso- oder Hetero-Gameten, ableiten lassen.

Ferner liegen uns ja bei einzelnen Phaeozoosporen ähnlich ungeklärte Verhältnisse vor: die neutralen Schwärmer von einigen *Ektocarpus*-Arten oder *Giffordia* — deren erstere nach O l t m a n n s[2]) ähnliche Schwärmerbeziehungen haben sollen, wie *Ulothrix*.

Sind nun Beziehungen zwischen den einzelnen Zoosporentypen vorhanden, so müssen sich dieselben in der Morphologie der Schwärmer sowie in ihrer Entwicklungsgeschichte zeigen, — und dadurch waren die Untersuchungen in eine bestimmte Bahn gelenkt: eingehend einerseits die Morphologie, und Hand in Hand damit die Variation der einzelnen Zoosporentypen zu prüfen, andererseits eben mit Rücksicht auf diese Resultate die Entwickelungsgeschichte der Schwärmer zu untersuchen und zu vergleichen.

[1]) K l e b s , Bedingungen der Fortpflanzung bei einigen Algen und Pilzen (Fischer-Jena).
[2]) O l t m a n n s , Morphologie und Biologie der Algen, II, 71.

Da nun die einzelnen Zoosporentypen einerseits durch eine bestimmte Morphologie, andererseits durch eine bestimmte Entwicklung charakterisiert sind, so war die Aufgabe mehr dahin präzisiert: gibt es in der Morphologie und Entwicklungsgeschichte der einzelnen Zoosporentypen Übergänge, und welcher Art sind sie?

Lassen sich nun derartige Übergänge in der Tat nachweisen, führen derartige Übergänge von einem Zoosporentypus zum anderen, so liegt die Frage nach der Ableitung der einzelnen Zoosporentypen von einander, die Frage nach ihrer einheitlichen Entstehung, aber auch die Frage nach der Ursache der so mannigfach verschiedenen Schwärmerreproduktion bei den einzelnen Algen auf der Hand.

Die Untersuchung der Morphologie der Schwärmer wird sich nur beim Vergleich größeren Zoosporenmateriales der betreffenden Alge ermöglichen lassen, die Morphologie wird erst dann völlig klar sein, wenn wir über die Variation der Schwärmer eines Schwärmertypus orientiert sind.

Damit verbindet sich aber wieder die neue Frage: sind bei den einzelnen Algengattungen und Arten die Übergänge bei den analogen Schwärmertypen die gleichen? — und ist die Variation der Schwärmer der einzelnen Zoosporentypen eine übereinstimmende oder zeigen die einzelnen Gattungen und Arten darin Verschiedenheiten, vielleicht Verschiedenheiten von einer gewissen Gesetzmäßigkeit?

Demnach ließen sich mancherlei Resultate erwarten.

Damit ergab sich aber auch eine natürliche Teilung der Untersuchungen, die auch für die Erzählung der Resultate beibehalten worden ist, so daß die Abhandlung in zwei Hauptteile zerfällt:

1. in die Untersuchungen über die Variation der Zoosporentypen;

2. in die Untersuchungen über die Entwicklungsgeschichte derselben,

beide mit besonderer Berücksichtigung der intermediären Schwärmerformen.

In jedem dieser Teile ist eine zusammenfassende und vergleichende Darstellung der Resultate gegeben.

In einem abschließenden 3. Abschnitt finden sich dann allgemeine Zusammenfassungen nebst Bemerkungen über die Verwendung der erhaltenen Resultate für die Systematik.

In einer anderen Abhandlung, die aber noch nicht abgeschlossen ist und die zu dieser Abhandlung in mannigfacher Beziehung steht, soll insbesondere die Cytologie der Zoosporangien sowie die Bildungsgeschichte der Zoosporen Behandlung finden.

Direkt verwendbar fand ich in der Literatur, soweit sie mir zur Verfügung stand, nur Weniges. Mit Ausnahme einiger weniger zusammenhängender Untersuchungen, die immer, soweit sie sich auf hier untersuchte Gattungen beziehen, bei diesen zitiert und besprochen sind, fanden sich meist nur gelegentlich gemachte Beobachtungen, die allgemeiner nicht verwertet werden können. Andererseits war es von vornherein unmöglich, all die zahlreichen, zum größten Teil bloß floristischen Notizen, in denen sich eventuell hier einschlägige Beobachtungen finden könnten, durchzusehen.

Ich kann es mir nicht versagen, der löblichen Gesellschaft zur Förderung deutscher Wissenschaft, Kunst und Literatur in Böhmen, die mir eine nicht unbedeutende Subvention zukommen ließ und der ich zu herzlichstem Danke verpflichtet bin, ebenso wie meinem verehrten Lehrer Herrn Professor von Beck, der den zu vorliegenden Untersuchungen notwendigen Bedürfnissen weitgehendst Rechnung trug, auch hier recht herzlich zu danken.

I. Teil.

Untersuchungen über die Variation der Zoosporen einiger Chlorophyceen.

Vorbemerkungen.

Die Untersuchungen über die Variation der Zoosporen einiger Chlorophyceen, die der Hauptsache nach zu den *Ulotrichales* gehören, bezwecken möglichst genauen Aufschluss zu erhalten über die Beständigkeit der für die einzelnen Zoosporentypen angegebenen Merkmale, sowie, falls Übergänge vorhanden sind, die Art und Weise der Übergänge möglichst genau festzustellen. In dieser Hinsicht fand ich in der Literatur fast gar nichts vorgearbeitet, wenigstens nicht in den grösseren Abhandlungen, die sich mit der Reproduktion der bezeichneten Chlorophyceen beschäftigen. Und finden sich in der Literatur Angaben über wechselnde Größe und Morphologie der Zoosporen, so sind — wenigstens in den Arbeiten, die ich einsehen konnte und über die ich referiert fand — die Ergebnisse nicht in der Weise verwendet, die für den eigentlichen Zweck der vorliegenden Arbeit von Bedeutung wäre.

So fanden schon die älteren Autoren, daß die Größe der Zoospore nicht bestimmt ist und im Einklang dazu geben sie Größengrenzen an. Es würde viel zu weit führen, alle diese Angaben hier anzuführen.

Interessant ist aber der Umstand, daß bereits D o d e l - P o r t ,[1]) in seiner klassischen Abhandlung über die Reproduktion von *Ulothrix* denselben Ausdruck verwendet, der den I. Teil der vorliegenden Abhandlung betitelt. So spricht er ausdrücklich S. 480 seiner Arbeit: von der Variation in den Dimensionen der von ihm gemessenen Makrozoosporen.

D o d e l gibt auch an dieser zitierten Stelle an, daß seiner Ansicht nach wohl das durchschlagendste Merkmal für den Charakter der Makrozoosporen die Anwesenheit von vier Cilien, für die Mikrozoosporen die Zweizahl derselben, nicht aber die Größe, als eine von den Teilungsvorgängen abhängige Funktion, gelten könne.

Ich kann aber der Stelle, die die Sache mehr theoretisch behandelt nicht entnehmen, ob D o d e l wirklich bezüglich der Größe intermediäre Formen beobachtet hat, und selbst wenn, so würde das in diesem speziellen Fall auch kein Fall von intermediären Schwärmern in unserem Sinne sein, — da bei *Ulothrix* zwischen den eigentlichen vierwimperigen Makrozoosporen und den zweiwimperigen Gametozoosporen (Dodels M i k r o z o o s p o r e n) noch ein kleiner meist vierwimperiger dritter Typus, die Mikrozoosporen im Sinne K l e b s, vorhanden ist.

Unzweideutig geht K l e b s in seinem bekannten Werke: Bedingungen der Fortpflanzung bei einigen Algen und Pilzen, das in vorliegender Abhandlung noch oft zitiert werden soll, und das den direkten Anstoß zur vorliegenden Untersuchung gab, einigemal auf wirkliche Übergangsformen ein, sowie auch I w a n o f f, in seiner Arbeit über neue Arten von Algen etc. (Bull. soc. imp. nat. Mosc. (1899) 423 ff., bei Besprechung seines *Stigeoclonium terrestre* (*Iwanoffia terrestris* P a s c h e r) intermediäre Schwärmerformen erwähnt.

Die einzelnen Zoosporentypen der Grünalgen, — soweit sie deren mehrere haben — bei den behandelten Formen bis drei —, werden gewöhnlich als ziemlich konstant hingestellt, und zwar sowohl in

---

[1]) D o d e l, *Ulothrix zonata*, ihre geschlechtliche und ungeschlechtliche Fortpflanzung (Pringsheim, Jahrbücher für wissenschaftliche Botanik, IX, 417.)

Hinsicht auf ihre Entwicklungsgeschichte, als auch in Hinsicht auf ihre Morphologie, — wobei Größe, Morphologie und Lage des Stigma und die Bewimperung die wichtigste Rolle für die Charakterisierung spielen. Soweit bei den Untersuchungen über die Zoosporen nähere Details angegeben sind, so beziehen sie sich gewöhnlich auf Durchschnittsformen: die durchschnittliche Größe, d i e Lage des Stigma, die die Mehrzahl der Schwärmer aufweist. Nur selten findet sich neben der Durchschnittsgröße das eine oder andere Größenextrem berücksichtigt, und nur in ganz wenigen Fällen ist etwas näher auf die Größenvariation eingegangen. So in den Untersuchungen K l e b s [1]) über die Zoosporen von *Ulothrix zonata*, wobei er das erstemal unzweifelhaft Übergangsformen zwischen den drei Zoosporentypen dieser Alge nachweist, und zwar nicht nur in Bezug auf die Größe, sondern auch in Hinsicht der Bewimperung. Dagegen nimmt K l e b s noch die Konstanz der Lage und Morphologie des Stigma an. Ich komme auf die ausgezeichneten Ausführungen K l e b s noch oft zurück.

So war also das Feld der Untersuchung von vornherein in bestimmter Weise abgesteckt, es galt der Variation derjenigen morphologischen Momente, die die einzelnen Zoosporentypen charakterisieren, nachzugehen, — und diese Momente sind: Größe, Stigmatisierung und Bewimperung. Nach diesen drei Gesichtspunkten hin wurden bei jeder der behandelten Algen die einzelnen Zoosporentypen, soweit ich derselben habhaft werden konnte, nach ihrer Variation untersucht.

A) Methode der Untersuchung.

Die Methoden der Untersuchung waren verhältnismäßig einfach. Die Algen, die auf ihre Reproduktion untersucht wurden, wurden möglichst von anderen Chlorophyceen isoliert, wenigstens so weit, daß sich nicht Algen unter ihnen befanden, die eventuell durch ihre Zoosporen Ungenauigkeiten herbeiführen konnten.

Meist gelang es bereits dadurch, dass die Algen in Kultur stehenden Wassers genommen wurden, sie zur Bildung von Zoosporen zu bewegen; wenn nicht, wurden verschiedene Mittel, Beleuchtungsänderungen, Zusatz von Zucker versucht, — meist, abgesehen von der Bildung der Makrozoosporen, ohne regelmäßigen nennenswerten Erfolg. Wo sie Erfolg hatten, wird bei der Besprechung der einzelnen untersuchten Arten angegeben.

Schwärmte das Material reichlich, so wurden geeignete Proben mit sauberen Pipetten entnommen, um die Zoosporentypen als solche festzustellen. Zeigte es sich, daß das Zoosporenmaterial einheitlich im Typus war, so wurde es zur Untersuchung benützt.

Die Sache ist leichter als sie scheint, da fast nie oder doch nur selten Zoosporen verschiedener Typen in größerer Zahl auf einmal vom selben Material gebildet werden. Einzelne einem andern Typus angehörige Schwärmer sind meist nur in geringer Zahl vorhanden. Ist das Zoosporenmaterial gemischt, so kann man es manchmal leicht trennen dadurch, daß die einzelnen Typen verschieden lichtempfindlich sind und sich an verschiedenen Stellen zusammentun. Doch gelingt das nicht immer, es spielen da viele, zum Teil noch unbekannte störende Momente mit.

Diesem möglichst einheitlichen Zoosporenmaterial wurden nun Proben entnommen und auf ihre Morphologie hin untersucht. Gewöhnliche Deckglaspräparate erwiesen sich als die geeignetsten, da dadurch die Schwärmer leichter kontrollier- und meßbar blieben. Zur Untersuchung der Größe des Schwärmers und der Lage des Stigma eignet sich der hängende Tropfen nicht. Nur muß man beim Deckglaspräparat für geeignete Wasserzufuhr sorgen, die sich jedoch leicht bewerkstelligen läßt.

Die Zoosporen wurden gemessen und auf ihre Morphologie geprüft. Bei der Messung erwiesen sich die Metabolie des Schwärmerkörpers und die Lokomotion als ungemein hinderlich. Die meisten Zoosporen sind, besonders in der letzten Zeit ihres Schwärmens, ziemlich metabolisch. Es wurden daher von vorn-

---

[1]) K l e b s , Bedingungen der Fortpflanzung bei einigen Algen und Pilzen, 300 ff.

herein Schwärmer mit bedeutender Metabolie nicht, und nur solche gemessen, die ihre regelmäßige „Ei"-bis „Birn"form hatten.

Gewöhnlich setzte ich aber den Proben Morphium oder Cocainlösungen zu, — und durch diese wurde einerseits die Metabolie gehindert, andererseits die Lokomotion sistiert. Auffallend und von Vorteil war der Umstand, daß auch stark metabolische Schwärmer nach dem Zusatz, insbesondere der Morphium-lösungen, ihre normale Form annahmen.

Die Untersuchung erfolgte aus begreiflichen Gründen nicht mit Ölimmersionen, sondern mit einer Wasserimmersion.

Von den Größendimensionen wurde nur die Variation der Länge untersucht, und zwar der Abstand des hyalinen apicalen Vorderendes vom abgerundeten Hinterende. Es machte sich zwar gerade hier die Metabolie des Schwärmerleibes unangenehm bemerkbar, doch wurden sehr metabolische Formen, soweit sie auch nicht durch die Einwirkung von Morphiumlösung ihre normale Eiform annahmen, notgedrungen übergangen.

Gemessen wurde nicht mit dem Mikrometerokular; die Länge der einzelnen Zoosporen wurde unter Einhaltung der hiebei in Betracht kommenden Vorsichtsmaßregeln mit Hilfe eines Zeichenapparates am Papiere mittelst feiner Querstriche markiert. Mit einem ½ mm Maßstab wurden die so erhaltenen Längen abgemessen, und die wirkliche Größe einfach mittelst der bekannten Vergrößerung des angewendeten Systems umgerechnet. Hiebei benützte ich eine zu diesem Zwecke zusammengestellte Umrechnungstabelle.

Diese Methode schien mir den Vorteil größerer Genauigkeit zu haben, sowie den Vorteil, daß ich bei den erhaltenen Längenmarken gleichzeitig auch die Lage des Stigma, deren Variation ebenfalls untersucht wurde, eintragen und diese beiden Daten miteinander vergleichen konnte.

Bei den Maßen wurden die bei Umrechnung erhaltenen Dezimalien, Bruchteile des μ aufgerundet oder weggelassen, je nachdem diese Bruchteile über 0,5 μ oder darunter betrugen.

Darnach war die Methode ziemlich einfach. Das Schwierige war die Beschaffung geeigneten Unter-suchungsmateriales, und die nachfolgenden Angaben, sind das Resultat vieler mühseliger, oftmals ergebnis-loser, langwieriger Bemühungen.

Gemessen wurden, soweit das Zoosporenmaterial reichte, immer 300 Zoosporen eines Typus. Konnte Material längere Zeit erhalten werden, wurden Nachprüfungen gemacht; stimmten diese Nachprüfungen in auffallender Weise nicht mit den erst erhaltenen Resultaten, — so wurden diese als nicht eigentlich fehlerhaft, aber doch als durch Zufälligkeiten beeinflußt und abweichend, — nicht weiter benützt. Es wurden mehr Algen auf die Variation der Schwärmer untersucht, als hier aufgenommen sind; hier finden sich nur die Resultate über jene *Ulotrichales*, bei denen bei mehrfacher Kontrolle eine größere Abweichung in den erhaltenen Resultaten nicht zu bemerken war.

Die Wimpern traten, soweit sie untersucht wurden, meist bereits genügend deutlich bei Morphium-zusatz, wo sich ihre Bewegung stark herabminderte und einer fast völligen Lähmung wich, hervor; in anderen Fällen mußte ich zur Fixierung durch verdünnte Osmiumsäure oder durch sehr verdünnte alko-holische Jodlösungen greifen.

Es scheint mir hier am Platze zu sein, das nebstbei anzusetzen, was bei Anwendung der obenerwähnten Narkotika sich als bemerkenswert erwies. Hervorgehoben muß werden, daß in keiner Weise daran gegangen wurde, die Sache durch Reihen von Experimenten zu prüfen; — rein physiologische Versuche wurden nicht gemacht. [1])

[1]) Über den Einfluß von Narkotika auf die Zoosporen von Chlorophyceen finde ich keine Angaben, wenn man nicht die Borzi schen Untersuchungen über den Einfluß von Strychninlösungen auf die Zoosporen von *Hormidiella* (Archivio di Farmacologia e terapeutica. VII., 5 p., 13 Sep.) hieherrechnen will. Dagegen wurde die Einwirkung von Chloroform und Äther auf Chlamydomonadeen und Volvocineen in letzterer Zeit untersucht von Elfving, „Über die Einwirkung von Äther und Chloroform bei Pflanzen" (Ofversigt of Finska vetenskaps-societetens Förhandlingar XXVIII. 1886); Overton, „Studien über die Narkose". Jena 1901); Rothert, „Über die Wirkung des Äthers und Chloroforms auf die Reizbewegung bei Mikroorganismen" (Jahrbücher für wissenschaftliche Botanik XXXIX, 1903).

Es zeigte sich vor allem, daß die R o t h e r t 'sche Beobachtung, daß große Schwankungen der Empfindlichkeit und zwar am selben Material auftreten können, auch bei den Zoosporen der untersuchten Chlorophyceen gemacht werden kann. Es spielen hier sicher mit: starke Beleuchtung, Temperaturwechsel, vielleicht auch Umstände, die die verschiedene Empfindlichkeit der Zoosporen bereits während ihrer Bildung in der Mutterzelle bewirken. Ebenso sind die Zoosporen verschiedener Chlorophyceen verschieden empfindlich.

Die Konzentration der Narkotika, — es wurde mehr die Morphiumlösung (das käufliche *Morphium muriaticum*) gebraucht, macht sich nur in der Länge der Reaktionsdauer bemerkbar. Hiebei wird die Lichtempfindlichkeit in viel intensiverer Weise gestört, als die Lokomotion. Das geht schon daraus hervor, daß es durch Zusatz schwacher Morphiumlösungen gelingt, die durch die verschiedene Lichtempfindlichkeit der einzelnen Zoosporentypen hervorgerufenen von einander räumlich getrennten Ansammlungen der Zoosporentypen aufzuheben: wobei also die Lichtempfindlichkeit behoben wird, die Bewegungsfähigkeit aber nicht gehemmt ist, was sich ja eben darin äußert, daß die beiden Ansammlungen sich zu zerstreuen beginnen. Dieses Experiment gelingt aber nicht regelmäßig, oft sammeln sich von vorneherein die Zoosporen eines Typus nicht zusammen; — oft läßt sich die Zerstreuung nicht mit Sicherheit auf den Einfluß der Lösung zuruckführen.

Die Mikrozoosporen scheinen leichter durch die Lösungen beeinflußt zu werden als die Makrozoosporen; bei ersteren wirken bereits schwächere Lösungen früher, die bei Makrozoosporen erst nach bedeutend längerer Zeit wirken. Durch zu starke Konzentrationen der Lösung wird der Organismus getötet; dauernde Lähmung und dauernde Lichtunempfindlichkeit infolge des Einflusses der Lösungen konnte ich nicht bemerken.

Die Schwärmer reagieren, je jünger sie sind, um so rascher auf die Einwirkung der Narkotika; eine direkte Umstimmung in der Lichtempfindlichkeit ließ sich nicht feststellen.

Die Zeit, nach welcher die Schwärmer wieder ihre Bewegungsfähigkeit gewinnen, läßt sich bei der Anwendung der Morphiumlösungen nicht genau angeben, ein Umstand, der auch damit zusammenhängt, daß sich die angewandten Narkotika besonders in den Nährlösungen ungemein rasch zersetzen.

Auffallend dagegen ist eine andere Beobachtung. Eine Menge von Gametozoosporen von *Ulothrix*, die aber nicht rein war und in welcher sich auch Makrozoosporen fanden, wurde mit Morphiumlösung behandelt. Die Gametozoosporen kopulierten gerade reichlich und überall fanden sich kopulierende Paare. Durch den Zusatz der Morphiumlösung wurde nun die Kopulation unterbrochen; Paare, die gerade in den allerersten Stadien der Kopulation waren, trennten sich, durch die schwachen Bewegungen die in der ersten Zeit der Einwirkung der Morphiumlösung noch erfolgen, — andere kopulierten zwar zu Ende, aber langsam, — oder blieben mitten in der Kopulation stecken. Hörte nun nach e i n e r W e i l e die E i n w i r k u n g der M o r p h i u m l ö s u n g a u f, o d e r e r f o l g t e der Z u s a t z r e i n e n W a s s e r s (nicht Nährlösung), so t r a t d a n n k e i n e K o p u l a t i o n m e h r e i n, die G a m e t o z o o s p o r e n h a t t e n i h r e K o p u l a t i o n s f ä h i g k e i t v e r l o r e n; sämtliche noch unkopulierte encystierten sich als Parthenosporen.

Auch bei *Stigeoclonium* — einer unbestimmbaren Art — gelang es in einem bestimmten Fall, die geschlechtliche Vereinigung der Mikrozoosporen in gleicher Weise zu behindern, — dort gingen mir aber wohl die Mikrozoospooren nachher zugrunde.

Diese dauernde Schädigung erinnert an das, was E l f v i n g[1]) bei Chlamydomonas angibt, der die phototaktische Empfindlichkeit nach der Chloroformwirkung endgültig einbüßen soll.[2])

Noch nebenbei möchte ich erwähnen, und es steht dies in Übereinstimmung mit den Untersuchungsergebnissen, die D e g e n[3]) an den pulsierenden Vakuolen von *Glaucoma* gemacht hat, daß auch bei

---

[1]) E l f v i n g, „Über die Einwirkung von Äther und Chloroform auf die Pflanzen" (Ofversigt of Finska vetenskaps societetens Foerhandlingen XXVIII, p. 16, Separat).

[2]) Doch wird die Richtigkeit dieser Angabe von R o t h e r t (l. c. p. 37, Sep) stark bezweifelt.

[3]) D e g e n, Botan. Zeitung, 1905, 163 ff.

den Zoosporen der untersuchten Chlorophyceen, Temperaturerhöhungen einer Beschleunigung der Pulsbewegung hervorrufen.   Doch stellte ich keine systematisch angestellten, fortlaufenden Versuche an.

Dagegen zeigten die Morphiumlösungen deutlich eine Einflußnahme auf die Pulsbewegung dieser
beiden pulsierenden Vakuolen der Schwärmer, es ergab sich im allgemeinen eine deutliche Verlangsamung,
die sowohl an einzelnen Individuen, anderseits aber auch bei der Beobachtung einer größeren Menge von
Schwärmern, innerhalb welcher doch individuelle Verschiedenheiten vorkommen, deutlich bemerkbar wurde.

Über die Konzentration der einwirkenden Morphiumlösungen vermag ich nichts Bestimmtes zu
sagen, ich setzte gewöhnlich 8 %/₀ Lösungen zu; da der beigesetzte Tropfen ungefähr ¹/₃ des unter dem Deck-
glas befindlichen war, so ergäbe sich daraus ungefähr eine 2 %/₀ Lösung, die aber durch das allmähliche
Abdunsten wohl verschiedene Konzentrationsgrade durchmacht.

In Nährlösungen wird die Wirkung des Morphiums viel früher behoben als in reinem Wasser; ich
glaube, es werden da mit den Salzen der Nährlösung neue Verbindungen des Morphiums gebildet.

B) Methode der Darstellung der Untersuchungsergebnisse.

Die Schilderung der Ergebnisse der Untersuchungen über die Variation gliedert sich in folgender
Weise.   Zunächst sind die einleitenden Vorversuche geschildert. — doch nur kurz, da darüber noch ausführlich in einer anderen Abhandlung speziell cytologischen Inhaltes gehandelt werden soll. Dann folgen
die Untersuchungsergebnisse an den einzelnen untersuchten Arten.   Von diesen sind die morphologisch
einfachsten zuerst behandelt, dann die komplizierter gebauten: die Reihenfolge in der Besprechung richtet
sich also nach der Entwickelungshöhe der untersuchten Algen. Anhangsweise sind die Untersuchungen
über zwei *Tribonema (Conferva)*-Arten und ein *Oedogonium* angeführt.

Bei den einzelnen Arten werden zuerst die allgemeine Morphologie und Entwicklungsgeschichte
der einzelnen Schwärmertypen sowie die wichtigsten einschlägigen Literaturdetails angegeben; dann die
über die Variation gemachten Beobachtungen; diese beziehen sich wie bereits erwähnt, auf Länge, die
Lage des Stigma und die Bewimperung. In jedem Abschnitte finden sich die bezüglichen Tabellen mit den
erhaltenen Zahlen.

Um die Zahlenreihen, und ihr Schwanken bei den einzelnen Arten, — kurz um die Variation zu veranschaulichen, finden sich angebunden die auf die einzelnen Schwärmertypen der untersuchten Algen bezüglichen Variationstabellen und Frequenzkurven.

Diese wurden in bekannter Weise auf ein Coordinatensystem bezogen, in welchen die Abschnitte
der Ordinatenachse die Häufigkeit, die der Abscissenachse die Länge der Schwärmer veranschaulichen.
Durch die Verbindung der Punkte, welche erhalten wurden durch die Häufigkeit der verschiedenen
Schwärmergrößen, ergaben sich die Frequenzlinien.

Da aber, wie gezeigt werden soll, mit der Größe auch in bestimmter Weise die Lage des Stigma
variiert, — wurde um diese Variation nach zwei Richtungen hin zu veranschaulichen folgendes Verfahren
gewählt.

Es wurde wieder ein Coordinatensystem benutzt, bei dem die Abschnitte der Abscissenachse die
Größe der Schwärmer darstellt. Die Ordinatenachse ist aber nur in eine geringe Zahl von Teilen geteilt,
deren Teile folgende Bedeutung haben.

Die Ordinatenachse entspricht der Länge des Schwärmers, und die einzelnen Abschnitte der Ordinatenachse entsprechen den bezüglichen Abschnitten des Schwärmerkörpers, so daß die Abscissenachse
die zur Darstellung der Häufigkeit benützt wird, zugleich auch das Vorderende des Schwärmers bedeutet.
Das ganze System wird benutzt ,um die Lage des Stigma und der Variation ebenfalls in den Kreis der Darstellung zu ziehen. Ist ein Schwärmertypus beispielsweise in der Mitte stigmatisiert, so wurden in der betreffenden Größenklasse, je nach dem eine größere oder kleinere Zahl derart stigmatisierter Schwärmer
sind, in der Mitte des Systems dickere oder dünnere oder unterbrochene Striche gezogen, so daß aus
der Dicke der Striche geschlossen werden kann auf die Häufigkeit einer bestimmten Lage des Stigma in

einer Schwärmergröße. Dadurch war es auch möglich, Schwärmer mit abweichender Stigmatisierung in ihrer Häufigkeit darzustellen, sowie auch die Abweichung der Lage des Stigma selbst zum Ausdruck zu bringen. Von besonderem Wert wird uns diese Darstellung sein, wenn die beiden Schwärmertypen einer Alge in der Lage des Stigma nur wenig differieren, und bestimmte Übergänge darin erkennen lassen.

Darnach gibt die Größe des schraffierten Gebietes in einer bestimmten Größenklasse Aufschluß über die Variationsweite der Lage des Stigma in dieser Größenklasse, die Dicke der Striche, resp. deren Vollständigkeit, über die annähernde Häufigkeit der Schwärmer mit einer bestimmten Lage des Stigma. Beim Vergleich der einzelnen Größenklassen werden wir dann Aufschluß erhalten über die Relation der Variation der Lage des Stigma in einem bestimmten Schwärmertypus zur Größenvariation desselben.

Nun aber ist dieses letztere System so unter das erste der Längenvariation geschoben, daß die einzelnen entsprechenden Teilstriche der Abscissenachse, die die Länge darstellen, also die Teilstriche gleicher Länge korrespondierend untereinander zu stehen kommen. Dadurch kann man sich nun durch einen Blick auf die Variationslinie auf Tabelle I überzeugen, wie groß die Häufigkeit einer bestimmten Größenklasse ist; dadurch, daß man diejenigen darunter befindlichen Stellen der Tabelle II besichtigt, erfährt man, wie die Mehrzahl der Schwärmer der besichtigten Größenklasse stigmatisiert ist, wie weit die Variation der Lage des Stigma bei dieser Größenklasse geht, und annähernd wie viele Schwärmer eine bestimmte Lage des Stigma zeigen.

Da die Variation der Schwärmer nach zwei Richtungen hin untersucht wurde, so würde die Variation am besten veranschaulicht durch ein dreiachsiges Coordinatensystem, in dem die Abschnitte der einen (a) Achse die Größe, die der andern (c) die Häufigkeit, und die der dritten (b) die Lage des Stigma veranschaulichen würden. Wir würden daher keine Variationskurve, sondern eine Variationsfläche erhalten, die ungemein kompliziert, sich nur schwierig, wenn nicht unmöglich anschaulich darstellen ließe (man denke an den Schnitt zweier solcher Flächen).

Die Tabelle II gibt nun gewissermaßen die Horizontalprojektion dieser Variationsfläche an, in der wir uns eben durch die verschiedene Dichtigkeit der Striche auch die Häufigkeit der einzelnen S t i g m a t i s i e r u n g e n zu veranschaulichen suchen. In dieser Horizontalprojektion findet sich bei jeder Größenklasse eine Zone größter Häufigkeit; verbinden wir diese Zonen durch eine Linie, so stellt uns diese Linie a n n ä h e r n d das bezüglich der Lage des Stigma vor, was uns die Kurve in Tabelle I bezüglich der Größe darstellt.

Denken wir uns diese Linie, die wir durch diese Verbindung der Zonen größter Häufigkeit in Tabelle II erhalten haben, als Horizontalprojektion der Kurve in Tabelle I (die der Längenvariation), so gewinnen wir ein annäherndes Bild über die Lage der Längenvariationskurve im Raume des erwähnten Dreiachsensystems. Und durch den Vergleich der analogen Punkte in den beiden Linien erhalten wir Auskunft: aus Tabelle I, wie viel Schwärmer einer bestimmten Größenklasse angehören; aus Tabelle II, welche Stigmenlage in dieser Größenlage die häufigste ist. Ich möchte nochmals bemerken, daß gerade die Angabe über die Stigmenlage sich nur auf die relative Häufigkeit bezieht, und diese nur annähernd zum Ausdruck bringt, sie sagt uns die Schwärmer dieser Stigmatisierung sind bei einer bestimmten Größenklasse die häufigsten, die jener sind weniger häufig, — nicht aber, wie viel Schwärmer hier oder dort sind, obwohl die dichtere oder weniger dichte Ausfüllung des betreffenden Feldes uns notdürftig darüber Aufschluß gibt, wie viel mal häufiger Schwärmer einer bestimmten Stigmatisierung sind als die einer anderen. Es ist annähernd dieselbe Methode wie sie in der Kartographie bei der Veranschaulichung von Elevationen durch Schraffierung angewendet wird.

Jedenfalls scheint es angezeigt, vor einer eventuellen Benützung der Tabellen sich genau mit dem vertraut zu machen, — was sie sagen sollen.

Ich versuchte auch die Lage der Längenvariationskurve eben mit Rücksicht auf die Variation in der Lage des Stigma im Raume durch Stereoskopbilder darzustellen. Hiebei verfuhr ich in folgender Weise, ein Karton (Parallelepiped) wurde auf den entsprechenden Flächen mit dem dazugehörigen Coordinatensystem versehen und mit einer Stereoskop-Kamera photographiert. Die Stereoskopbilder wurden vergrößert, und die einzelnen Punkte der Kurve mit genauer Berücksichtigung der Differenz der stereoskopischen Bilder und ihrer Lage in dem dreiachsigen Coordinatensystem (bezüglich der Variation der Lage des Stigma wurde nur das Gebiet der größten Häufigkeit berücksichtigt) eingetragen. Durch die Verbindung der Punkte erhielt ich nun in den beiden stereoskopischen Bildern die gleichen Kurven, die sich, wenn sich die Verkürzung im einen Bilde richtig und genau geben ließe — bei der Betrachtung durch das Stereoskop sich zu decken — und außerdem im Raum der drei Achsen zu liegen scheinen sollten, also die Lage der Kurve der Längenvariation im Raume veranschaulicht hätten.

So schön die Sache gewesen wäre, — so sehr schwierig war sie durchzuführen, — die Kurven ließen sich eben nicht befriedigend zur Deckung bringen, trotz vieler Bemühungen und vieler, vieler vergeblicher Versuche.

Noch möchte ich mir eine Bemerkung erlauben. Die Resultate der vorliegenden Untersuchungen mögen in keiner Weise den Anschein erwecken, oder den Anspruch machen, — als seien die hier angeführten Variationsverhältnisse der untersuchten Algen mit absoluter Sicherheit wiedergegeben. Sie wollen in keiner Weise sagen, diese Variation der Zoosporen einer der untersuchten Algen ist für alle Fälle und immer die angegebene.

Die allgemeinen Regeln, die sich aus den erhaltenen Resultaten über die Variationen ableiten lassen, werden wohl für die untersuchten Algen und vielleicht für die ganze Familie und Reihe, Giltigkeit haben, — die Variationskurven selbst wollen jedoch in keiner Weise sagen, daß die betreffenden Algen immer und unter allen Umständen sich so verhalten — sie wurden erhalten aus zusammenhängenden Beobachtungsreihen, — die vor allem zu dem Zwecke gemacht wurden, Übergänge zwischen den einzelnen Zoosporentypen, wenn solche vorhanden sind, zu konstatieren und die Art und Weise, die Gesetze der Übergänge festzulegen. Dabei ergaben sich selbstverständlich allgemeiner verwertbare Resultate, und die Vergleichung der Variationen bei den einzelnen Algen und das Studium der Variationsdifferenzen, drängten eben jene Schlüsse auf, die als Ergebnisse vorliegender Untersuchungen zu betrachten sind.

Derlei biometrische-variationsstatistische Untersuchungen sind um so genauer, je mehr Messungen und Zählungen gemacht werden. Aus physischen Gründen wurde die Zahl 300 bei den einzelnen Zoosporentypen als genügend erachtet, es ergab sich daraus die erkleckliche Summe von rund 4000 Messungen. Ob diese Zahl der Messungen ein genügendes Substrat für die erhaltenen Resultate ist oder nicht, bleibt bis zu einem gewissen Grade subjektiv.

Bezüglich der Notizen über Beobachtungen an Zoosporen in physiologischer Hinsicht möchte ich bemerken, daß sie gelegentlich, eben bei Verfolgung der Hauptuntersuchung, gemacht wurden, — und daß sie in keiner Weise das Resultat von Versuchsreihen darstellen, — sie wurden nur aufgenommen, da sie einerseits mit anderwärts gemachten Versuchsreihen im Einklang stehen, andererseits aber von ihnen abweichen, — oder auch meines Wissens noch nicht beobachtete Tatsachen darstellen, die bei einer gelegentlichen diesbezüglichen Untersuchung näher geprüft und untersucht werden können.

C) Voruntersuchungen.

Die Voruntersuchungen zielten alle auf die Beantwortung der Frage, von welchen Umständen die Variation der Zoosporen abhängig ist, ab. Obwohl die Zoosporen eines Typus sich in der Mehrzahl um eine bestimmte Größe gruppieren, so weichen doch einige immer bedeutend davon ab.

Diese abweichende Größe einzelner Schwärmer erklärt sich Iwanoff[1] dadurch, daß Zellen, die noch nicht die normale Größe erreicht haben, doch schon zur Zoosporenbildung herangezogen werden.

Andererseits könnte die Ansicht vertreten werden, daß die ganze morphologische Ausbildungsweise, die ja bei den meisten der untersuchten Arten ungemein abhängig ist von bestimmten äußeren Faktoren, in Beziehung stehe zur Morphologie und Größe der Schwärmer.

---

[1] Iwanoff, Über neue Arten von Algen und Flagellaten (Bull. soc. nat. Mosc., 1899, Nr. 4, S. 8 des Separatum).

Die Untersuchung beider Ansichten ist eigentlich cytologisch-biologischer Natur und wird in einer eigenen Abhandlung, die sich mit der Bildung der Schwärmer befassen soll, die aber noch nicht abgeschlossen ist, berücksichtigt werden. Deshalb soll hier nicht darauf ausführlicher eingegangen werden, sondern es mögen vorweggenommen die Resultate, soweit sie für die obige Frage von Bedeutung sind, hier angeführt werden.

Bei mannigfach modifizierter Versuchsanordnung, bei welcher eine bestimmte *Stigeoclonium*-Art unter verschiedenen abweichenden Bedingungen gezogen wurde, und ganz abweichende Ausbildung zeigte, fand es sich, daß die Morphologie und Größe der Zoosporen in keiner nachweisbaren Beziehung zur morphologischen Ausbildung der vegetativen Organe stehen. Auch als ich Stigeoclonien in sehr moorigen Wässern zog, wogegen einzelne Arten ungemein empfindlich sind und auch ganz abnorme Formen bilden, zeigte sich ebenfalls Größe und Morphologie der Schwärmer unverändert. Es zeigte sich hiebei, es handelte sich da um vielfach modifizierte Versuchsreihen, die näher in der andern Arbeit auseinander gesetzt werden sollen, daß sowohl Größenmaxima und Größenminima der Schwärmer gleich und in annähernd gleicher Häufigkeit vertreten waren. — anderseits aber auch die Größenklasse, der die meisten Schwärmer angehörten. — in den parallelen Versuchsmaterialien die gleiche war.

Ein andermal zog ich eine dünne *Ulothrix*-Art, die ich nicht näher bestimmen konnte, in Nährlösung und auf Agar-Agar. Beide wurden dadurch ziemlich different in ihrem Aussehen. Die in Nährlösung fing bald nach der Übertragung aus dem fließenden ins ruhende Wasser zu schwärmen an und erzeugte vierwimperige Makro-Zoosporen; — als ich Agarmaterial zur Zoosporenbildung ins Wasser veranlaßte, bildeten sich gleich große Makrozoosporen, — deren Variation, obwohl ich nur verhältnismäßig wenig Zoosporen prüfen konnte, die gleiche war, wie beim ersten Materiale.

Der Zustand des vegetativen Stadiums scheint demnach ohne Einfluß auf die Größe und Morphologie der Zoosporen.

Schwieriger ist die Frage zu entscheiden, ob die Größe der Zoosporen bildenden Zellen von Einfluß auf die Größe und Morphologie der Schwärmer ist. Es wurden da zahlreiche Versuche gemacht, insbesondere bei *Ulothrix zonata*, bei der ich verschieden dicke Fäden auf die Größendimensionen der aus ihnen entstehenden Zoosporen untersuchte. Die Art und Weise, wie dies geschah, ist bei der Besprechung dieser genannten Alge Seite 17 nachzulesen. Als Resultat ergab sich, daß die Größe der Zelle nicht wesentlich bei der Bestimmung des Charakters sowie der Variation der Zoosporen mitzusprechen scheine, sondern nur Einfluß auf die Zahl der aus ihr gebildeten Schwärmer habe. Dies gilt für alle untersuchten Schwärmertypen.

Bei *Stigeoclonium fasciculare*, über dessen Reproduktion ich in der „Flora"[1]) berichtete, machte ich ebenfalls diesbezüglich eingehende Untersuchungen. Hier wurden in den Zellen der Seitenäste Makrozoosporen in der Einzahl, in denen der Hauptstämme in der Zweizahl gebildet; sowohl die Makrozoosporen der Hauptstämme wie der Seitenäste zeigten gleiche Größenwandlungen.

Daß die Größe der Mutterzellen wohl kaum Einfluß haben könne auf den Charakter und die Variation der Schwärmer, als Makro- oder Mikrozoosporen, geht bereits daraus hervor, daß sich die einzelnen Zoosporentypen nach der Größe allein nicht scharf trennen lassen, sondern weit übereinandergreifen, obwohl aus einem einzigen Zoosporenangium nur immer Schwärmer einerlei Art gebildet werden.

Daß die Zellengröße ohne Einfluß ist auf die Variation in der Morphologie der aus ihr hervorgehenden Schwärmer scheint auch K l e b s[2]) anzugeben, indem er bei der Besprechung der Reproduktion von *Ulothrix* sagt, daß die Unterschiede der Fäden sich auf Dicke und Länge der Fäden, die Dicke der Zellhaut, nicht aber auf die Entwicklungsgeschichte beziehen.

Auch solche Formen, die nur eine geringe Zahl von Zoosporen an einer Zelle bilden, wurden nach dieser Hinsicht untersucht, und zwar eine *Ulothrix*-Form, die aus normal großen Zellen nur zwei Makrozoosporen bildete und ein *Stigeoclonium*, das ebenfalls nur ein oder zwei Makrozoosporen in je einer Zelle bildete.

---

[1]) P a s c h e r, in der Flora, 1905 Ergb. S. 95 f.
[2]) K l e b s, Bedingungen der Fortpflanzung etc., 301.

Hiebei zeigte sich der merkwürdige Umstand, daß in den beobachteten Fällen, trotzdem die Makrozoosporenbildung in vollstem Gange war und die äußeren Faktoren ungemein fördernd für die Zoosporenbildung wirkten, — die beiden Materialien waren aus fließendem in stehendes Wasser übertragen —, die Zelle erst dann Zoosporen bildet, wenn sie eine bestimmte minimale Größe erlangt hatte. Da das Wachstum der Zellen rasch erfolgt, so ist gewöhnlich die Zelle bereits nach kurzer Zeit soweit vergrößert, daß die Bildung einer sich in den Grenzen normaler Größenlage liegenden Zoospore einsetzen kann. Daraus erklärt es sich auch, warum unter reichliche Zoosporen bildendem Material und einzelnen fast ganz ausgeschwärmten Fäden, einzelne Zellen hartnäckig einer Schwärmerbildung sich wiedersetzen, trotzdem oft bereits entsprechende Teilungen angelegt sind. Ich konnte bei solchen Zellen immer noch ein deutliches Wachstum beobachten, nach welchem erst die entsprechenden Teilungen für die Zoosporenbildung ganz durchgeführt wurden.

Es hat nun I w a n o f f in seiner vorhin zitierten Arbeit über *S t i g e o c l o n i u m   t e r r e s t r e* (*I w a n o f f i a   t e r r e s t r i s* P a s c h e r) die Bemerkung gemacht, als verdankten die intermediären Schwärmer ihre Entstehung Zellen, „welche sich eben geteilt haben", also noch nicht die normale Größe erlangt haben. Diese Bemerkung I w a n o f f s veranlaßte zu genauer Achtnahme auf das Verhalten solcher „eben geteilter Zellen" bei der Schwärmerbildung.

Zunächst ließ sich konstatieren, daß derlei intermediäre Schwärmer sich auch aus normalgroßen Zellen bilden. Bei *U l o t h r i x   z o n a t a* konnte ich an einzelnen besonders dicken Fäden, deren einzelne Zellen 37 bis 70 μ maßen und bis 32 Mikrozoosporen bildeten, wahrnehmen, daß aus demselben Zoosporenangium nebst normalen Zoosporenformen auch solche hervorgingen, die in ihrer Größe zu den Makrozoosporen hinüberleiteten.

Andererseits sah ich mehrmals aus kleineren Zellen, die nicht die gewöhnliche Länge erreichten, sondern sehr plattenartig waren, — ebenfalls typische Makrozoosporen hervorgehen, zwar nicht in derselben Zahl, wie aus den ausgewachsenen Zellen, aber doch als typische Makrozoosporen, die dieselben Größendifferenzen zeigten, wie die aus normal großen Zellen hervorgegangenen. In Beziehung zur Größe der Zelle steht sicherlich die Zahl der Teilungen, als deren Produkte die Schwärmer resultieren. Dadurch sucht die Alge eine bestimmte Größenlage der Zoosporen beizubehalten, die wahrscheinlich in Beziehung steht zu der Funktion des betreffenden Zoosporentypus.

Mehr soll darüber in einer anderen Arbeit gehandelt werden. Es erhellt aber bereits aus dem bis jetzt Erwähnten, daß die untersuchten Algen auch in ihrer verschiedenen Ausbildung keine auffallenden Differenzen in der Variation der Zoosporen zeigen und für ihre einzelnen Schwärmertypen eine bestimmte Größenlage, die wahrscheinlich in Beziehung zur Funktion des betreffenden Typus steht, beizubehalten suchen, so daß einerseits die Größe der Zoosporangien vor allem nur Einfluß nimmt auf die Zahl der gebildeten Zoosporen, — andererseits ein bestimmtes Größenminimum des Zoosporangiums zur Bildung der Mindestzahl der Zoosporen notwendig zu sein scheint.

Ganz abgesehen muß da werden von jenen Fällen, wo es trotz unvollständiger Teilungen zur Entleerung der Zoosporen kommt, — es resultieren dann eigentümlich große, über das Normalmaß des betreffenden Zoosporentypus weit hinausgehende Schwärmer, die sich aber gewöhnlich nicht in der ihnen entsprechenden Weise entwickeln. Ebenso geschieht es auch in der Tat, daß der Inhalt von Zellen als Zoospore austritt, die weit hinter der Durchschnittsgröße liegen, wodurch die Zoospore in der Tat intermediär werden kann. Derlei Fälle sind aber äußerst selten, da ja, sobald die äußeren die Bildung der Zoosporen auslösenden Momente einwirken, meist keine wesentliche Zellenvermehrung mehr vor sich geht, sondern die Zellen über minimaler Größe zur Kernteilung für die Schwärmerbildung schreiten, während die anderen meist noch ein Größenwachstum erfahren.

— · —

Die Zoosporen nehmen während ihres Schwärmens auch selber an Größe zu, — wie dies schon D o d e l beobachtet hat (l. c. S. 480). Diese Größenzunahme ist aber von Bedeutung nur bei den direkt auskeimenden Makrozoosporen, — und da mehr in den letzten Stadien des Schwärmens. Die Mikrozoosporen nehmen nur sehr wenig an Größe zu, bleiben oft von unveränderter Größe. Gleichwohl spielt dieser Umstand bei den Untersuchungen verhältnismäßig wenig mit, da ja, obwohl Makrozoosporen, die ersichtlich dem Auskeimen nahe waren, nicht mitgemessen wurden, dadurch nur die oberen Größengrenzen ein wenig verrückt würden, bei dem Umstand aber, daß die Mikrozoosporen oft selbst keine beträchtliche Größenzunahme mitmachen, gerade die Frage nach den intermediären Schwärmerformen wenig tangiert wird. Übrigens komme ich noch in der anderen Arbeit ausführlich auf diese Verhältnisse zurück.

Schließlich hat die ganze Frage, ob die Zellgröße Belang hat für die Größe der aus der Zelle gebildeten Zoosporen, nicht ausschlaggebende Bedeutung für unsere Untersuchungen. Diese haben zunächst nur den Nachweis zu bringen, ob die einzelnen Schwärmertypen durch Übergangsformen verbunden sind, und in welcher Weise sich die Übergangsformen finden.

Aus den bisher gemachten Betrachtungen geht aber gleichwohl bereits hervor, daß die Zoosporengröße und Morphologie in gewisser Beschränkung für die einzelnen Algen etwas bestimmtes, charakterisierendes ist, ein Moment, das innerhalb einzelner Familien, einzelner Gattungen noch viel zu wenig als Hilfsmittel zur Klärung benützt worden ist.

Noch ein Umstand mußte geprüft werden. Bei der Kultur bilden sich immer zuerst Makrozoosporen, — und dann nach einiger Zeit Mikrozoosporen, bis schließlich, — wenn sie überhaupt gebildet werden, die Bildung der Mikrozoosporen dominiert. Man könnte fragen, ob nicht in der „Übergangszeit" zwischen Makro- und Mikrozoosporenbildung intermediäre Formen am häufigsten auftreten, und die da gebildeten Schwärmer weniger häufig die charakteristische Form zeigen

Genaue Untersuchungen haben gezeigt daß die Zahl der intermediären Schwärmer auch da in keiner Weise größer ist, als zu der Zeit, wo nur der eine oder nur der andere Zoosporentypus gebildet wird. Häufiger werden zu dieser Zeit nur Stadien, — wo aus verschiedenen Zellen desselben Individuums verschiedene Zoosporentypen gebildet werden, also Makro- und Mikrozoosporen am selben Faden aber in verschiedenen Zellen entstehen. Die Zoosporen zeigen aber genau dieselben Häufigkeiten in den einzelnen Größenlagen, wie wenn sie getrennt und zu verschiedenen Zeiten gebildet worden wären.

Trotz der vielen Arbeiten über die Bildung der Schwärmer scheint uns die Frage noch lange nicht entsprechend behandelt, und insbesondere die Frage nach der Beziehung von Zoosporangium-Größe zur Zoosporengröße neuerdings untersuchenswert.

Spezielle Untersuchungen über die Variation der Zoosporen.

Untersucht wurden: *Ulothrix zonata*, *Stigeoclonium longipilum*, *Stigeoclonium fasciculare*, *Stigeoclonium tenue*, *Stigeoclonium nudiusculum* und *Draparnaudia glomerata*; anhangsweise sind auch die Untersuchungsergebnisse über zwei *Tribonema (Conferva)*-Arten und eine *Oedogonium*-Art angeführt. Bei den einzelnen Arten ist der Stoff in folgender Weise gegliedert: Auf die Besprechung der einschlägigen Literatur und der Morphologie der tatsächlich vorhandenen Schwärmertypen folgen eventuelle Voruntersuchungen; dann die Resultate und zwar in folgender Anordnung: a) Variation der Größe, b) Variation der Lage des Stigma, c) Die Bewimperung, und zwar nach den einzelnen Zoosporentypen gegliedert, und schließlich eine Zusammenfassung.

1. Ulothrix zonata Kütz.
Vorbemerkungen und Voruntersuchungen.

Ulothrix zonata ist das klassische Objekt für die Untersuchung von Zoosporen und der geschlechtlichen Fortpflanzung durch Isogameten. Es gehört nicht hieher, die Geschichte dieser Untersuchungen zu erörtern; soweit sie morphologischer Natur sind, möge der Hinweis auf die Arbeiten Cramers, Strasburgers und insbesondere Dodel-Ports genügen. Klärend wirkten aber wohl Klebs[1]) Untersuchungen über die Fortpflanzung dieser Alge. Es ist hier nicht der Ort, die ganze auf die Zoosporen von *Ulothrix* bezügliche Literatur anzuführen.

Bezeichnend aber ist es, daß die einzelnen Zoosporentypen erst mit der Zeit genauer erkannt wurden, und die ursprüngliche Unklarheit über die einzelnen Schwärmertypen hatte wohl auch Mitschuld an der Annahme eines Generationswechsels bei dieser Alge.

Die einzelnen drei Zoosporentypen hat erst Klebs erkannt und genügend charakterisiert.

Es sind nach ihm drei primäre Typen unterscheidbar:

a) Zoosporen mit vier Wimpern, einem Augenfleck im vorderen Teile des Körpers; etwas plattgedrückt, innerhalb 24 Stunden bei einer Temperatur von 0—24° zur Ruhe kommend und gleich auskeimend (Makrozoosporen)

Länge 10—15 μ   Breite 9—12 μ.

b) Mikrozoosporen mit vier oder zwei Wimpern, einem Augenfleck im mittleren Teile des Körpers, schlank, eiförmig, bei einer Temperatur über 10° meist zugrunde gehend, bei solcher unter 10° 2—6 Tage beweglich, dann zur Ruhe kommend und langsam keimend.

Länge 7—12 μ   Breite 5.5—8 μ.

---

[1]) Klebs, Bedingungen etc. S. 300.

c) G a m e t e n mit 2 Wimpern, einem Augenfleck im mittleren Teile des Körpers, rundlich bis eiförmig, gleich nach dem Austreten zu je zweien kopulierend, doch fähig ohne Kopulation zur Ruhe zu kommen und Dauerzellen (Parthenosporen) zu bilden. (G a m e t o z o o s p o r e n).

Länge 5—8 µ   Breite 4—5.5 µ.

Diese drei Schwärmertypen sind, dies hatte schon K l e b s mit dem ihm eigenen Scharfblicke erkannt, in Wirklichkeit nicht vollständig von einander verschieden, diese drei Schwärmerformen sind nicht heterotyp, sondern es gibt zwischen ihnen vermittelnde Übergänge in mehrfacher Beziehung. K l e b s betont das selbst ausdrücklich an mehreren Stellen: S. 324 seines vorher zitierten Werkes:

„Die vorhin angegebenen Charaktere beziehen sich auf die Hauptmasse der Individuen einer Schwärmerform. W i e s i c h i n m o r p h o l o g i s c h e r B e z i e h u n g a l l e Ü b e r g ä n g e z w i s c h e n d e n d r e i e r s t e n S c h w ä r m e r f o r m e n v o r f i n d e n, so ist sicherlich auch das Gleiche für die physiologischen Eigenschaften der Fall. Am schärfsten getrennt trotz der großen morphologischen Ähnlichkeit, erscheinen auf den ersten Blick die Mikrozoosporen und Gameten, weil die ersten gleich keimen, die letzteren auch bei Mangel von Kopulation zu Dauerzellen werden können." [1]

Oder S. 316:

„Morphologisch stehen also die Mikrozoosporen in der Mitte zwischen Zoosporen und Gameten, g e h e n n a c h b e i d e n S e i t e n a l l m ä h l i c h ü b e r."

In ähnlichem Sinne vermutet auch O l t m a n n s (Morphologie und Biologie der Algen II., 71). — daß bei U l o t h r i x, wo drei Zoosporentypen auftreten, es bezüglich der Mikrozoosporen am einfachsten sei, anzunehmen, daß sie Zwischenstufen zwischen Zoosporen und Gameten seien. Wenn wir auch im Folgenden sehen werden, daß die Mikrozoosporen in ihrer Funktion nur in bedingtem Sinne Zwischenstufen zu den Gametozoosporen sind, und die Ableitungsverhältnisse viel komplizierter liegen, so ist es doch bemerkenswert, daß O l t m a n n s die Mittelstellung voll erkannt und zugleich zu einem Ableitungsversuch verwendet hat.

Auch D o d e l - P o r t spricht in seiner bereits wiederholten Abhandlung [2] allerdings mehr auf Grund theoretischer Erwägungen in ähnlichem Sinne sich aus:

„Aus diesen Gründen (— die gleiche Anzahl von Teilungen in Zellen verschieden dicker Fäden —) wird es schwer halten, die Begriffe Makrozoosporen und Mikrozoosporen bloß auf Grund der Grössenverhältnisse scharf von einander zu halten."

Nun kannte D o d e l allerdings noch nicht alle Zoosporentypen von U l o t h r i x und die Sache hat sich dadurch komplizierter gestaltet, daß sich, wie später in diesem Abschnitt über die Zoosporen von U l o t h r i x z o n a t a genau erläutert wird, zwischen den Makrozoosporen und Mikrozoosporen (im Sinne D o d e l s) noch ein dritter Schwärmertypus — die Mikrozoosporen im Sinne K l e b s — einschiebt, denen insbesondere die kleineren Makrozoosporen und größeren Mikrozoosporen im Sinne Dodels angehören und die in ihren größeren Formen gewöhnlich in der weitaus überwiegenden Mehrzahl vier Wimpern haben, während in den kleinen Formen die Häufigkeit der zweiwimperigen Ausbildung zunimmt. Interessant ist aber jedenfalls die Tatsache, daß bereits dem Ersten, der die Reproduktion bei U l o t h r i x umfassend studierte, die unscharfe Abgrenzung der einzelnen Zoosporentypen auffiel.

Durch die angeführten Angaben K l e b s war in gewisser Hinsicht der Weg der Untersuchung bereits vorgezeichnet. Es galt die Art und Weise der Übergänge zwischen den einzelnen Schwärmertypen näher kennen zu lernen. Diese Übergänge sind mehrfacher Art, sie können sich auf ein Merkmal oder auf mehrere beziehen. Es kommen in diesem Teil nur die Übergänge morphologischer Natur in Betracht, und diese liegen in der Größe, in der Lage und Gestalt des Augenfleckes und in der Bewimperung; ob und wie solche Übergänge in morphologischer Hinsicht auch von Übergängen in Bezug auf das weitere entwickelungsgeschichtliche Verhalten der Schwärmer begleitet werden, — das soll in einem eigenen zweiten Teile, der die Entwickelungsgeschichte dieser „intermediären" Schwärmer behandelt, besprochen werden.

---

[1] Siehe auch S. 5 das Zitat aus I w a n o f f s Arbeit.
[2] D o d e l, Pringsheims Jahrbücher X., 481.

Vorversuche.

(Hiezu Tafel I, A).

Um möglichst exakte Resultate zu erhalten war es notwendig, möglichst die gleiche Form zu erhalten die auch K l e b s seinerzeit zur Verfügung stand. *Ulothrix zonata* ist, wie seit jeher hervorgehoben wird, ungemein formenreich; die einzelnen Formen entsprechen aber gewöhnlich verschiedenen Entwicklungsstadien oder der Abstammung von den verschiedenen Schwärmerformen resp. deren Produkten.

Es zeigte sich, daß *Ulothrix zonata* keineswegs gar so häufig und verbreitet ist, als gemeiniglich angegeben ist, sondern daß wahrscheinlich mehrere in der Morphologie der vegetativen Organe sehr ähnliche Formen vorhanden sind, von denen sich zur Zeit nicht sagen läßt, ob sie alle zusammengehören. Es muß hier betont werden, daß eine völlige Klärung der Formen erst durch völlige Klarstellung der Reproduktion ermöglicht wird.

Zur Untersuchung wurde eine Form benützt, deren Fäden durchschnittlich 30—40 μ maßen; daneben gab es auch Fäden, deren Dicke zwischen 15 und 68 μ schwankte, zwischen diesen beiden Extremen gab es alle Übergänge. Demnach entsprach die untersuchte Form in der äusseren Morphologie sehr der von K l e b s untersuchten Form. Auch in der Schwärmergröße stimmte sie, ich nehme dies vorweg, gut mit dieser letzteren überein.

Bei dieser *Ulothrix*-Art war, bevor an die Untersuchung der Variation der Schwärmer gegangen werden konnte, zunächst die Frage zu entscheiden, ob die Größe resp. Dicke der Zellen (resp. Fäden) einen Einfluß habe auf die Größe der aus ihnen hervorgehenden Schwärmer. Im allgemeinen ist diese Frage bereits beantwortet worden, ohne daß jedoch speziell darüber eingehendere Untersuchungen gemacht wurden.

So sagt K l e b s S. 301 seines Werkes:

„Die Unterschiede (der Fäden) beziehen sich auf Dicke und Länge der Fäden, die Dicke der Zellhaut, während in allen wesentlichen Punkten der Organisation und Entwicklungsgeschichte Übereinstimmung herrscht."

Wie allgemein und zwar mit Recht angenommen wird, hat die Größe der Zelle nur auf die Zahl der in ihr entstehenden Zoosporen Einfluss. Und die angegebenen Zahlen der in einer Zelle entstandenen Schwärmer irgend eines Typus sind immer proportional der angegebenen Zellgröße. Es wäre weitläufig auf alle bis jetzt in der Literatur vorkommenden hieherbezüglichen Angaben einzugehen.

Um aber völlig sicher zu gehen, suchte ich Fäden bestimmter Fadendicke zu Zoosporenbildung zu veranlassen. Zu diesem Zweck wurde eine Sortierung der Fäden vorgenommen.

Die Fäden wurden in Etappen in einer Dicke von 15—20μ (a), von 30—35μ (b) und 40—45μ (c), Faden für Faden gesondert, soweit dies überhaupt möglich war und die einzelnen Gruppen zur Makrozoosporenbildung zu veranlassen gesucht. Nach mehrmaligen vergeblichen Bemühungen gelang der Versuch, — als ich ganz frisches in schnellem Wasser vorkommendes Material dazu verwendete. Ein strikter Nachweis gelang jedoch nur für die Makrozoosporen, weil für diese die ihre Bildung auslösenden Momente leichter bewerkstelligt werden können.

Die drei von dem vorhererwähnten Material stammenden sortierten Fadenproben schwärmten ziemlich gleichzeitig. Es wurden je 100 Makrozoosporen auf ihre Länge gemessen:

	10	11	12	13	14	15	16	17 μ
a	2	12	27	30	21	6	2	—
b	—	11	22	32	25	9	—	1
c	—	5	29	35	22	4	4	1

Die Mengen der Schwärmer in den einzelnen Grössenreihen sind demnach annähernd gleiche. Schon aus dieser zur eigentlichen Untersuchung der Variation nicht benützten Tabelle geht aber hervor, daß das die meisten Schwärmer bei allen drei nach der Dicke der Fäden gruppierten Materialien zwischen 12—15 μ messen, und daß die Häufigkeit der darüber oder darunter messenden Schwärmer bei allen drei Gruppen in gleicher Weise abnimmt.

Noch besser veranschaulicht diese Verhältnisse die Zusammenstellung der drei auf Grund dieser Tabelle gemachten Kurven (Tafel I. A). So verhältnismäßig gering die Zahl der gemessenen Makrozoosporen war, so zeigen doch schon diese Kurven den für die Makrozoosporen charakteristischen Verlauf. Die geringeren Ungleichheiten der drei Kurven sind wohl auf Rechnung der geringen Zahl der gemessenen Schwärmer zu setzen.

Demnach spielt die Dicke der Fäden keine ersichtliche Rolle für die Grössenvariation der Zoosporen. Ein anderer Weg, um zu diesem Resultat zu gelangen, war ungleich schwieriger.

Hiebei fand keine Sonderung der Fäden statt, sondern ich trachtete die Schwärmer möglichst kurz nach dem Ausschwärmen zu messen, und so lange sich die Zugehörigkeit zu einem bestimmten Faden unzweifelhaft festlegen ließ, die Dicke des letztern in Betracht zu ziehen. Diese Methode war ungleich mühseliger, wurde auch wieder verlassen, gab aber soweit sie angewendet wurde, den vorigen sehr nahekommende Resultate. Dabei konnte auch bemerkt werden, daß auch Faden von bis zu 70 μ Dicke Schwärmer bilden, deren Längendimensionen sich in völlig gleicher Weise bewegen.

So konnte bei den folgenden Untersuchungen die Dicke des Makrozoosporen bildenden Materiales außer acht gelassen werden; dennoch kam bei *Ulothrix zonata* Material in Anwendung, das der Hauptsache nach 25—40 μ maß, unter denen sich nur wenig häufig alle Übergänge zu den vorhin angegebenen Extremen fanden.

Schwieriger war die Sache bei den M i k r o z o o s p o r e n. Für diese steht uns kein sicher auslösendes Mittel zur Verfügung. Nur zweimal konnte ich bei Material, das aus Fäden von ziemlich einerlei Dicke bestand, größere Zählungen durchführen.

Das eine Mal waren die Fäden durchschnittlich 27 μ (25—33) (a) dick, größere Fäden fanden sich nur sehr vereinzelt; das andere Mal bestand das Material fast durchwegs aus den großen dicken bis über 70 μ (b) messenden Fäden der *forma maxima*.

In folgender Tabelle finden sich die gewonnenen Daten.

	7	8	9	10	11	12 μ
a	3	25	31	24	15	2
b	6	18	36	27	13	—

Die diesen Zahlenangaben entsprechenden Kurven finden sich wie die der Makrozoosporen auf T. I. A.

Auch hier sehen wir, wie bei den Makrozoosporen, die Mikrozoosporen in beiden Fällen in derselben Weise variieren.

Demnach spielt auch bei Bildung der Mikrozoosporen die Beschaffenheit der Fäden nicht ausschlaggebend mit für die Längenvariation.

Wie sich die Sache in Bezug auf die G a m e t o z o o s p o r e n äußert, ist mir völlig unklar geblieben. Es gelang mir nie, trotz wiederholter Bemühungen, sortierte Fäden genügend einheitlich zur Gametenbildung zu bringen, — und ein günstiger Zufall kam mir nicht zu Hilfe. Ich glaube aber, daß sich auch für sie das

Gleiche wie für die Makro- und Mikrozoosporen gilt, wenn auch die sicher hier verwertbare Angabe S t r a s-
b u r g e r s , daß bei der Bildung der Gametozoosporen es sich einzig und allein um einen Teilungsschritt
mehr als bei der Bildung der anderen ungeschlechtlichen Zoosporentypen handle, dadurch etwas an Ver-
wendbarkeit verliert, daß S t r a s b u r g e r zur Zeit dieser seiner Untersuchungen noch nichts über die
Mikrozoosporen von *U l o t h r i x* , die ja erst später von K l e b s entdeckt wurden, wissen konnte.

Dies Material, das nach der gerade besprochenen Richtung voruntersucht worden war, und in dem
Zellfäden mit 30—40 µ Dicke weitaus überwogen, wurde nun zum Studium der Variation der Zoosporen
sowie auch zu den entwicklungsgeschichtlichen Untersuchungen, soweit sie in den vorhin angegebenen
Rahmen fallen, benützt.

Spezielle Untersuchungen über die Variation der Zoosporen von Ulothrix

(Hiezu Tafel II.)

a) Längenvariation der Makro- und Mikro- und Gametozoosporen.

(Tafel II. A.)

1. Makrozoosporen.

Die M a k r o z o o s p o r e n ließen sich ungemein leicht durch bloßes Überführen aus dem fließenden
in ruhiges Wasser im Zimmer entwickeln.

Die Maßangaben schwanken: K l e b s gibt, wie bereits erwähnt, 10—15 µ, D o d e l[1]) dagegen
12—18 µ als Länge an. Es finden sich aber noch größere Schwärmer oft bis 20 µ und 22 µ Länge. Diese
großen Schwärmer erhalten ihre Längendimension manchmal dadurch, daß das Austreten der Schwärmer
oft recht schwierig ist, und der Schwärmer stark in die Länge gequetscht wird, meist aber durch unvollständige Teilung des Protoplasten der Mutterzelle. Trotzdem konnte ich wiederholt ganz normal gebaute
Makrozoosporen von 17 µ Länge sehen.

Es wurden 300 auf die vorhin angegebene Weise gemessen. Von diesen 300 Schwärmern gruppieren
sich die meisten um die Größe von 13—15 µ. Die Zahl der darüber hinausgehenden Schwärmer ist geringer
als die Zahl der weniger µ messenden. Wir werden sehen, daß eine derartige Verteilung charakteristisch
für die Makrozoosporen sämtlicher untersuchter Ulotrichales ist.

Angaben über Längenvariation bei den Zoosporentypen von *U l o t h r i x z o n a t a* macht, abgesehen von den Angaben A r e s c h o u g s und deren der vorhin erwähnten Autoren, bereits D o d e l
in seiner klassischen Abhandlung: *U l o t h r i x z o n a t a , i h r e g e s c h l e c h t l i c h e u n d u n-
g e s c h l e c h t l i c h e F o r t p f l a n z u n g.* Er gebraucht meines Wissens daselbst auch den Ausdruck Variation für ebendieselben Verhältnisse, die in der vorliegenden Abhandlung untersucht werden sollen.
Die Maßangaben Dodels sind gar ungemein genau, und gehen bis auf $^{1}/_{10000}$ eines Mikromillimeters hinab.

Die von ihm für die Makrozoosporen gemachten Angaben scheinen mir nicht wohl verwendbar; sie
stehen aber im allgemeinen mit meinen Befunden im Einklang, die für die Mikrozoosporen gemachten Angaben
dagegen sind nicht einwandfrei, weil ja, wie bereits erwähnt, D o d e l den Typus der Mikrozoosporen noch
nicht kennen gelernt hatte, und ich glaube, daß ihm neben den Gametozoosporen auch Mikrozoosporen
untergekommen sind.

---

[1]) D o d e l , *Ulothrix zonata*, ihre geschlechtliche und ungeschlechtliche Fortpflanzung; in Pringsheim Jahrbücher X.
417—550.

Die kleinsten Makrozoosporen maßen 10 μ, die Längsten 17 μ. Über ihre Verteilung auf die einzelnen Größenklassen gibt nachstehende Tabelle eine Übersicht.

Es maßen	10	11	12	13	14	15	16	17 μ[1])	
	4	41	64	86	75	25	5	(3)	Makrozoosporen.

Diese Mengenverhältnisse ergeben im Coordinatensystem eine Kurve von bestimmter Gestalt.

Entsprechend der Tatsache, daß sich die Mengen nicht gleichmäßig um das Plurimum verteilen, ist auch die Kurve nicht symmetrisch, obwohl ihr Höhepunkt annähernd in der Mitte der Spannweite ist. Die Kurve steigt viel sachter und mähliger an, als sie abfällt, wobei im Abfall die Differenzen in den Mengen der einzelnen Größen viel größere, demnach auch die Eckpunkte viel schärfere sind, als im Anstieg.

Diese eigentümliche Kurve, die durch ihre Asymmetrie, den sanfteren, ungemein gleichmäßigen Anstieg im Gegensatz zum steilen abfallenden Ast charakterisiert ist, ist, es sei vorweggenommen, nicht nur für die Makrozoosporen von *Ulothrix zonata*, sondern für die Makrozoosporen sämtlicher untersuchter *Ulotrichales* charakteristisch, und ihr Charakteristikum, sanfter Anstieg, steiler Abfall, kehrt immer wieder, wenn auch bei den einzelnen Arten neue Momente auftauchen, so daß wir von einer Makrozoosporenkurve schlechthin im Gegensatze zu den Kurven der anderen Zoosporentypen reden können.

Auffallend erschien mir bei *Ulothrix zonata* das sachte Ausklingen in die obersten Größenklassen, das ich sonst bei den andern untersuchten Arten nicht bemerkte. Ich weiß nicht, ob dieser Teil der Kurve mitcharakterisierend ist, — oder ob dieser beobachtete Fall auf einer Zufälligkeit beruht; jedenfalls ist dieses Ausklingen von nicht sonderlichem Interesse, umsomehr, als durch ihn der Grundcharakter der Makrozoosporenkurve in keiner Weise alteriert wird.

2. Die Mikrozoosporen.

Die Mikrozoosporen erhielt ich von einer Partie des Materiales, das auch zur Untersuchung der Makrozoosporen benützt wurde, nur ein einzigesmal in grösserer Menge und zwar beim Auftauen des zufällig eingefrorenen Magmas.

Die Grösse der Mikrozoosporen schwankte zwischen 7 und 12 μ, und zwar in vollster Übereinstimmung mit der Angabe von Klebs.

Und zwar verteilen sich die Schwärmer nach ihrer Größe in folgenden Mengen.

Es maßen	7	8	9	10	11	12 μ	
	16	63	81	74	51	15	Mikrozoosporen.

Darnach liegt das Plurimum zwischen 8 und 11, der Scheitel der Kurve ist demnach wie bei den Makrozoosporen ebenfalls nicht scharf ausgeprägt; bemerkenswert ist das jähe Absinken zum Größenminimum.

Die Verteilung in den einzelnen Größenklassen ist hier eine ganz andere als bei den Makrozoosporen. Auch hier sind die Mengen nicht gleichmäßig um das Plurimum gelagert; während aber bei den Makrozoosporen die größere Zahl der Schwärmer v o r dem Plurimum sich befanden, ist bei den Mikrozoosporen die größere Zahl h i n t e r dem Plurimum. Darnach findet sich zwischen den beiden Plurima

---

[1]) A r e s c h o u g gibt die Grenzen der Längendimensionen (observationes physologicae; De Confervaceis. Partic. I., 3. 11), 13¹/₃—16²/₃ μ an. D o d e l - P o r t (l. c. 479—480) 12.4 ... — 18.67 ... Obige Tabelle stimmt in der Hinsicht gut mit D o d e l s Angabe überein, als auch die von ihm genau gemessenen Schwärmer sich um 13—14 μ herumbewegen; ganz kleine Makrozoosporen, die 10 μ messen, hat D o d e l nicht beobachtet.

der beiden Typen die weitaus größte Zahl der Schwärmer, — und die Zahl der über diese hinausgehenden Formen ist verhältnismäßig kleiner.

Aber bei den Mikrozoosporen sehen wir im Gegensatz zu den Makrozoosporen die Mengendifferenzen im abfallenden Aste viel ausgeglichener als im aufsteigenden, wo dieselben bedeutend sind.

Wir erhalten wieder eine asymmetrische Kurve, von bestimmtem charakteristischem Aussehen, — das sich bei allen Mikrozoosporen der *Ulotrichales* findet, so daß wir direkt von einer Mikrozoosporenkurve im allgemeinen sprechen können.

Die Kurve der Mikrozoosporen hat einen ganz anderen Charakter als die der Makrozoosporen; sie steigt jäh an, um dann mit mähliger Steigung auch den Höhepunkt zu erreichen, und fällt nun zuerst recht sacht, dann etwas jäher, um schließlich steil zu enden. Der absteigende Ast der Kurve hat eine viel sanftere Neigung als der aufsteigende; die Mikrozoosporenkurve stellt demnach im allgemeinen Verhalten ein Spiegelbild zur Makrozoosporenkurve dar: sie ist symmetrisch zu ihr.

Der Schnittpunkt beider Kurven liegt verhältnismäßig hoch, die Kurven greifen weit ineinander, die Zahl der Schwärmer, die in Bezug auf die Größe intermediär zwischen den beiden Typen stehen, ist eine unverhältnismäßig hohe. Die beiden Typen sind in Bezug auf die Größe noch wenig differenziert.

Auch die Mikrozoosporen zeigen nicht selten abnormal große Schwärmer, die durch unvollständige Teilungen entstanden sind; vereinzelt fanden sich Schwärmer, die bei der Geburt Schaden genommen und morphologisch stark verändert waren. Über das Verhalten ersterer in einem späteren Abschnitte.

3. Die Gametozoosporen.

Reichliche Gametozoosporen erhielt ich nur ein einzigmal aus Material, dessen Fäden 20—30 μ maßen, und das vom selben Standort stammte wie das für die ersten Untersuchungen verwendete. Die Kopulation wurde erfolgreich verhindert durch Zusatz von Nährlösung oder Morphiumlösungen. (siehe Seite 8).

Die Gametozoosporen wurden ob ihrer großen Metabolie erst gemessen, wenn sie mehr eiförmig geworden waren; nichtsdestoweniger scheinen mir diese Messungen unzuverlässiger zu sein, als die der Mikro- und Makrozoosporen.

Die Variationsweite ist eine geringe; die Größe schwankt zwischen 5—8—9 μ. Die Mengen verteilen sich in folgender Weise.

Es maßen	5	6	7	8	9 μ
	27	69	91	78	35 Gametozoosporen.

Nach dieser Tabelle verteilen sich die Gametozoosporen fast in derselben Weise wie die Mikrozoosporen. Die Verteilung ist etwas gleichmäßiger; demnach stimmen die Gametozoosporen mit den Mikrozoosporen darin überein, daß die Zahl der Schwärmer, die über dem Plurimum der Größe liegen, größer ist als die vor demselben. Da zudem die Zahl der größten Formen eine relativ hohe ist, so ist auch der Charakter der Kurve fast derselbe wie der der Mikrozoosporenkurve. Der Anstieg ist etwas steiler als der Abfall, die Kurve ist auch im Gefälle der beiden Äste unsymmetrisch. Die Kurve der Gametozoosporen ist jedoch schärfer gegliedert als die Mikrozoosporenkurve, der Scheitel liegt höher und ist schärfer ausgeprägt als bei dieser.

Wir werden noch sehen, daß die Gametozoosporen auch wirklich nach anderen Momenten hin schärfer umrissen sind als die Mikrozoosporen.

Der Schnittpunkt mit der Mikrozoosporenkurve liegt sehr hoch, die Zahl der Formen, die in Bezug auf die Größe den Übergang von Mikro- zu Gametozoosporen vermitteln, ist eine große. Nicht zu selten finden sich Schwärmer, bei denen nicht sicher gesagt werden kann, ob sie Mikrozoosporen oder Gametozoosporen sind.

Abnorme Gameten fanden sich nicht selten: insbesonders solche, die ungemein gestreckt und fast in zwei Teile gerissen waren.

b) Variation der Lage des Augenfleckes.
(Tafel II, B.)

Die Lage des Augenfleckes wird gewöhnlich als charakteristisch angenommen[1]). Bei genauer Durchsicht größeren Materiales finden sich aber immer Übergänge, die oft bis zum Extrem gehen, in der Weise, daß einzelne Schwärmer des einen Typus das Stigma in der Lage des andern Typus besaßen.

Mit der Untersuchung der Größenvariation der einzelnen Zoosporentypen ging auch die der Variation der Lage des Augenfleckes Hand in Hand.

Darnach zeigt die weitaus größte Anzahl Zoosporen das charakteristische Stigma: Die M a k r o z o o s p o r e n mehr im vordern Drittel, die M i k r o z o o s p o r e n in der Mitte und die G a m e t o z o o s p o r e n ebenfalls mehr in der Mitte des Körpers.

E s z e i g t e s i c h a b e r , d a ß e i n g e w i s s e r Z u s a m m e n h a n g z w i s c h e n d e r L a g e d e r S t i g m a u n d d e r K ö r p e r g r ö ß e b e s t e h t , i n d e r W e i s e , d a ß b e i d e n v e r s c h i e d e n e n G r ö ß e n k l a s s e n d e r l e i a b w e i c h e n d e S c h w ä r m e r m i t v e r s c h i e d e n e r H ä u f i g k e i t v o r k o m m e n .

Am besten geht das aus folgenden Übersichten hervor:

M a k r o z o o s p o r e n

	10	11	12	13	14	15	16	17 μ
	4	41	64	86	75	25	5	(3)
Zahl der abweichend stigmatisierten Formen:	1	7	8	6	3	1	—	—

Demnach beträgt die relative Häufigkeit der Makrozoosporen mit abweichendem Stigma in den einzelnen Größenklassen auf 100 umgerechnet

25	15	11	7	4	4	—	— [2])

Es erhellt aus dieser Tabelle die interessante Tatsache, daß die Zahl der abweichend stigmatisierten Makrozoosporen zunimmt, jemehr sie sich den Mikrozoosporen in der Größe nähern, andererseits aber mit der Größe der Makrozoosporen die Zahl dieser abweichend stigmatisierten Formen abnimmt.

Vereinzelt finden sich sogar Makrozoosporenschwärmer, die nicht nur den Mikrozoosporen sich durch die Lage des Stigmas nähern, sondern auch das typische leistig vorspringende Mikrozoosporenstigma besitzen; dennoch haben solche Schwärmer den abgeplatteten Körper der Makrozoosporen.

---

[1]) Bei diesen Untersuchungen wurden wie auch bei den früheren Zoosporen, die stark metabolisch waren, übergangen.

[2]) Hiebei wurden bei Bruchteilen die üblichen Auf- resp. Abrundungen vorgenommen.

Es ließen sich aber auch M i k r o z o o s p o r e n nachweisen, die sich in der Lage des Stigmas den Makrozoosporen nähern. Folgende Tabelle mag das veranschaulichen.

	7	8	9	10	11	12 μ
	16	63	81	74	51	15
abweichend stigmatisiert davon:	—	3	2	2	5	4
relative Häufigkeit letzterer	—	5	2.5	3	8	26

(Es wurden wie bei den Makrozoosporen hier nur die Schwärmer aufgenommen, deren Stigma ganz extrem lag.)

Sahen wir bei den Makrozoosporen, daß die Zahl der abweichend, intermediär, stigmatisierten Schwärmer mit abnehmender Größe auffallend zunimmt, so sehen wir bei den Mikrozoosporen etwas ganz analoges. Auch hier sind die zu weit vorn stigmatisierten Schwärmer nicht gleichmäßig verteilt, sondern sie werden relativ auffallend häufiger mit der Zunahme der Größe, sie sind in den oberen Größenlagen auffallend reichlicher.

Nun sind es aber sowohl bei den Makro- als auch bei den Mikrozoosporen gerade die Formen des Zwischengebietes, diejenigen, die auch in Bezug auf die Größe ineinander übergehen, — welche eine solche hohe relative Häufigkeit der abweichend stigmatisierten Schwärmer zeigen, — weist das nicht auf innige Verwandschaft beider Zoosporentypen, auf ein allmähliches Ineinanderübergehen beider hin?

Die geringe Zunahme der abweichend stigmatisierten Mikrozoosporen in den unteren Größenlagen vermag ich mir nicht zu erklären; vielleicht handelt es sich da um Zufälligkeiten, um so mehr, als eine ähnliche Erscheinung bei keiner der anderen untersuchten Algen in d e r Weise wiederkehrt.

———

Die G a m e t o z o o s p o r e n waren viel schwerer auf die Variation des Stigma hin zu untersuchen; sie sind insbesonders nach der Geburt viel mehr metabolisch als die beiden andern Zoosporentypen. Die unten angegebenen Zahlen sind hier sicher zu gering, da nur das unzweifelhaft Sichere hier aufgenommen, — und alles was nur im Geringsten als eine Lageänderung durch Metabolie gedeutet werden könnte, nicht aufgenommen wurde.

Die Gameten hatten ihr Stigma in den typischen Formen schön in der Mitte; vollständig den Makrozoosporen entsprechende Augenflecke fanden sich aber trotzdem und zwar ebenfalls mit wechselnder Häufigkeit.

5	6	7	8	9 μ	
27	69	91	78	35	
—	2	4	5	4	abweichend stigmatisierte Formen.
	3	4	6	11	deren relative Häufigkeit.

Es wurden hier auch nur die Zoosporen mit extremer Lagerung des Stigma aufgenommen; die Zahl dieser Schwärmer nimmt demnach ziemlich jäh mit der Größe zu, genau wie bei den Mikrozoosporen, und verschwindet bei den kleinen Formen.

Dieser Umstand deutet ebenfalls auf einen Zusammenhang mit den Makrozoosporen hin.

Es ist interessant, daß hierin die Gametozoosporen ein analoges Verhalten wie die Mikrozoosporen zeigen, zu welchen sie ja, wie noch gezeigt werden soll, so ungemein viele Beziehungen haben.

Es ergibt sich also für die Zoosporen bei *Ulothrix zonata* die interessante Tatsache, daß Körpergröße und Stigmatisierung in gewissem Zusammenhang stehen: die Makrozoosporen mit der Abnahme der Körpergröße häufiger Formen zeigen, die wie der in der Größe anschließende nächstkleinere Typus, — die Mikrozoosporen — stigmatisiert sind; diese aber in ihren größeren Formen ebenfalls deutlich die Zunahme der Häufigkeit jener Schwärmerformen erkennen lassen, — die wie der nächstgrößere Typus, die Makrozoosporen in Bezug auf das Stigma ausgestattet sind. Die Gametozoosporen verhalten sich wie die Mikrozoosporen und zeigen ähnliche Übergänge, allerdings ob ihrer höheren Differenzierung weniger zahlreich, zu den Makrozoosporen, deren kleinsten Formen sie ja ebenfalls sehr nahe kommen.

Darnach existieren auch in Bezug auf die Stigmatisierung zahlreiche interessante Übergänge, die uns die gegenseitigen Beziehungen der einzelnen Typen wohl erkennen lassen. Es erübrigt noch, der Variation in der Bewimperung nachzugehen.

c) Bewimperung.

Daß die Zahl der Wimpern der einzelnen Zoosporentypen bei *Ulothrix zonata* nicht konstant ist, hat erst K l e b s[1]) in seinem schon oft zitierten Werke nachgewiesen.

Die M a k r o z o o s p o r e n besitzen stetig vier Wimpern. Ich fand auch nicht unter den kleinsten Makrozoosporen solche, die entweder nur 2 Wimpern besaßen oder auch nur ein Wimperpaar bei Fixierung durch Jod-Jodkalium, Formaldehyd oder Osmiumsäure oder andere rasch wirkende Fixativa abgestoßen haben.

Dagegen gibt schon K l e b s an, dass die M i k r o z o o s p o r e n nicht derart konstant seien. Wohl haben sie m e i s t vier Wimpern, doch werden von den vier Wimpern bei einzelnen zwei abgestoßen, oder es finden sich überhaupt nur zwei Wimpern vor.

Es taucht nun die Frage auf, ob dieses Abstoßen der Wimpern vielleicht in irgend einem Zusammenhang stünde mit dem Alter des betreffenden Schwärmers.

Es wäre ja denkbar, — daß die Schwärmer erst bei längerem Umherschwärmen dazu neigen, 2 Wimpern abzustoßen, — insbesondere kürzere Zeit vor der Auskeimu g. Dafür würde ja der sicher erwiesene Umstand sprechen, daß bei einzelnen Chaetophoroiden ein Abstoßen sämtlicher vier Wimpern vor dem Auskeimen immer erfolgt; so z. B. bei *S t i g e o c l o n i u m   n u d i u s c u l u m*, dessen Reproduktion ich seinerzeit untersucht habe und auf welches ich später noch zurückkomme.

Dieses Abstoßen zweier Wimpern hängt aber sicher nicht damit zusammen, ob der Schwärmer sich dem Ende seines Schwärmstadiums nähert.

Nach vielen Mühen gelang es nämlich bei *U l o t h r i x* einigemale Mikrozoosporen ganz kurz nach dem Ausschlüpfen, zum Teil sogar noch während des Ausschlüpfens in der angegebenen Weise zu fixieren, — und in der Tat, bei einzelnen erfolgte auch in diesem frühen Stadium das Abstoßen zweier Wimpern. Demnach ist es in hohem Maße wahrscheinlich, daß e s   s i c h   b e i m   A b s t o ß e n   d e s   e i n e n S c h w ä r m e r p a a r e s   u m   e i n e   b e r e i t s   i n   d e r   O r g a n i s a t i o n   d e s   S c h w ä r m e r s b e g r ü n d e t e   E i g e n s c h a f t   d e s   b e t r e f f e n d e n   S c h w ä r m e r s   h a n d e l t.

Die Bewegung der Cilien ist mit der Abstoßung noch nicht sistiert. Bei Arten, deren Schwärmer vor dem Ansetzen die Schwärmer abstoßen, — lassen sich noch eine ziemliche Zeit Bewegung der Geißeln selbst beobachten[2]); das war schön zu sehen bei *S t i g e o c l o n i u m   n u d i u s c u l u m*, bei welchen die Geißeln recht dick sind. Die Bewegung kann deutlicher gemacht werden, wenn man flüssige Tusche zusetzt, und die herumschwebenden Tuschteilchen die Bewegung deutlich machen. Mit Vorteil kann man auch Tuschlösung benützen beim Studium des Mechanismus der Schwärmerentleerung, wobei insbesondere die vorquellenden Membranmassen deutlich erkennbar werden. Es ist dies dieselbe Methode, die seinerzeit S c h r ö d e r zum Nachweis der Gallerthüllen bei Desmidiaceen (Verh. d. naturwiss. med. Ver. z. Heidelberg

---

[1]) Klebs, Bedingungen der Fortpflanzung etc. — *Ulothrix zonata* S. 300 ff.
[2]) Gewöhnlich werfen sie sich in verschiedene Krümmungen: oft ist es ein Ausbiegen abwechselnd nach dieser oder jener Seite; seltener ein Zusammenringeln und plötzliches Geradestrecken; darüber wurde ja bereits öfters geschrieben.

1902, VII. 139 ff.) und in neuerer Zeit wieder M o l i s c h zum gleichen Zwecke bei so subtilen Objekten wie die Purpurbakterien (Bot. Zeitung, 1906, 224) mit Vorteil angewendet haben.

Stehen aber solche ein Wimperpaar abstoßende Schwärmer bereits intermediär zwischen Mikrozoosporen und Gametozoosporen, — so vielmehr die bereits von K l e b s vorgefundenen Mikrozoosporen, die überhaupt zwei Wimpern besitzen.

Trotzdem K l e b s angibt, daß er bei vielen Beobachtungen fand, daß die Zahl der Wimpern der Mikrozoosporen nicht konstant sei, — stand ich dieser Angabe ursprünglich, — es sei offen gesagt ungemein skeptisch gegenüber, obwohl sich vorher wie nachher alle von K l e b s gemachten sonstigen Angaben völlig bestätigt fanden. Ich konnte, insbesonders als durch das mehrmalige Auftreten solcher Schwärmer der Blick geschärft war, — unzweifelhaft fast in jedem Mikrozoosporenmaterial derlei zweiwimperige Schwärmer vorfinden.

Die Bedeutung dieser Tatsache erkannte K l e b s (Bedingungen etc.) 316 vollauf: „Morphologisch stehen also die Mikrozoosporen in der Mitte zwischen Zoosporen und Gameten, gehen nach beiden Seiten ganz allmählich in sie über.“

K l e b s erwähnt aber weiter:

„Die Zahl der Wimpern steht vielleicht in einem engern Zusammenhang mit der Größe des Körpers, denn gerade bei den kleineren Mikrozoosporen, die überhaupt von den Gameten nicht zu unterscheiden sind, sah ich besonders häufig zwei Wimpern.“

Diese Annahme gab Anlaß, die relative Häufigkeit dieser zweiwimperigen Schwärmer und in der Folge auch die relative Häufigkeit der Schwärmer, die ein Wimperpaar abstoßen, zu untersuchen.

Zu diesem Zwecke wurde Mikrozoosporenmaterial, das höchstens 1—1½ Stunden alt war, mit der Pipette genommen, zunächst mit Morphiumlösung behandelt (wobei bei genügend schwacher Lösung nie ein Abstoßen eines Wimperpaares vorkam), und nachdem die bei den Mikrozoosporen von *Ulothrix* geringe Metabolie größtenteils behoben war, unter dem Deckglase vorsichtig mit 1 % Osmiumsäure nachfixiert. Das Material erlitt hiebei nach einigen Versuchen, die unter dem Mikroskop gemacht wurden, keine Formveränderung. Bei dieser Behandlung wurden die Cilien gewöhnlich schon deutlich sichtbar, bei vorsichtigem Jodzusatz traten die Cilien scharf hervor.

Es zeigte sich nun, ich will hier nicht wieder Tabellen bringen, d a ß d i e Z a h l d e r S c h w ä r - m e r, d i e z w e i W i m p e r n a b s t o ß e n, i n d e n e i n z e l n e n G r ö ß e n k l a s s e n z i e m l i c h g l e i c h m ä ß i g v o r h a n d e n w a r e n, u n d n u r i n d e n o b e r e n a b - n a h m e n; d a g e g e n n a h m d i e Z a h l d e r z w e i w i m p e r i g e n S c h w ä r m e r e n t - s c h i e d e n m i t d e r G r ö ß e n a b n a h m e d e r M i k r o z o o s p o r e n z u; s o d a ß d i e A n n a h m e K l e b s’ v o l l a u f b e s t ä t i g t w u r d e.

Bezeichnend ist, daß sich unter größeren Mikrozoosporenformen überhaupt keine zweiwimperigen Schwärmer fanden, so wie auch selbst die kleinsten Makrozoosporen keine solchen zeigen.

Dagegen nimmt die Zahl der zweiwimperigen Schwärmer in den unteren Größenklassen sehr zu, und macht zum Beispiel unter Mikrozoosporen von 7—8 μ 13—25 % aus.

Die G a m e t o z o o s p o r e n dagegen erwiesen sich immer als zweiwimperig; ich fand nie vierwimperige Schwärmer unter ihnen.

———

Darnach sehen wir in ähnlicher Weise, wie die Mikrozoosporen durch die Variation der Größe und der Lage des Augenfleckes mit den Makrozoosporen verbunden sind, so auch durch die Bewimperung, sowie auch in der Größe mit den Gametozoosporen verbunden, so daß ein Schwärmertypus sacht und vermittelt zu den anderen hinüber leitet.

Es soll nicht unerwähnt bleiben, daß auch unter den Mikrozoosporen, besonders unter den kleineren Formen, Schwärmer auftreten, die, trotzdem sie die Bewimperung und Größe der Mikrozoosporen besitzen, sich in ihrer Form sehr den Gametozoosporen nähern, ebenso wie auch unter den Gametozoosporen sich immer einzelne finden lassen, die nicht schön rundlich bis eiförmig, sondern mehr schlank und mehr verschmälert sind, so daß auch in der Form viele Übergänge zwischen beiden Zoosporentypen vermitteln, ebenso wie sich auch in Bezug auf die Gestalt zwischen Mikro- und Makrozoosporen, und zwar von beiden Seiten her vermittelnde Formen ergeben.

Machen wir noch einen Überblick über die Ergebnisse der Untersuchungen bei *Ulothrix zonata*.

Die drei Schwärmertypen von *Ulothrix zonata* sind, wie bereits Klebs vermutet und im allgemeinen nachgewiesen hat, nicht scharf getrennte Formen, sondern sind durch mannigfache Übergänge verbunden.

Abgesehen von ihrem physiologischen Verhalten werden sie durch den Zusammentritt bestimmter morphologischer Merkmale bestimmt, die aber sowohl an sich, wie in ihrer Zusammensetzung variieren können.

Die Makrozoosporen sind charakterisiert durch ihre bedeutende Größe, durch ihre vier Wimpern und das weit nach vorne gerückte Stigma.

Die Kombination dieser drei Merkmale findet sich aber nur bei dem weitaus größten Teil der Makrozoosporen. Wir sahen, daß bei der Abnahme der Größe der Makrozoosporen die relative Häufigkeit jener Schwärmer zunimmt, die die Stigmatisierung des nächst kleinern Schwärmertypus, der Mikrozoosporen, haben.

Die Mikrozoosporen sind, abgesehen vom physiologischen Verhalten, charakterisiert durch die geringe Größe und durch die tiefere Lage des Stigma, das sich in der Mitte befindet; aber sowohl in Bezug auf die Größe als auch in Bezug auf Stigmatisierung führen die Mikrozoosporen zu den Makrozoosporen hinüber, ähnlich wie auch die Makrozoosporen Übergänge zu den Mikrozoosporen zeigten. Und wieder sehen wir die relative Häufigkeit der abweichend vorn stigmatisierten Schwärmer mit der Größe zunehmen, so daß die beiden Typen ganz allmählich in mehrfacher Hinsicht ineinander übergehen.

Es ist aber noch ein dritter Typus von Zoosporen vorhanden: die Gametozoosporen. Die haben mehr gedrungene Gestalt, das Stigma der Mikrozoosporen, — aber nur zwei Wimpern; sie sind ganz anders beschaffen als die beiden anderen Typen, die doch mehr einheitlich gebaut sind; und gerade hier sind die Übergänge schön.

Schon in Bezug auf die Größe gibt es Übergänge; in Bezug auf die Bewimperung finden sich aber zweierlei Übergänge. Erstens dadurch, daß die Mikrozoosporen Schwärmer zeigen, die imstande sind, ein Wimperpaar abzustoßen, — und deren Zahl nimmt bei den Mikrozoosporen mit zunehmender Größe, also je mehr sich die Mikrozoosporen von den Gametozoosporen entfernen, ab; zweitens treten aber unter Mikrozoosporen zweiwimperige Schwärmer auf, deren relative Häufigkeit mit abnehmender Größe, also je mehr die Mikrozoosporen zu den Gametozoosporen hinüberleiten, zunimmt.

In Bezug auf die Lage des Stigma verhalten sich die Gametozoosporen wie die Mikrozoosporen: Zunahme der abweichend stigmatisierten Schwärmer mit zunehmender Länge, und leiten so zu den Makrozoosporen hinüber.

Werden diese Verhältnisse, so weit es angeht, in einem Koordinatensystem veranschaulicht, so ergeben sich für die einzelnen Typen Variationskurven von bestimmter Gestalt.

Allen diesen drei Kurven ist bei *Ulothrix zonata* gemeinsam, daß ihr Scheitelpunkt in relativ gleicher Höhe liegt, und keine bedeutenden Differenzen in dieser Hinsicht vorhanden sind.

Die Spannweite der Kurven ist verschieden weit: am geringsten bei den Gametozoosporen, am weitesten bei den Makrozoosporen.

Die Kurven haben nicht dieselbe Form bei allen drei Typen. Mikrozoosporen und Gametozoosporen haben ähnliche Kurven, die Makrozoosporenkurve ist spiegelbildlich zu den beiden genannten.

Die Kurven der Mikrozoosporen und Gametozoosporen steigen jäh zum Höhepunkt auf, um dann viel sanfter und fast parallel zu einander zu fallen, während die Makrozoosporenkurve sanfter ansteigt, um vom Scheitelpunkt jäh zu fallen. Allerdings klingt diese Kurve dann sehr allmählich und ungemein sanft aus.

Der Umstand, daß die einzelnen Typen ineinander übergehen, bringt es mit sich, daß die Kurven sich schneiden. Diese Schnittpunkte werden selbstredend um so höher liegen, je zahlreicher die Übergangsformen sind. Bei *Ulothrix zonata* liegen diese Schnittpunkte sehr hoch, besonders auffallend hoch aber die der Gametozoosporen und der Mikrozoosporen; wir sahen aber auch, daß nicht nur in Bezug auf die Größe, sondern sogar in der Bewimperung die Übergänge zwischen den Mikrozoosporen und Gametozoosporen recht auffallende sind.

Die Kenntnis der Variation der Zoosporentypen gibt uns aber auch Aufschluß über ihre größere oder geringere Differenzierung. Physiologisch und entwickelungsgeschichtlich sind am schärfsten differenziert Makro- und Gametozoosporen. Diese beiden Typen haben fast keine Übergänge mehr, nur die Zunahme der abweichend vorn stigmatisierten Schwärmer der Gametozoosporen mit der Größenzunahme derselben läßt sich als Übergang deuten. Diese beiden Typen zeigen auch schärfer abgesetzte Scheitel der Variationskurven. Nach beiden Seiten hin aber gehen die Mikrozoosporen allmählich über, und vermitteln die mancherlei Gegensätze zwischen den beiden ersten Typen. Wir sehen, daß der Scheitel ihrer Kurve viel weniger ausgeprägt ist, wir sehen aber, daß ihre Kurve weit in das Gebiet der beiden anderen Kurven eingreift.

Der Umstand, daß die nach außen gekehrten Äste der Kurven viel steiler abfallen, die einander zugekehrten aber viel sachter fallen, daß also die Zahl der Schwärmer, die zwischen den Größenplurima liegen größer ist, als die darüber hinausfallen, möge später besprochen werden.

2. Stigeoclonium. [1]
(Hiezu Tafeln III, IV, V, VI.)

Als eine mit *Ulothrix* nahe verwandte Gattung, die sich von ihr vor allem durch die höhere Gliederung des vegetativen Teiles und seine bei manchen Arten hohe Differenzierung scheidet, wurde *Stigeoclonium* untersucht. Obwohl ungefähr bei neun Arten der Reproduktion nachgegangen wurde, konnten dennoch nur vier Arten in den Kreis dieser Untersuchungen eingezogen werden, — weil die Art und Weise der Zoosporenbildung sowie die Leichtigkeit, mit der sich die einzelnen Arten zur Zoosporenbildung bewegen lassen, — nicht immer die gleiche ist, ja einige Arten sich trotz aller Mühe und trotz einer Unzahl verschieden variierter Versuchsanordnungen, überhaupt nicht zur Zoosporenbildung bringen ließen.

Ich glaube aber, daß man nicht berechtigt ist, ihnen deshalb jede geschlechtliche Fortpflanzung durch Zoosporen, oder gar die Zoosporenbildung selbst abzusprechen. Es können sich ja durch Generationen hindurch Zoosporenbildung hemmende Einflüsse geltend gemacht haben, deren Nachwirkung im gegebenen Fall noch anhielt, — oder, was wahrscheinlicher ist, die die Zoosporenbildung auslösenden Momente sind andere als die, die gewöhnlich angewendet werden.

Leicht sind zur Zoosporenbildung zu bewegen jene Arten, die in fliessenden oder stärker bewegten Wässern vorkommen. Schwieriger ist sie einzuleiten bei solchen, die in den stehenden Gewässern sich finden, insbesondere wenn der Standort durch durchsickernde Moorwässer verunreinigt ist, oder nur solches darstellt. In solchen Fällen versagt oft jedes der bekannten Mittel innerhalb ein und derselben Art. Ich darf nicht versäumen, auf die interessanten Untersuchungsergebnisse Burton Edwards Livingstons [2] hinzuweisen, die experimentell Analoges ergaben.

---

[1] Mit Ausschluß jener Formen, die nur zweiwimprige Schwärmertypen besitzen. z. B. *Iwanoffia terrestris* Pascher *(Stigeoclonium terreste* Iwanoff.)

[2] B. E. Livingston: chemical stimulation of a green algae (Bull. Torr. Bot., Cl., XXXII, 05, p. 1—34.)

notes on the physiology of *Stigeoclonium* (Bot. Gazette, XXXIX, 05, p. 297—300).

physiological properties of Bog water (Bot. Gazette, XXXIX, 05, 348—355).

Über die Reproduktion der Gattung *Stigeoclonium* liegen allerdings mehrere Angaben vor. aber nur einige wenige sind auf Grund spezieller Untersuchungen gemacht. Zoosporen sind bei *Stigeo-clonium* verhältnismäßig lange bekannt.

Zoosporen geben schon T h u r e t[1]) und C i e n k o w s k y[2]) an. Die Keimung und Entwicklung untersuchte schon frühzeitig B e r t h o l d[3]) — und seine ausgezeichneten Untersuchungsergebnisse fanden in den späteren Jahren mancherlei Ergänzung bis zu den meines Wissens zuletzt diesen Gegenstand behandelnden, allerdings keineswegs einwandfreien Angaben F r i t s c h 's[4]).

Genau wurde aber die Reproduktion erst später untersucht. An die Untersuchungen G a y s[5]), reihen sich die interessanten Angaben T i l d e n s[6]) über *Stigeoclonium flagelliferum* (*Pilinia diluta* W o o d), und die präzisen und klärenden Forschungen K l e b s''[7]) über *Stigeo-clonium tenue*. In den letzten Jahren kamen meinen Untersuchungen über die Reproduktion der mir zugänglichen Arten, von denen ich die bei vier Arten. *Stigeoclonium fasciculare, St. tenue, St. longipilum* und *St. nudiusculum* gemachte Erfahrungen veröffentlichte, während die Mehrzahl der untersuchten Arten noch nicht einwandfreie Resultate bot.

Die geschlechtliche Fortpflanzung durch Kopulation von Zoosporen vermutete bereits R e i n-h a r d t[8]), der in Stigeocloniummaterial Xförmige grüne Zellen fand, die er als Kopulationsprodukte deutete. Kopulation zweiwimperiger Zoosporen konstatierte ferner J. T i l d e n[9]) bei *Stigeoclonium fla-gelliferum*. I w a n o f f[10]) erwähnt ferner die Beobachtung T r e b o u x', der vierwimperige Zoosporen von *Stigeoclonium insigne* unter Bildung sternförmiger Zygoten kopulieren sah. Schließlich bilden die beiden W e s t[11]) die Kopulation zweiwimperiger Schwärmer in verschiedenen Stadien ab, — ich weiß aber nicht, ob es sich um eigene Beobachtungen handelt. Sichergestellt wurde in meinen Untersuchungen über *Stigeoclonium* die Kopulation vierwimperiger Mikrozoosporen bei *Stigeo-clonium tenue, Stigeoclonium fasciculare* und *Stigeoclonium nudiusculum*.

Darnach ist *Stigeoclonium* nicht einheitlich in seiner Reproduktion, und die verschiedenen Angaben von differenten Zoosporentypen drängten förmlich eine genaue Untersuchung auf. Auffallend ist, daß K l e b s keine Kopulation bei dem von ihm untersuchten *Stigeoclonium* konstatieren konnte. — Soweit die L i t e r a t u r.

Betonen möchte ich noch, es soll dies noch später ausführlich begründet werden, daß das von I w a n o f f[12]) untersuchte *Stigeoclonium terrestre* allem Anschein nach nicht zu *Stigeoclonium* gehört; ebenso lassen die Angaben F r a n k e s[13]) über die Kopulation bei *Endoclonium* nicht ganz Sicheres erkennen.

Eine genaue Untersuchung der einzelnen Schwärmertypen mußte daher gerade bei *Stigeo-clonium*, das so verschiedene Reproduktion hat, besondere Ergebnisse erwarten lassen.

Es wurden in Bezug auf die Variation der einzelnen Zoosporentypen untersucht *Stigeoclonium longipilum, Stigeoclonium fasciculare, Stigeoclonium tenue* und *Stigeo-clonium nudiusculum*, von welchen vier Arten die ersten beiden drei Zoosporentypen wie *Ulothrix*, die beiden anderen nur zwei Zoosporentypen haben.

[1]) T h u r e t, Recherches sur les zoospores des Algues (Ann. sc. nat. bot., Ser. II. T. 14, 222).

[2]) C i e n k o w s k y, Über den Palmellazustand bei *Stigeoclonium* (Bot. Zeitung, 1876, 17—26).
    Zur Morphologie der Ulothricheen (Mel. biol. Bull. Ac. d. Sc. Petersburg, IX, 531—572).

[3]) B e r t h o l d, Untersuchungen über die Verzweigung einiger Süßwasseralgen (Nova acta Leopold., XL, 1878, 190).

[4]) F r i t s c h, observations on the young plants of *Stigeoclonium* (Beihefte z. bot. Zentr., XIII, 368—387).

[5]) G a y, Recherches sur le developpement et la classification de quelques alges vertes. Paris 1891.

[6]) T i l d e n, a contribution to the life history of *Pilinia diluta* etc. (Minnesota bot. studies 1896, 9, Nr. 37.

[7]) K l e b s, Bedingungen der Fortpflanzung etc. 398.

[8]) R e i n h a r d t, Kopulation der Zoosporen bei *Chlamydomonas* etc. (Arbeit d. naturw. Ges. zu Charkow X.)

[9]) T i l d e n, loco citato.

[10]) I w a n o f f, Über neue Arten von Algen, Flagellaten etc. (Bull. soc. imp. nat. d. Moscou (1899), 423.

[11]) W e s t, british fresh water algae, 86.

[12]) I w a n o f f, Über neue Arten von Algen, Flagellaten etc. (Bull. soc. imp. nat. d. Moscou, 1899) 423.

[13]) F r a n k e, *Endoclonium polymorphum* (Cohns Beiträge zur Biologie der Pflanzen, III, 1883, 365.

A) Stigeoclonium longipilum.
(Tafel III.)

Diese *Stigeoclonium*-Art kam am spätesten zur Untersuchung. Sie erwies sich deswegen als interessant, da sie zu den wenigen Arten gehört, die noch im Besitze der drei Schwärmertypen sind, die bei *Ulothrix zonata* vorkommen. Das Material stammte aus einem Graben in der Nähe von Mugrau im südlichen Böhmerwalde. Die Alge hielt sich nicht lange in Kultur.

Über ihre Reproduktion habe ich in der Österr. bot. Zeitschrift berichtet.[1]

Dieses Stigeoclonium bildet bei der Überführung in ruhiges Wasser reichlich M a k r o z o o s p o r e n, die in der Länge 12—16 µ maßen und sich auch in der Form den Makrozoosporen von *Ulothrix zonata* nähern. Der Augenfleck lag in der Mitte des Schwärmers. Die Makrozoosporen waren vierwimperig, setzten sich nach längerem Schwärmen, so wie es auch K l e b s für *Ulothrix* angibt, schief an, und keimten direkt aus.

Die M i k r o z o o s p o r e n maßen nur 9—12 µ, waren viel weniger gedrungen als die Makrozoosporen und insbesondere mehr nach vorne verschmälert. Sie hatten ebenfalls vier Wimpern, der Augenfleck war deutlich über der Mitte gelegen. Sie kopulierten, soweit beobachtet, nie, sondern bildeten entweder Aplanosporen, oder, falls sie ausschwärmten, die üblichen Ruhestadien.

Neben diesen Mikrozoosporen fanden sich auch noch vereinzelt z w e i w i m p e r i g e S c h w ä r m e r, die von diesen durch ihre plumpere Gestalt, durch ihre geringere, vordere Verschmälerung und durch das Stigma, das zwar in der Mitte gelegen, jedoch n i c h t leistig vorsprang, verschieden waren. Sie waren durchschnittlich kleiner als die Mikrozoosporen (5—11, meistens 8 µ). Kopulation konnte an ihnen beobachtet werden, ebensowenig eine Encystierung; erstere scheint aber nur durch das vereinzelte Auftreten verhindert worden zu sein. Nachdem sie eine Zeit lang geschwärmt, rundeten sie sich ab, ohne eine deutliche Membran zu bilden und gingen schließlich zugrunde. Diese Schwärmer traten nie in größeren Mengen auf; die folgenden für sie gemachten Angaben gründen sich auf Messungen, die nur an 100 Schwärmern gemacht wurden, haben demnach auch nicht die Wertigkeit der anderen.

In Bezug auf die Schwärmertypen entspricht dieses *Stigeoclonium* in seiner Reproduktion sehr *Ulothrix*; aber auch *Stigeoclonium fasciculare* zeigt drei Schwärmertypen.

a) Die Längenvariation der Zoosporen.
(Hiezu Tafel III, A.)

1. Makrozoosporen.

Die M a k r o z o o s p o r e n variieren in ihrer Länge zwischen 12 und 16 µ. Dieser Variationsweite werden wir noch einigemale innerhalb dieser Gattung *Stigeoclonium* begegnen. Die weitaus größte Zahl der Schwärmer mißt aber nur 13—14 µ.

Die gemessenen Schwärmer verteilen sich in Bezug auf ihre Größe in folgender Weise. Von dreihundert Makrozoosporen maßen

11	12	13	14	15	16 µ
19	62	76	83	52	8 Schwärmer.

Die Verteilung ist demnach eine ähnliche wie bei *Ulothrix zonata*. Es liegt ebenfalls die weitaus größere Zahl der Schwärmer bezüglich der Größe v o r dem Plurimum, obwohl hier die Spannweite der Kurve eine etwas andere ist.

---

[1] Pascher, *Stigeoclonium longipilum* in Österr. bot. Zeitschrift 1906, Heft 10, p. 395—400, 417—423.

Es ist wieder die typische Makrozoosporenkurve mit dem allmählich ansteigenden und dem fast unvermittelt abfallenden Ast. Das Plurimum ist ebenfalls noch nicht scharf, fast weniger scharf ausgeprägt als bei *Ulothrix zonata.*

Die Kurve steigt mit zunehmender Größe der Schwärmer ziemlich jäh zwischen 11 und 12 μ, von da ab allmählich bis zu ihrem Höhepunkt, den sie bei 14 μ erreicht, von da fällt die Kurve zuerst weniger steil, um sich von 15 μ jäh zum Maximum der Schwärmergröße zu senken.

Es finden sich bei *Stigeoclonium longipilum* nicht sehr selten auch Makrozoosporen, die über 16 μ messen; solch große Formen entstehen durch unvollständige Teilungen. Sie zeigen meist deutlich Teilungsanomalien: so finden sich tief gelappte Chromatophoren, sehr vereinzelt auch 2 völlig getrennte Chromatophoren. Vereinzelt fanden sich auch 3 pulsierende Vakuolen. Derlei unvollständige Teilungen finden sich aber auch an Schwärmern, die kleiner als 16 μ. Sie wurden nie mitgemessen. Mit abnehmender Größe der Schwärmer nimmt naturgemäß auch die relative Häufigkeit solcher Abnormitäten ab.

2. Die Mikrozoosporen.

Die Mikrozoosporen zeigen im Vergleich zur Variationsweite der Makrozoosporen eine geringe Variation. Sie bewegt sich zwischen 8—9—12 μ. Das Plurimum lag zwischen 10 und 12 μ, so daß die Zahl der über diese Maße hinausgehenden Schwärmer eine verhältnismäßig geringe war.

Nach Größe und Zahl verteilten sich die gemessenen 300 Schwärmer in folgender Weise. Von dreihundert Mikrozoosporen maßen

8	9	10	11	12 μ
23	72	86	77	42 Schwärmer.

Die größte Menge der Schwärmer verteilt sich demnach ziemlich gleichmäßig um 10 μ.

Es ist interessant zu bemerken, daß auch die Verteilung der Mikrozoosporen hier ähnlich der bei *Ulothrix* ist. Auch hier über dem Plurimum die größere, unter demselben die kleinere Zahl der Schwärmer.

Darnach ist auch ihre Kurve hier ähnlich der Mikrozoosporenkurve der vorigen Alge. Mit steilansteigendem linkem Aste biegt sie im ziemlich scharf ausgeprägten Scheitel, um sanfter im rechten Aste abzufallen. Der Charakter der Mikrozoosporenkurve ist gewahrt, wenn auch die Kurve etwas von der Mikrozoosporenkurve von *Ulothrix* abweicht.

Auffallend ist hier die verhältnismäßig hohe Endzahl für 12 μ, und das sich daraus ergebende sanftere Fallen und hohe Enden des rechten Astes der Mikrozoosporenkurve.

Der Schnittpunkt der beiden Kurven liegt ziemlich hoch zwischen 11 und 12 μ und etwas über 55: die Zahl der bezüglich der Größe intermediärer Schwärmer ist eine ganz bedeutende.

Auch die Mikrozoosporen zeigen Teilungsanomalien. Sie wiederholen im großen ganzen das bei den Makrozoosporen darüber Gesagte. Über das weitere Verhalten solcher anomaler Schwärmer in einem späteren Abschnitte.

3. Die zweiwimperigen Schwärmer.

Dieser Schwärmertypus trat in diesem Material nicht häufig auf, und es war mir nicht möglich, die Bildungsbedingungen dafür zu finden. Diese Schwärmer maßen in den weitaus meisten Fällen 8—9 μ, doch fanden sich einzelne, die bis 7 μ herab- und 11 μ hinaufgingen. Die nachfolgende Tabelle bezieht sich aus den gerade angeführten Gründen nur auf 100 Schwärmer. Von diesen maßen

7	8	9	10	11 μ
6	51	26	13	4 zweiwimperige Schwärmer.

Das Plurimum liegt bei 8 μ. Die Kurve sinkt nach dieser Tabelle ganz allmählich ab, genau so wie die Mikrozoosporenkurve sich sanfter senkt als sie ansteigt, — auch hier ist diese Kurve der 2wimperigen Schwärmer spiegelbildlich zur Makrozoosporenkurve. In Bezug auf die Größe gehen also die zweiwimperigen Schwärmer in die Mikrozoosporen über, die Kurve scheint weit in die Mikrozoosporenkurve einzugreifen.

Obwohl die Menge dieser zweiwimperigen Schwärmer eine geringe war, so läßt sie doch schon eine ähnliche Verteilung in die Größenklassen erkennen, wie sie bei den Gametozoosporen von *Ulothrix* vorhanden war. Auch die Größe, in der sich das Plurimum findet, ist die gleiche. Die Verteilung ist die der Mikrozoosporen. Auffallend ist die bedeutende Größe dieser Schwärmer, die im allgemeinen nur um 1 μ kleiner sind als die Mikrozoosporen. Es ist dies ein Umstand, der später noch in der Deutung verwertbar wird. Ich glaube, daß die Variationsweite dieser zweiwimperigen Schwärmer eine größere, insbesondere gegen unten, ist.

Demnach sehen wir bezüglich der Variation in der Größe bei *Stigeoclonium longipilum* fast dieselben Verhältnisse wiederkehren, die bei *Ulothrix zonata* auftraten. Im allgemeinen derselbe Charakter der Kurven, ja sogar gewisse gleiche Details der Kurven.

Die Schnittpunkte liegen noch ziemlich hoch, die Zahl der intermediären Schwärmer ist ziemlich groß, fast dieselbe wie bei *Ulothrix*, die Differenzierung der Schwärmertypen ist noch keine weitgehende, — so wie auch die Scheitel der Kurven, — also auch die Plurima, noch keine besonders scharfe Präzisierung zeigen.

b) Die Lage des Augenfleckes.
(Tafel III, B.)

1. Makrozoosporen.

Bei den typischen Makrozoosporen liegt der Augenfleck in der Mitte, bei den Mikrozoosporen dagegen ungefähr im vorderen Drittel des Körpers, demnach entgegengesetzt wie bei den Zoosporen von *Ulothrix zonata*.

Die Lage des Stigma schwankt wenig bei den Makrozoosporen normaler Größe; diese Konstanz in der Lage des Stigma scheint noch mit der Größe der Makrozoosporen zuzunehmen; sie nimmt aber mit der Abnahme der Größe der Makrozoosporen ebenfalls stetig ab.

Das mag folgende Übersicht veranschaulichen.

	11	12	13	14	15	16 μ
Makrozoosporen	19	62	76	83	52	8
davon abweichend stigmatisiert	6	9	3	3	1	—
relative Häufigkeit letzterer	30	15	12	4	2	

Um die relative Häufigkeit solcher Schwärmer mit abweichendem Stigma in den einzelnen Größenlagen deutlicher zu machen wurde die Skala auf je 100 umgerechnet. (3. Querreihe der Tabelle).

Darnach nimmt die Zahl der bezüglich der Lage des Stigma wie die Mikrozoosporen beschaffenen Makrozoosporen auffallend mit der Größenabnahme zu; fast in derselben Weise, wie bei *Ulothrix zonata*.

Dabei wurden nur solche Schwärmer aufgenommen, bei denen die Lage des Stigma völlig mit der der Mikrozoosporen übereinstimmte; das ist aber ein extremer Fall, zu dem allmähliche Übergänge hinüberleiten.

Der extremste Fall ist der, daß das Stigma der Makrozoosporen auch in seiner Form abweicht und leistig vorspringt, wie es für die Mikrozoosporen dieser Art charakteristisch ist. Auch solche Formen treten auf, sie unterscheiden sich von den Mikrozoosporen oft nur durch die abweichende Gestaltung des Plasmakörpers. Ich komme noch später auf derlei Formen zurück.

2. Mikrozoosporen.

Die Variation des Stigma bei den **Mikrozoosporen** bewegt sich in gerade entgegengesetzter Weise. Hier nimmt die Inkonstanz in der Lage des Stigma mit der zunehmenden Länge des Schwärmers zu. Besser sagen das folgende Zahlen:

	8	9	10	11	12 μ
	23	72	86	77	42
abweichend stigmatisierte Mikrozoosporen	2	4	4	9	13
ihre relative Häufigkeit	8	5	5	12	31

wobei die einzelnen Querreihen dieselbe Bedeutung wie früher bei den Makrozoosporen haben.

Auch bei *Stigeoclonium longipilum* verhalten sich die Mikrozoosporen wie bei *Ulothrix*, dieselbe Zunahme der abweichend stigmatisierten Schwärmer mit der Größenzunahme.

Auch hier wurden nur wieder Schwärmer aufgenommen, die extrem abweichen; auch hier ist die Zahl der Schwärmer mit geringerer Abweichung eine ungleich höhere. Ebenso kamen auch bei den Mikrozoosporen Schwärmer vor, die völlig das flachere Stigma der Makrozoosporen besaßen; diese waren besonders in den höheren Größenlagen nur an dem abweichenden Körperbau zu erkennen.

3. Die zweiwimperigen Schwärmer.

Die Variation der Lage des Augenflecks, der an diesen Schwärmern nicht leistig vorsprang und sich gewöhnlich in der Mitte befand, war nicht bedeutend. Die größeren Formen ließen öfters eine Verschiebung des Stigma nach vorne erkennen, so daß insbesondere die Größen von 9, 10 und 11 μ einen verhältnismäßig hohen Prozentsatz solcher Schwärmer, die darin zu den Makrozoosporen hinüberleiten, besaßen. So waren beispielsweise unter den 13 Schwärmern von 9 μ Länge 2 mit einem derartig gelegenen Augenflecke von den acht 10 μ langen, drei. Auch das Plurimmu, das um 8 μ liegt, zeigt vereinzelte abweichend gelegene Stigmen.

c) Bewimperung.

Die Bewimperung der Makro- und Mikrozoosporen war konstant. Beide Typen hatten vier Wimpern. Von diesen vier Wimpern wurden auch hier bei den Mikrozoosporen bei jäher Tötung sehr oft zwei abgestoßen. Dieses Abstoßen der Wimpern hängt auch hier nicht mit dem höheren oder geringeren Alter der Zoosporen zusammen.

Bei oft wiederholten Versuchen zeigte es sich, daß Schwärmer, gleich nachdem sie ausgeschlüpft waren, so früh sie nur getötet werden konnten, nicht selten 2 Wimpern deutlich abstießen. Andererseits konnten andere Schwärmer, die bereits lange schwärmten, selbst durch die konzentriertesten Lösungen der raschesten Fixierflüssigkeiten nicht zur Abstoßung des Wimperpaares gebracht werden, — obwohl, insbesonders, wenn die Mikrozoosporen sich rascher encystieren, hiebei gewöhnlich alle vier Wimpern abgestoßen werden.

Es handelt sich daher hiebei, wie bereits bei *Ulothrix* erwähnt, um eine in der Organisation des betreffenden Schwärmers gelegene Eigenschaft. Derlei Wimpern abstoßende Schwärmer stehen, wie schon Klebs bei *Ulothrix zonata* bemerkte, in Bezug auf ihre Bewimperung offenbar intermediär zwischen den vierwimperigen Mikrozoosporen und dem auch bei *Stigeoclonium longi-*

pilum konstatierten zweiwimperigen Schwärmertypus, der bei *Ulothrix zonata* der Träger der geschlechtlichen Funktion ist. Es scheint mir auch nicht unwahrscheinlich, daß sich diese ein Wimperpaar abstoßenden Mikrozoosporen umso weniger häufig finden, jemehr die betreffenden Algen den zwei-wimperigen Schwärmertypus rückgebildet oder ganz verloren haben.

Bei *Stigeoclonium longipilum* fanden sich bei einer Durchzählung von 150 in gleicher Weise behandelten Mikrozoosporen 24 solcher intermediärer Schwärmer, die ebenfalls in den unteren Größenklassen reichlicher vorhanden sind, in den oberen jedoch ermangeln.

Mikrozoosporen, die nur ein Wimperpaar besitzen, kommen bei *Stigeoclonium longipilum* nicht vor.

Es ist eine interessante Tatsache, daß sich *Stigeoclonium longipilum* in vielen Bezie-hungen wie *Ulothrix zonata* verhält. Auch hier haben wir noch die drei Schwärmertypen, vier-wimperige Makrozoosporen, vierwimperige Mikrozoosporen und zweiwimperige morphologisch den Gameto-zoosporen entsprechende Schwärmer, von welch letzteren jedoch die reproduktive Bedeutung derzeit nicht bekannt ist; aber nicht nur das: wir finden bei *Stigeoclonium longipilum* zwischen den ein-zelnen Schwärmertypen wesentlich dieselben Beziehungen wie bei *Ulothrix zonata*.

Sind die wesentlichen Charaktere in der Morphologie der Zoosporen, wenn wir von der abweichenden Stigmatisierung absehen, bei den Algen die gleichen, so sind auch die Übergänge fast dieselben.

Wie bei *Ulothrix* gehen Makro- und Mikrozoosporen in Bezug auf die Größe ineinander über, und wie bei *Ulothrix* sehen wir auch zu der wachsenden Größe die relative Häufigkeit der abweichend stigmatisierten Schwärmer in einer bestimmten Beziehung stehen, obwohl die Stigmatisierung die gerade entgegengesetzte ist.

Je kleiner die Makrozoosporen werden, je mehr sie sich den Mikrozoosporen nähern, desto mehr häufen sich die Makrozoosporen, deren Stigma den Mikrozoosporen entspricht, und zwar in annähernd derselben Zunahme wie bei *Ulothrix*.

Andererseits zeigen auch die Mikrozoosporen ein analoges Verhalten, indem bei den großen Formen ebenfalls die relative Häufigkeit der Schwärmer mit Makrozoosporenstigma zunimmt.

Aber auch bei den zweiwimperigen Schwärmern ist das gleiche zu bemerken, auch bei ihnen zeigen die größeren Formen das Stigma häufiger nach vorne gerückt.

In Bezug auf die Bewimperung sind gleiche Übergänge wie bei *Ulothrix* vorhanden. Auch hier finden sich Mikrozoosporen, die ein Wimperpaar abstoßen, — und auch hier scheint die Häufigkeit dieser mit der abnehmenden Größe der Mikrozoosporen zuzunehmen, obwohl bei *Stigeoclonium longi-pilum* die zweiwimperigen Schwärmer in ihrer Größe nicht sehr von den Mikrozoosporen abweichen.

Die Kurven verhalten sich wie die der untersuchten *Ulothrix*-Art; die Makrozoosporenkurve hat sogar dieselbe Variationsweite und fast dieselbe Scheitelhöhe. Die Mikrozoosporenkurve scheint da-gegen nicht die völlige Variationsweite zu besitzen, da sie verhältnismäßig hoch beginnt und hoch endet. Beide Kurven haben die für sie charakteristische Form. Der Schnittpunkt liegt hoch, ein Umstand, der völlig der Tatsache, die *Ulothrix zonata* und *Stigeoclonium longipilum* gemein haben, entspricht, daß hier die Übergänge in Bezug auf Größe sowie Stigmatisierung noch relativ häufig sind.

So hätten wir bei *Stigeoclonium longipilum*, einer verhältnismäßig niederen *Stigeo-clonium*-Art, im wesentlichen dieselben Variationsverhältnisse unter den Schwärmern, wie bei *Ulothrix*, was umsomehr auffällig ist, als ja beide verschiedenen Gattungen angehören. Dieselben drei Schwärmertypen, dieselben Variationen und Übergänge trotz abweichender morphologischer Details der Schwärmer.

Aber wiewohl Makro- und Mikrozoosporen durch dieselben Arten und Kombinationen der Über-gänge verbunden sind, sehen wir doch die Übergänge zwischen den zweiwimperigen Schwär-mern und den Mikrozoosporen nimmer so mehrseitig wie bei *Ulothrix*. Die Übergänge zwischen diesen beiden Typen betreffen nur mehr die Größe, und die Form, welche letztere Variation sich wohl nicht graphisch darstellen läßt, aber nicht mehr in demselben Maße wie bei *Ulothrix* die Bewimpe-

rung. Es ist ein bemerkenswerter Umstand, daß hier bei den Mikrozoosporen keine intermediären Schwärmerformen mehr auftreten, die nur
mehr zwei Wimpern haben, sondern nur mehr solche, die ein Wimperpaar
abstoßen, und auch diese in anscheinend geringer Zahl als bei *Ulothrix*.
Dadurch erscheinen die Mikrozoosporen auch bereits physiologisch und entwickelungsgeschichtlich differenzierter zu sein, — sie bilden bereits Dauerstadien, und keimen nicht mehr ohne Ruheperioden aus,
während sie bei *Ulothrix* um etwas verzögert, aber noch direkt auskeimen, — ein Umstand, der sicherlich mit ihrer schärferen Charakterisierung Hand in Hand geht.

B) Stigeoclonium fasciculare[1].

(Hiezu Tafel IV.)

Diese durch ihre Reproduktion höchst merkwürdige Alge schließt bezüglich der Zahl der Zoosporentypen an das gerade besprochene *Stigeoclonium longipilum* an. Es besitzt noch die drei
Zoosporentypen, die wir auch bei *Ulothrix* kennen gelernt haben; die eine Form der Zoosporen ist
aber augenscheinlich in Rückbildung begriffen.

Über seine Reproduktion berichtete ich seinerzeit[1]) in der Flora.

Stigeoclonium fasciculare bildet zunächst große Makrozoosporen, die vollständig (auch in der Stigmatisierung) den Makrozoosporen von *Stigeoclonium nudiusculum*
und *Ulothrix* entsprechen. Das Stigma liegt meist etwas über der Mitte und springt nicht leistig vor;
die vorderen Vakuolen sind deutlich ausgebildet; die vier Wimpern ungefähr 1½ mal so lang als der Körper.

Die Mikrozoosporen sind bedeutend kleiner und entsprechen den Mikrozoosporen der bis
jetzt untersuchten Arten; sie sind schmäler, mehr nach vorne verjüngt, der Augenfleck liegt meist
etwas unter der Mitte; sie waren vierwimperig, keimten nicht direkt aus, sondern bildeten nach kürzerer
oder längerer Zeit des Schwärmens Dauerzellen, — oder sie kopulierten und zwar im Schwärmerzustand.

In eigentümlichen Dauerstadien — Akineten —, die wenigzellig blieben und aus Mikrocysten-
Keimlingen hervorgingen, wurden aber außerdem noch Schwärmer gebildet, die in ihrer Morphologie sowohl
von den Mikrozoosporen als auch von den Makrozoosporen abwichen: sie waren nicht so gestreckt als jene,
hatten auch nicht deren schießende Bewegung, besaßen aber nur zwei Wimpern. Das Stigma lag ungefähr
in der Mitte. Demnach entsprachen diese Schwärmer den Gametozoosporen von *Ulothrix*.

Die ausführlichen Angaben über die Reproduktion dieser Alge machte ich in der Flora an der
angegebenen Stelle.

Bei *Stigeoclonium fasciculare* stand reichliches Zoosporenmaterial zur Verfügung.
Aber gerade hier war die Variationsweite eine minder große als bei den anderen nahe verwandten Arten,
insbesonders bei den Mikrozoosporen.

a) Längenvariation der Makro- und Mikrozoosporen.

(Tafel IV, A.)

1. Makrozoosporen.

Die Größe der Makrozoosporen schwankt zwischen 12 und 16 µ. Die Mehrzahl maß 13—14 µ;
demnach verhält sich dieses *Stigeoclonium* in seiner Längenvariation annähernd wie das voruntersuchte
Stigeoclonium longipilum; eine geringe Zahl von Schwärmern ging in der Länge bis 11 µ herab;
diese wichen in ihrer Morphologie etwas ab von den anderen Makrozoosporen, dadurch sie etwas schlanker

---

[1]) Pascher, Zur Kenntnis der geschlechtlichen Fortpflanzung bei *Stigeoclonium fasciculare* (Flora oder allgem.
bot. Zeitung, 1905 Erg.Bd., 95—107.)

gebaut waren und zu den Mikrozoosporen hinüberleiteten. Ich trug sie nur mit Vorbehalt in nachfolgender Tabelle ein.

Die Schwärmer verteilen sich in den einzelnen Größenklassen ähnlich wie bei *Stigeoclonium longipilum*.

Es maßen von 300 Makrozoosporen

11	12	13	14	15	16 μ
8	53	79	92	58	10 Schwärmer.

Es liegt also auch hier die weitaus größere Zahl der Zoosporen v o r dem Plurimum.

Das Plurimum liegt wie bei der erst untersuchten *Stigeoclonium*-Art bei 14 μ, die Zahl der Schwärmer aber, die nach unten hin an die Mikrozoosporen anschließt, ist aber eine geringere.

Dadurch hebt sich auch die Kurve, die ja dieselbe Spannweite besitzt wie *Stigeoclonium longipilum*, ab. Die Kurve setzt tiefer ein, — wahrt aber trotz des steileren Anstieges den Makrozoosporen-Charakter. Der Anstieg verläuft in allmählicher Abstufung, der Scheitelpunkt der Kurve liegt bedeutend höher, ist auch dadurch viel schärfer ausgesprochen als bei *Stigeoclonium longipilum*. Dennoch hat sie aber denselben Charakter wie bei *Ulothrix* und der vorhergenannten *Stigeoclonium*-Art.

Auch bei *Stigeoclonium fasciculare* finden sich Schwärmer oft von ganz abnormaler Größe; sie gehen, wie bereits mehrfach erwähnt, aus unvollständigen Teilungen hervor. Als ganz abnorm möchte ich einen Schwärmer erwähnen, der 29 μ maß, zwei getrennte mehrfach gespaltene Chromatophoren besaß, die sich mehrfach deckten, und dessen Plasmakörper am runden Ende in drei Lappen gespalten war, trotzdem aber nur vier Wimpern besaß. Ähnliche Fälle fanden sich wiederholt; es sind dies aber sicherlich keine Kopulationsprodukte, sie besaßen immer nur e i n Stigma.

2. Mikrozoosporen.

Ihre Länge schwankt zwischen 8—12 μ; größere Formen fanden sich, abgesehen von Teilungsanomalien, sicherlich nicht. Die Mehrzahl maß 10 μ.

8	9	10	11	12 μ
18	67	87	81	47

Auch die Mikrozoosporen von *Stigeoclonium fasciculare* weichen demnach bezüglich der Verteilung in die einzelnen Größenklassen im allgemeinen nicht von denen der vorhergehenden Arten ab.

Die Kurve entspricht nach diesen Zahlen den Mikrozoosporenkurven von *Ulothrix* und *Stigeoclonium longipilum*. Sie hat denselben Charakter: steilen ansteigenden ersten, mählig fallenden zweiten Ast; der Höhepunkt ein wenig tiefer als der der Makrozoosporenkurve. Der Schnittpunkt liegt in ziemlich gleicher Höhe, wie bei den beiden genannten Algen.

Die z w e i w i m p e r i g e n S c h w ä r m e r fallen durch ihre außergewöhnliche Größe auf; während sie bei *Ulothrix zonata* 5—9 μ, bei *Stigeoclonium longipilum* 6—10 μ maßen und also direkt an die Mikrozoosporen anschlossen, — maßen sie hier 13 μ — fallen also gewissermaßen zwischen Mikrozoosporen und Makrozoosporen hinein, — von welchen beiden sie aber durch ihre geringe Wimperzahl abwichen. Über ihre Längenvariation vermag ich, da sie nur in außerordentlich geringer Zahl zur Beobachtung gelangt, keine Angaben zu machen.

Die außerordentliche Größe dieser zweiwimperigen Schwärmer, die in ihrer Morphologie mit den Gametozoosporen von *Ulothrix* übereinstimmen, erscheint um so merkwürdiger, als ja bei *Stigeoclonium fasciculare* die Mikrozoosporen bereits funktionell scharf präzisiert sind.

b) Die Lage des Augenfleckes.

(Tafel IV, B.)

Das Stigma lag bei den M a k r o z o o s p o r e n ober der Mitte, bei den M i k r o z o o s p o r e n unter der Mitte, annähernd am untern und vorderen Rande resp. am hinteren Rande des in der Mitte gelegenen Längendrittels.

Demnach war der Unterschied auch in den typischen Fällen nicht sehr bedeutend, dennoch aber leicht konstatierbar. Wie aber bereits in der zitierten Abhandlung angegeben, finden sich zahlreiche Übergänge zwischen beiden Zoosporentypen, so daß in vielen Fällen in Bezug auf die Lage des Stigma kein Unterschied zwischen beiden Zoosporentypen konstatierbar war.

1. M a k r o z o o s p o r e n.

Bei den M a k r o z o o s p o r e n fanden sich folgende Zahlen in den einzelnen Größenklassen für Schwärmer, die das Stigma ganz extrem gelagert haben.

	11	12	13	14	15	16 μ
	8	53	79	92	58	10
davon abweichend stigmatisiert	3	8	5	4	1	—
relative Häufigkeit letzterer	37	15	6	4	2	

Demnach nimmt auch hier die Häufigkeit der abweichend stigmatisierten Schwärmer mit der Größenabnahme zu, und zwar in ganz auffallender Weise. Daß sich bei *S t i g e o c l o n i u m f a s c i c u l a r e* eine so große Zahl von Makrozoosporen abweichend verhält, das hängt wohl mit der geringen Lagendifferenz des Stigma beider Schwärmertypen zusammen.

2. M i k r o z o o s p o r e n.

Bei den M i k r o z o o s p o r e n fanden sich folgende Mengenverhältnisse abweichend stigmatisierter Schwärmer

	8	9	10	11	12 μ
	18	67	87	81	47
davon abweichend stigmatisiert	—	2	2	5	16
relative Häufigkeit letzterer	—	3	2	6	38

Darnach nimmt die Zahl der in der Lage ihres Stigma zu den Makrozoosporen hinüberführenden Formen mit der Größe auffallend zu, und die Zahl der abweichend stigmatisierten Schwärmer überhaupt ist innerhalb des gemeinsamen Gebietes beider Kurven am größten.

Das erhellt am besten aus der Übersicht auf Tafel VIII.

Die z w e i w i m p e r i g e n F o r m e n konnten wegen ihrer Spärlichkeit nicht auf die Variation in der Lage des Stigma untersucht werden.

Auch diese *S t i g e o c l o n i u m* - Art bringt in der Variation der Lage des Augenfleckes all das wieder, — was schon bei *U l o t h r i x* und der erstuntersuchten *S t i g e o c l o n i u m* - Art auffallend ward, die gleiche Zunahme der relativen Häufigkeit der intermediär stigmatisierten Schwärmer, und diese im gleichen Sinne.

c) Bewimperung.

In meiner oben zitierten Abhandlung über die Reproduktion dieser Alge gab ich an, daß die Bewimperung der beiden Zoosporentypen konstant sei. Die gleichzeitige oder kürzere Zeit darauf folgende Beobachtung abweichend bewimperter Mikrozoosporen anderer *Stigeoclonium*-Arten ließen mich auch bei *Stigeoclonium fasciculare* die Bewimperung zugleich mit der Längenvariation untersuchen.

Hiebei zeigte es sich, daß die M a k r o z o o s p o r e n konstant vier Wimpern besaßen, die Mikrozoosporen aber ähnlich wie bei der *Ulothrix zonata* und *Stigeoclonium longipilum* nur in den weitaus meisten Fällen die vier Wimpern beibehalten.

Ich mag hier nicht umständliche Listen geben, sondern nur kurz das Resultat der diesbezüglichen Untersuchungen anführen.

Unter den M i k r o z o o s p o r e n finden sich hier wie bei *Ulothrix* und *Stigeoclonium longipilum* Mikrozoosporen, die nach entsprechender Behandlung ein Wimperpaar abstoßen. Diese Schwärmer finden sich annähernd in gleicher Weise in den einzelnen Größenklassen verteilt vor. Eine Mengenzunahme solcher Schwärmer, sei es mit abnehmender oder zunehmender Größe findet nicht statt. Darin weicht vielleicht *Stigeoclonium fasciculare* von *Stigeoclonium longipilum* ab, bei welchem eine mäßige Zunahme der ein Wimperpaar abstoßenden Srhwärmer mit abnehmender Größe stattfand, ab; ebenso auch von *Ulothrix*, wo die Zahl dieser Schwärmer in den oberen Größenklassen etwas abnahm.

Vielleicht hängt dieses abweichende Verhalten damit zusammen, daß hier die zweiwimperigen Zoospooren nicht wie bei den vorhin erwähnten Arten in gewisser Hinsicht bezüglich der Größe nach unten an die Mikrozoosporen ansetzen, sondern in ihrer Größe z w i s c h e n den Mikro- und Makrozoosporen stehen.

Mikrozoosporen, die wie bei *Ulothrix zonata* nur ein einziges Wimperpaar besitzen sollen, wurden bei *Stigeoclonium fasciculare* trotz eingehender Untersuchung nicht beobachtet.

Stigeoclonium fasciculare zeigt somit, und es ist interessant zu bemerken, daß durch sämtliche bis jetzt untersuchten Arten dieselben Züge der Variation gehen — in seinem Verhalten eine große Ähnlichkeit mit *Stigeoclonium longipilum*, welches auch morphologisch ihm nahe steht dadurch, daß es wie dieses einer Reihe relativ noch nicht hoch differenzierter Arten angehört. Wohl deshalb finden wir auch bei *Stigeoclonium fasciculare* noch die drei Schwärmertypen, Makrozoosporen, Mikrozoosporen und die den Gametozoosporen von *Ulothrix* entsprechenden zweiwimperigen Schwärmer. Letztere sind aber allem Anscheine nach in Rückbildung begriffen.

Auch hier weisen die einzelnen Typen im wesentlichen die gleichen Beziehungen, wie bei den voruntersuchten *Ulotrichales* auf. Das gilt insbesondere für die Makro- und Mikrozoosporen, die in Bezug auf ihre Länge ineinander übergehen und wie bei *Ulothrix* und *Stigeoclonium longipilum* die gleiche Beziehung zwischen Größenvariation und Stigmenvariation erkennen lassen. Auch hier zeigen die kleineren Makrozoosporen eine höhere Zahl von Formen mit Mikrozoosporen-Stigma; umgekehrt ist auch bei den größeren Mikrozoosporen das Makrozoosporenstigma häufiger zu finden, und zwar scheinen diese Übergänge bei *Stigeoclonium fasciculare* relativ häufiger zu sein als bei *Stigeoclonium longipilum*.

Über die Zwischenformen zwischen den zweiwimperigen Schwärmern und den Mikrozoosporen, die sich auf die Größe und die Stigmatisierung beziehen, wissen wir nichts. Solche Zwischenformen fanden sich nur in Bezug auf die Bewimperung, und es wurde bereits der merkwürdige Umstand betont, daß unter den Mikrozoosporen jene Formen, die ein Wimperpaar abstoßen, gleichmäßig verteilt zu sein scheinen und nicht nach irgend einer Richtung hin zunehmen, ein Umstand, der wahrscheinlich mit der abnormen Größe der zweiwimperigen Schwärmer zusammenhängt.

Was nun die Kurven anbelangt, so zeigen sie bei *Stigeoclonium fasciculare* denselben Habitus wie bei *Ulothrix* und *Stigeoclonium longipilum*. Die Kurve der Makrozoosporen hat genau dieselbe Spannweite wie bei der erstuntersuchten Art, sowie auch die charakteristische Makrozoosporenkurvenform: sanfter Anstieg, bedeutend jäherer Abfall. Spiegelbildlich zu ihr ist die Kurve der Mikrozoosporen, — die wie bei *Stigeoclonium longipilum* verhältnismäßig hoch endet; der Schnittpunkt liegt in Übereinstimmung mit den zahlreichen Übergängen zwischen Makro- und Mikrozoosporen hoch. Auffallend ist der Umstand, daß der Scheitel der Makrozoosporen schärfer hervortritt und höher liegt, während dies bei den Mikrozoosporen weniger ausgesprochen der Fall ist.

Darin weicht aber *Stigeoclonium fasciculare* bedeutend ab, daß der zweiwimperige Schwärmertypus zwischen Makro- und Mikrozoosporen hineinfällt; daraus dürfte sich auch erklären, daß die ein Wimperpaar abstoßenden Mikrozoosporen in allen Größenlagen ziemlich gleichmäßig auftreten.

Im Vergleich mit den bis jetzt untersuchten Arten hebt sich unser *Stigeoclonium* durch diesen letzten Umstand, aber auch dadurch ab, daß allem Anscheine nach der zweiwimperige Schwärmertypus in Reduktion begriffen ist, ab. In Bezug auf Makro- und Mikrozoosporen ist im allgemeinen kein Unterschied vorhanden, abgesehen von dem Umstand, daß die Typen bei gleicher Variationsweite bereits einem schärfer ausgeprochenen Plurimum zustreben, ein Umstand, der hier erst wenig vortritt, bei den in der Folge besprochenen Arten aber schon sehr in die Augen springt.

C) Stigeoclonium tenue (?)[1]

(Hiezu Tafel V.)

Zu gleicher Zeit mit *Stigeoclonium nudiusculum* wurde auch eine *Stigeoclonium*-Art in Kultur genommen, das in seiner Morphologie zwischen *Stigeoclonium falklandicum* und *Stigeoclonium tenue* stand. Beide genannten Arten sind aller Wahrscheinlichkeit nach Sammelarten. Das untersuchte *Stigeoclonium* stand dem *Stigeoclonium tenue* näher, besaß aber größere Zellen und war etwas derber gebaut. Doch treten auch bei *Stigeoclonium tenue*, insbesondere bei der Varität *informe*, ähnliche Formen auf. Klebs[2] untersuchte bereits ein *Stigeoclonium tenue*, auf welches ich gleich zu sprechen komme, und das in seiner Reproduktion abweicht von dem *Stigeoclonium tenue* das die West[3]) schwärmend abbilden, — und das nach ihnen nur vierwimperige Makrozoosporen und zweiwimperige Gametozoosporen, nicht aber Mikrozoosporen in unserem Sinne hat. Leider geben sie keine Beschreibung darüber. Das von mir untersuchte *Stigeoclonium tenue* weicht nun wieder von beiden durch seine Reproduktion ab. Interessant sind die Unterschiede zwischen den beiden von Klebs und mir untersuchten *Stigeoclonium tenue*-Formen.

Die Unterschiede treten hauptsächlich in der Morphologie der Schwärmer hervor.

Klebs gibt für die Zoospooren des von ihm untersuchten *Stigeoclonium tenue* folgende Maße an

Makrozoosporen 12—14 μ : 5,5—6,5 μ

vierwimperig: Stigma etwas undeutlich, ungefähr in der Mitte des Körpers gelegen.

---

[1]) Pascher, Über die Reproduktion bei *Stigeoclonium nudiusculum* und bei *Stigeoclonium* spec. (Arch. f Hydrobiol. und Planktonkunde, I., 1906, 433—438.)

[2]) Klebs, Bedingungen der Fortpflanzung etc., 399.

[3]) West, a treatise on the british freshwater algae, 86.

Mikrozoosporen 7—9 μ : 5—6.3 μ

vierwimperig, Stigma deutlich, stäbchenartig vorspringend, im unteren Teile des Körpers gelegen.

Dagegen hatte das von mir untersuchte *Stigeoclonium tenue* (?) folgende Schwärmerformen:

Makrozoosporen: 13—16 μ lang, 6—7 μ breit; Stigma scharf und deutlich, unter der Mitte; vierwimperig.

Mikrozoosporen: 9—10 μ lang, 6 μ breit; Stigma scharf, fast leistig vorspringend im oberen Teile des Körpers; vierwimperig.

Darnach unterscheiden sich die beiden morphologisch nahestehenden *Stigeoclonium*-Arten ganz außerordentlich durch die Morphologie der Schwärmer: die Größe, die gerade entgegengesetzte Lage des Stigma und die Form desselben.

Während die Mikrozoosporen des von Klebs untersuchten *Stigeoclonium tenue* nicht kopulierten, sondern sich nach geraumer Zeit des Schwärmers abrundeten und Dauerstadien lieferten, gelang es bei den Mikrozoosporen der von mir untersuchten Form einigemale Kopulation zu sehen, die sich nicht im amoeboiden Zustande wie bei *Draparnaudia glomerata* sondern im schwärmenden Zustande wie bei *Ulothrix zonata* und dem voruntersuchten *Stigeoclonium fasciculare* vollzog. Die nicht kopulierten Mikrozoosporen bildeten die gleichen Dauerstadien wie die von Klebs beobachtete Form. Über die Reproduktion dieses *Stigeoclonium tenue* finden sich nähere Angaben in der erwähnten Abhandlung.

Von dieser durch ihre Reproduktion interessanten Form stand mir ziemlich reichliches Zoosporenmaterial zur Verfügung, wiewohl sich die Alge gar nicht lange in Kultur halten ließ und bald einging.

a) Längenvariation der Makro- und Mikrozoosporen.

(Tafel V, A.)

1. Makrozoosporen.

Die Makrozoosporen stimmten in ihrer Morphologie mit den Makrozoosporen der voruntersuchten Art gut überein, — nur waren sie etwas schlanker. Ihre Längenvariation bewegte sich in denselben Grenzen wie bei den anderen Arten; die kleinsten Formen maßen bis 11 μ; die waren aber selten; derlei kleine Formen berücksichtigte ich in der ersterwähnten Abhandlung deshalb nicht, weil ich mich bezüglich der Deutung dieser kleinen Schwärmer noch im Unklaren befand. Auffallend ist, daß sich die Variationsweite der Makrozoosporen völlig deckt mit den bis jetzt gefundenen. Es liegt aber auch das Plurimum in derselben Größenlage wie bei den vorhergehenden Arten. Es ist dies ein Umstand, der um so mehr auffällt, als die drei bis jetzt erwähnten Arten morphologisch sowohl, als auch in ihrer Reproduktion stark von einander abweichen.

Trotz dieser höchst merkwürdigen, interessanten Übereinstimmung in Bezug auf Variationsweite und Plurimum der Schwärmer zeigen sich dennoch bei genauerer Betrachtung auffallende Unterschiede in der Variation der Makrozoosporen dieser Art und der vorher untersuchten Algen.

Die Mengenverhältnisse in den einzelnen Größenklassen weichen zum Teil ganz beträchtlich ab von denen, die wir bis jetzt sowohl bei *Ulothrix* als auch bei den beiden *Stigeoclonium*-Arten kennen gelernt haben.

Die kleinsten Formen kommen in annähernd gleicher Zahl vor, das Plurimum ist dagegen viel mehr ausgeprägt und ragt ziemlich unvermittelt auf.

Am besten erläutert dies folgende Tabelle:

11	12	13	14	15	16 μ
12	43	82	104	51	8

Darnach verteilen sich die meisten Schwärmer auf 13 und 14 μ, während die relative Häufigkeit der darüber und darunter hinausgehenden Größen ziemlich gleich ist.

Nach diesen Zählungsergebnissen weicht aber auch die Kurve der Makrozoosporen von den bis jetzt erhaltenen ab.

Der Scheitel der Kurve liegt unverhältnismäßig hoch und ist ungemein scharf. Der ansteigende Ast verläuft ziemlich rasch und insbesondere der Übergang zum Plurimum, das bei 13 und 14 μ liegt, verläuft ungemein jäh. Der zweite Ast der Kurve fällt rasch, viel rascher als der ansteigende, fast ohne merkliche Änderung des Gefälles ab.

Der allgemeine Charakter der Makrozoosporen, sanfterer Anstieg, jäher rascher Abfall, ist gewahrt; die Details sind aber viel schärfer umrissen; die einzelnen Größenklassen bereits markierter.

Diese schärfere Ausarbeitung der Details, insbesondere des Größenplurimums, finden wir aber bereits bei *Stigeoclonium fasciculare* angedeutet; was aber dort erst angedeutet erscheint, ist hier bereits herausgearbeitet.

Über die Deutung dieser Erscheinung mehr im Schlusskapitel.

2. Mikrozoosporen.

Die Variationsweite der **Mikrozoosporen**, die von der üblichen Mikrozoosporenform durch ihre plumpere, eiförmige, weniger nach vorn verjüngte Gestalt abweichen, geht zwischen 7 und 11 μ; die Angabe von 9—10 μ in der mehrfach erwähnten Abhandlung bezieht sich wieder nur auf das Größenplurimum. Vereinzelt nur in ganz geringer Zahl sah ich auch Mikrozoosporen von einer Länge, die über 11 μ hinausging, — und an denen ich trotzdem keine Teilungsanomalien bemerken konnte.

Es herrscht aber auch in Bezug auf die Größenverhältnisse der Mikrozoosporen eine auffallende Übereinstimmung mit den voruntersuchten beiden *Stigeoclonium*-Arten. Nur ist bei *Stigeoclonium tenue* eine kleine Verschiebung des Plurimum zu bemerken.

7	8	9	10	11	12 μ
8	67	96	79	46	4

Darnach zeigt auch die entsprechende Kurve einige Besonderheiten. Ganz analog wie die Makrozoosporenkurve bei *Stigeoclonium tenue* noch den allgemeinen Charakter deutlich erkennen läßt, so läßt sich auch bei der Mikrozoosporenkurve noch deutlich der entsprechende Charakterzug der Mikrozoosporenkurve finden: ziemlich jähes Ansteigen, sanfteres Abfallen. Aber wie bei den Makrozoosporenkurven dieser Art die einzelnen Stufen viel schärfer ausgeprägt sind, so ist auch hier das Plurimum schärfer ausgearbeitet, der Scheitel der Kurve liegt höher als bei den anderen Arten.

Am besten geht dies aus der Vergleichung der einzelnen Kurven auf der Übersichtstabelle Tafel VIII. hervor.

Der Schnittpunkt der beiden Kurven liegt tief; das gemeinsame Gebiet ist gering. Die Zahl der Schwärmer, die bezüglich ihrer Größe intermediär sind, d. h. den beiden Typen gemeinsamer Größenklassen angehören, ist gering im Gegensatze zu der der bereits vorbesprochenen Arten.

Demnach hat auch die Mikrozoosporenkurve eine Modifizierung in dem Sinne erfahren, der bereits bei *Stigeoclonium fasciculare* angedeutet war.

Sowohl bei den Mikro- als auch bei den Makrozoosporen finden sich vereinzelt Schwärmer, die durch Teilungsanomalien (unvollständige Teilungen) eine ganz abnorme Größe erlangen.

b) Die Lage des Augenfleckes.
(Tafel V, B.)

1. Makrozoosporen.

Die Makrozoosporen haben das Stigma unter der Mitte, am untern Rande des Mitteldrittels, die Mikrozoosporen weit vorne, vor dem vordern Rande des genannten Dritteiles.

Der Unterschied in der Lage des Stigma bei den beiden Zoosporentypen war bedeutender als bei *Stigeoclonium fasciculare*; mit dieser differenten Lage hängt es wohl auch zusammen, daß sich hier ungleich weniger in Bezug auf die Lage des Stigma intermediäre Formen finden als bei dieser genannten Art. Die beiden Zoosporentypen sind hier weit differenzierter.

Das geht am besten aus folgenden Zahlen hervor.

1. Makrozoosporen

	11	12	13	14	15	16 μ
	12	43	82	104	51	8
abweichend stigmatisiert:	2	4	3	3	1	
relative Häufigkeit:	16	9	4	3	2	—

Die Zahl der Makrozoosporen mit extrem hoch liegendem Stigma ist daher im Vergleich mit den bis jetzt untersuchten Arten verhältnismäßig gering; sie nimmt mit zunehmender Größe ab, dagegen zu, je mehr sich die Makrozoosporen bezuglich der Größe den Mikrozoosporen nähern.

Sehr vereinzeld fanden sich auch Schwärmer, bei denen das Stigma nicht nur extrem weit vorne lag, sondern sogar leistenartig vorsprang. Solche Schwärmer waren nur an ihrem mehr walzlichen, weniger eiförmigen Umriss zu erkennen. Über das entwickelungsgeschichtliche Verhalten derselben im zweiten Teile dieser Abhandlung.

2. Die Mikrozoosporen.

Auch bei den Mikrozoosporen war die Variation der Lage des Augenfleckes nicht sehr bedeutend. Das Stigma, das bei dieser *Stigeoclonium*-Art ganz auffallend nach vorne gelagert ist, behält, soweit ich beobachten konnte, auch bei den abnormal großen Mikrozoosporen den Leistencharakter bei.

	7	8	9	10	11	12 μ
	8	67	96	79	46	4
abweichend stigmatisierte Mikrozoosporen	—	2	4	3	6	—
relative Häufigkeit derselben.	—	3	4	4	12	—

Die Zahl der abweichend stigmatisierten Mikrozoosporen ist gering, sie nimmt, dem allgemeinen Herkommen folgend, mit der Größe der Mikrozoosporen zu; doch nicht in solch auffallendem Maße wie bei den beiden vorhergegangenen Arten; von Mikrozoosporen über 11 μ Länge lag mir augenscheinlich eine viel zu geringe Anzahl vor.

Auch bei *Stigeoclonium tenue* bewegt sich also trotz der verhältnismäßig hoch differenzierten Schwärmer die Variation in der Lage des Augenfleckes wie bei den anderen Arten.

c) Die Bewimperung.

Die beiden Zoosporentypen sind konstant vierwimperig. Ich konnte, trotzdem ich mein besonderes Augenmerk darauf richtete, nie zweiwimperige Mikrozoosporen finden. Auch nicht unter den wenigen kleineren Formen der letzteren.

Ebensowenig fanden sich bei *Stigeoclonium tenue* (?) Mikrozoosporen, die ein Wimperpaar abstoßen.

Darnach fehlen zweiwimperige Schwärmer überhaupt, da auch Schwärmer, die den zweiwimperigen Isogameten bei *Ulothrix* oder den zweiwimperigen Schwärmern von *Stigeoclonium fasciculare* und *Stigeoclonium longipilum* entsprechen würden, bei *Stigeoclonium tenue* nicht mehr gebildet werden.

Die Wimpern sind ungemein zart, $1\frac{1}{4}$ bis fast doppelt so lang als der Körper. Nach bloßer Lähmung durch Morphiumlösungen und nachfolgender Fixierung durch Osmiumsäure, waren sie nicht immer mit Sicherheit erkennbar; es bedurfte fast immer eines Jodzusatzes.

Zusammenfassung.

Haben sich die bis jetzt untersuchten *Stigeoclonium*-Arten an *Ulothrix* mehr minder angeschlossen, so rückt *Stigeoclonium tenue* weiter ab. Wir haben hier nicht mehr drei Zoosporentypen; der zweiwimperige, den Isogameten von *Ulothrix zonata* entsprechende Typus fehlt völlig, die geschlechtliche Fortpflanzung wird von den Mikrozoosporen besorgt. Der Übergang von *Ulothrix* und vielleicht auch *Stigeoclonium longipilum* zu unserem *Stigeoclonium* wird einigermaßen vermittelt durch *Stigeoclonium fasciculare*, welches ebenfalls bereits kopulierende Mikrozoosporen besitzt, aber dabei noch die zweiwimperigen Schwärmer, allerdings nimmer in normal vegetativen Stadien, sondern in Akineterstadien ausbildet.

Obwohl *Stigeoclonium tenue*, abgesehen von seiner weitern Differenzierung des vegetativen Stadiums in das Basal- und Zweigsystem, nicht viel höher steht als *Stigeoclonium fasciculare* und *Stigeoclonium longipilum*, so ist es doch in seiner Reproduktion und seinen Schwärmerformen viel schärfer bestimmt als diese.

Die Beziehungen zwischen den beiden Zoosporentypen sind auch hier dieselben wie früher. Auch hier sehen wir, daß die Makro- und Mikrozoosporen sowohl in Bezug auf ihre Größe in einander übergehen, als auch in Bezug auf die Stigmatisierung die gleichen Übergänge zeigen, wie wir sie bereits kennen gelernt haben. Auch hier nehmen einerseits bei den an Größe abnehmenden Makrozosporen, andererseits bei den an Größe zunehmenden Mikrozoosporen die abweichend stigmatisierten Zoosporen zu, wobei die Stigmenverschiebung, mit Rücksicht auf die differente Lage der Stigmen bei *Stigeoclonium tenue* dem gleich stigmatisierten *Stigeoclonium longipilum* entspricht.

Was die Kurven betrifft, so stechen die erhaltenen Kurven hier bedeutend ab gegen die der anderen beiden Arten und denen von *Ulothrix zonata*. Auffallend und merkwürdig ist, daß auch hier die Variationsweite sowohl die der Makro- als auch die der Mikrozoosporen, dieselbe ist wie in den vorhergegangenen Fällen. Auch hier zeigen die Kurven schön ihre für beide Fälle charakteristische Form. Die Makrozoosporenkurve sanfteres Ansteigen, jähes Abfallen, die Mikrozoosporenkurve die symmetrische Form dazu, aber die ganze Kurve ist in beiden Fällen schroffer: der Scheitel der Kurven ist bedeutend höher als bisher und ragt ziemlich unvermittelt empor. Die beiden Zoosporentypen sind in weitaus überwiegender Zahl viel einheitlicher gestaltet, und die Zahl der Formen, die sich der oberen oder unteren Variationsgrenze nähern, nimmt rasch ab.

Die Differenzierung der beiden Typen, der Makrozoosporen und Mikrozoosporen, ist weit vorgeschrittener als bei *Stigeoclonium fasciculare* und *Stigeoclonium longipilum*, sowie bei *Ulothrix zonata*, wiewohl *Stigeoclonium fasciculare* die beginnende schärfere Differenzierung der Zoosporen in der ausgeprägteren Makrozoosporenkurve erkennen läßt.

Mit dieser weiter vorgeschrittenen Differenzierung steht es auch im Einklang, daß der Schnittpunkt der beiden Kurven, im Gegensatz zu den bisher erwähnten Fällen, unvermittelt tief liegt, — und das Zwischengebiet, das bis jetzt ziemlich groß war, auffallend klein wird.

Stigeoclonium tenue unterscheidet sich demnach von den anderen Arten seiner Gattung durch den Mangel des dritten Zoosporentypus und die größere Bestimmtheit der morphologischen Charaktere seiner beiden Zoosporentypen, der Makrozoosporen und Mikrozoosporen.

D) Stigeoclonium nudiusculum. [1])
(Hiezu Tafel VI.)

Diese schönste aller *Stigeoclonium*-Arten, die in ihrem Aufbau, insbesondere durch die Größe der Zellen an *Draparnaudia* erinnert und die sich auch in ihrem physiologischen Verhalten in Bezug auf Schwärmerbildung wie *Draparnaudia* verhält, nimmt eine ungemein interessante Stellung innerhalb der Gattung *Stigeoclonium* ein. Morphologisch hoch entwickelt, ist sie eine der best charakterisierten Arten dieser in ihrer systematischen Gliederung und verwandschaftlichen Beziehungen ungemein schwierigen Gattung.

Auch in ihrer R e p r o d u k t i o n ist sie interessant. Zur Zoosporenbildung ist sie ungemein leicht zu bringen; das bloße Überführen aus dem ruhig fließenden Wasser in stehendes Wasser genügt, um reichliche Makrozoosporenbildung auszulösen. Die Zoosporenbildung geht ungemein rasch vor sich; ähnlich wie bei *Draparnaudia* bleiben nur die Stummel der Hauptäste über. Die dickeren Zellen der primären Äste beteiligen sich genau wie bei *Draparnaudia* gewöhnlich nicht an der Zoosporenbildung, gehen oft zugrunde, bilden aber nicht selten auch durch seitliches Aussprossen einzelner Zellen neue Zweigsysteme und Astbüschel, die aber nie mehr die Größe und Üppigkeit der ersteren erreichen, sondern kurz, allerdings manchmal reichlicher verzweigt, bleiben [2]).

Über die Reproduktion dieser Art berichtete ich an gleicher Stelle wie über die Reproduktion von *Stigeoclonium tenue* (?) [1]).

Zuerst bildeten sich Makro-, nach einiger Zeit auch die Mikrozoosporen.

Die Zoosporen waren ungemein groß; sie waren die größten, die ich innerhalb der Gattung *Stigeoclonium* beobachtete.

Die M a k r o z o o s p o r e n maßen in der Mehrzahl 16—18 μ in der Länge. — darüber und darunter hinaus ging nur eine verhältnismäßig geringe Zahl.

Das Stigma der Makrozoosporen war scharf und deutlich und lag etwas über der Mitte. Die Verfestigung erfolgte mit dem hyalinen Vorderende in etwas geneigter Lage, seltener so schief wie bei *Ulothrix*.

---

[1]) Pascher, Über die Reproduktion bei *Stigeoclonium nudiusculum* und bei *Stigeoclonium* spec. (Archiv für Hydrobiologie und Planktonkunde, I., (1906) 433.

[2]) Ich glaube bestimmt, daß derlei Stadien, die nach erfolgtem Schwärmen wieder zur Bildung neuer, allerdings kleiner und spärlicher Astbüschel schreiten, oft Anlaß zu mannigfachen Verwechslungen ergaben. Ein sicheres Bestimmen solcher Formen wird durch derlei Stadien ungemein erschwert, wenn nicht ganz unmöglich gemacht. Es wäre dringend zu raten, daß bei solchen polymorphen Arten weniger bestimmt und beschrieben, als beobachtet würde. Es würden dadurch mannigfache Irrtümer vermieden worden sein.

Man versuche nach den Zusammenfassungen wie in H a n s g i r g s Prodromus oder in de T o n i's Sylloge *Stigeoclonium*-arten zu bestimmen. Es gelingt nur, wenn man zufällig einige der hochdifferenzierten Formen vor sich hat und wenn diese nicht gerade kurz nach dem Schwärmen in der Bildung der gerade erwähnten Sprossungsstadien begriffen sind. Fast ganz ausgeschlossen ist ein sicheres Erkennen in fixiertem Zustand. Mehr darüber in einer anderen gelegentlich kommenden Notiz über die Systematik dieser schwierigen Gattung.

Die M i k r o z o o s p o r e n waren ebenfalls ungemein groß; die Mehrzahl maß 11—14 μ, sie waren viel schlanker als die Makrozoosporen, insbesondere durch die mehr ausgesprochene vordere Verschmälerung. Das Stigma war auch bei dieser Art mehr leistig und lag um ungefähr ¹/₄ der Körperlänge tiefer als bei den Makrozoosporen. Nach längerer Schwärmzeit bildeten sie kugelige rote Kugelzellen, deren Membran sich mit der Zeit verdickte, — oder sie kopulierten in einigen wenigen sicher beobachteten Fällen, und zwar im schwärmenden Zustand in unregelmäßiger Weise, ähnlich wie ich es seinerzeit für *S t i g e o c l o n i u m f a s c i c u l a r e* angab; die Zygote ist kugelig.

Beide Schwärmerformen stießen, bevor sie auskeimten resp. sich enzystierten, beide Paare Cilien ab.

a) Längenvariation der Makro- und Mikrozoosporen.

(Tafel VI, A.)

1. M a k r o z o o s p o r e n.

Die M a k r o z o o s p o r e n fallen durch ihre ganz außergewöhnliche Größe fast völlig über die bis jetzt gekannten Daten hinaus. Die weitaus größte Zahl der Makrozoosporen misst 17 μ, während bei den bis jetzt behandelten *S t i g e o c l o n i u m* - Formen nicht einmal die größten Schwärmer diese Länge erreichten, bei *U l o t h r i x z o n a t a* dagegen nur eine ungemein verschwindende kleine Zahl 17 μ maßen.

Die Länge schwankt zwischen 17 und 20 μ, wobei nur sehr wenige Schwärmer dieses letztere Maß erreichten; gering ist auch die Zahl der 14 und 15 μ messenden Formen.

14	15	16	17	18	19	20 μ
9	28	83	122	44	8	6

Nach dieser Tabelle erreicht die Kurve den Höhepunkt bei 17 μ und zwar mit einer Zahl, die die Plurima der voruntersuchten Arten weitaus übertrifft; die Größenextreme sind in ihrer Zahl verschwindend gegen die Schwärmermenge, die sich auf 16 bis 18 μ verteilt.

Darnach hat auch die Kurve ein ganz eigenes Aussehen; die Variationsweite ist groß, daher die Basis der Kurve weit; der Scheitel der Kurve liegt ungemein hoch; der ansteigende Ast biegt erst mählig, dann aber rasch nach aufwärts, um sich ziemlich jäh dem Plurimum zuzuneigen — der zweite Ast fällt ungemein jäh, fast gleichmäßig von 122 bis 8, um dann fast bei 0 auszuklingen.

Demnach ist auch hier der Charakter der Makrozoosporenkurve, mähliger Anstieg, viel jäherer Abfall treulich gewahrt, die Details der Kurve, die wir bei *U l o t h r i x* kaum angedeutet, bei *S t i g e o c l o n i u m f a s c i c u l a r e* und *S t i g e o c l o n i u m l o n g i p i l u m* schon mehr ausgeprägt, bei *S t i g e o c l o n i u m t e n u e* scharf hervortreten sehen, sind bei *S t i g e o c l o n i u m n u d i u s c u l u m* bis ins Extrem vorspringend. Die Makrozoosporen haben weitaus meistens ihre charakteristische, innerhalb weniger μ schwankende Länge, die darüber hinausgehenden Größen sind in verschwindend geringer Zahl vorhanden.

2. M i k r o z o o s p o r e n.

Analoges zeigt auch die Längenvariation der Mikrozoosporen. Die Mehrzahl der Mikrozoosporen mißt 11 ·13 μ; wie bei den Makrozoosporen ist auch die Zahl der darunter oder darüber hinausgehenden Schwärmer eine verschwindend geringe.

Die außergewöhnliche Größe der Mikrozoosporen ist ebenso auffällig wie die der Makrozoosporen. Während bei *S t i g e o c l o n i u m f a s c i c u l a r e, S t i g e o c l o n i u m t e n u e, S t i g e o c l o n i u m l o n g i p i l u m*, ja auch bei *U l o t h r i x z o n a t a*, welch letztere bis 7 μ kleine Mikrozoosporen hat, die längsten Mikrozoosporen nicht über 12 μ hinausgehen, hat *Stigeoclonium nudiusculum* bei 12 μ das Plurimum der Mikrozoosporen, und während die vorhingenannten Arten ihr Plurimum bei 9 oder 10 μ haben, setzt hier bei 10 μ überhaupt erst und zwar mit außergewöhnlich geringer Zahl die Variation ein.

Die Variationsweite ist aber dennoch etwas größer als bei den meisten der genannten Arten von *Stigeoclonium*.

Sie liegt zwischen 10 und 15 μ.

Über die Mengenverhältnisse gibt folgende Tabelle Auskunft:

Es maßen	10	11	12	13	14	15 μ	
	11	66	109	83	20	11	Mikrozoosporen.

Darnach zeigen auch die Mikrozoosporen in ihrer Längenvariation jene Besonderheiten, die sich schon bei den Mikrozoosporen von *Stigeoclonium tenue* bemerkbar machten, in noch erhöhtem Maße.

Der allgemeine Charakter der Mikrozoosporenkurve ist noch immer deutlich gewahrt. Die Kurve steigt rasch und jäh an, und fällt sachter; der Scheitelpunkt ist aber viel höher hinaufgerückt; dadurch treten die Details der Kurve scharf hervor.

Die überwiegende Mehrzahl der Mikrozoosporen ist bereits in Bezug auf die Länge gewissermaßen fixiert.

Der Schnittpunkt der beiden Kurven liegt tief; das beiden Kurven gemeinsame Gebiet ist klein, die Zahl der intermediären Schwärmer, soweit sie durch ihre Länge intermediär stehen, ist gering; die beiden Zoosporentypen sind bereits sehr scharf differenziert.

Bei beiden Zoosporentypen finden sich anomal große Schwärmer; besonders auffällig sind sie bei den Makrozoosporen, die ohnedies bereits ganz außerordentliche Größe erreichen, wenn sie durch unvollständige Teilungen entstanden sind.

Stigeoclonium nudiusculum weicht daher nach den vorstehenden Ausführungen von den bis jetzt gekannten Arten bedeutend ab; schon durch die innerhalb der mir bekannten Chaetophoroiden auffallende Größe der Zoosporen.

Dann ist es aber auch interessant durch die weitvorgeschrittene Größendifferenzierung der beiden Schwärmertypen, die allerdings nicht unvermittelt ist, sondern durch die Variationsverhältnisse der Zoosporen der drei anderen besprochenen *Stigeoclonium*-Arten allmählich vermittelt wird.

Interessant ist, daß sich diese weitgehende Differenzierung der Zoosporen bei einer Form findet, die vegetativ ungemein hoch entwickelt ist.

b) Die Lage des Stigma.

(Tafel VI, B.)

Im Gegensatze zu *Stigeoclonium fasciculare* sind bei *Stigeoclonium nudiusculum* die beiden Schwärmertypen an den different gelegenen Stigmen leicht zu erkennen. Obwohl die relative Lage des Stigma bei beiden Schwärmertypen wenig von einander verschieden ist, so wird dennoch durch die Größe der Schwärmer die Differenz der Lage bei beiden Typen auffallend. Das Stigma der Makrozoosporen hob sich scharf ab und lag wie bereits erwähnt etwas über der Mitte.

Die Stigma der Mikrozoosporen war mehr leistig, und lag am unteren Drittel des Körpers.

Ich erwähnte bereits in der vorhin zitierten Abhandlung, daß sich intermediäre Formen zwischen Makro- und Mikrozoosporen finden.

Schwärmer, die in der Lage des Stigma eine Mittelstellung einnehmen, fanden sich auch bei *S t i g e o - c l o n i u m   n u d i u s c u l u m* nicht häufig.

Die erhaltenen Daten sind folgende:

M a k r o z o o s p o r e n

	14	15	16	17	18	19	20
	9	28	83	122	44	8	6
abweichend stigmatisierte Makrozoosporen.	1	2	4	4	2	—	—
relative Häufigkeit der letzteren.	10	10	5	3	4		

Es wurden wieder nur die mit extrem tief liegenden Stigma aufgenommen. Nach dieser Tabelle ist die Zahl der abweichend stigmatisierten Makrozoosporen bei *S t i g e o c l o n i u m   n u d i u s c u l u m* noch geringer als bei *S t i g e o c l o n i u m   t e n u e*. Nichtsdestoweniger sehen wir auch bei dieser hochorganisierten Alge, die so differente Schwärmer besitzt, — dieselbe Tatsache wiederkehren, die schon bei *U l o t h r i x* und sämtlichen untersuchten *S t i g e o c l o n i u m* - Arten auffiel, — d i e   Z u n a h m e   d e r   a b w e i c h e n d   s t i g m a t i s i e r t e n   S c h w ä r m e r   m i t   d e r   A b n a h m e   d e r   G r ö ß e   d e r   M a k r o z o o s p o r e n.

Auch hier fanden sich nur sehr vereinzelnd Schwärmer, deren Stigma nicht bloß in der Lage. sondern auch in der Form mit den Mikrozoosporen übereinstimmte.

M i k r o z o o s p o r e n

	10	11	12	13	14	15 μ
	11	66	109	83	20	11
abweichend stigmatisierte Mikrozoosporen	—	1	2	4	3	2
relative Häufigkeit derselben.		2	2	5	15	20

Sie verhalten sich auch demnach gerade so wie bei den anderen Arten. M i t   d e r   G r ö ß e n - z u n a h m e   d e r   S c h w ä r m e r,   d i e   s i c h   i n   d e r   L a g e   d e s   S t i g m a   d e n   M a k r o - z o o s p o r e n   n ä h e r n.

Auffallenderweise gibt sich hier die Tatsache, daß die Schwärmer des Zwischengebietes der Längenvariation auch in Bezug auf die Lage des Stigma gerne intermediär stehen, bei den Mikrozoosporen viel prägnanter kund als bei den Makrozoosporen. Darin weicht *S t i g e o c l o n i u m   n u d i u s c u l u m* von den bisher untersuchten Chlorophyceen ab. Ich wage aber nicht zu sagen. — daß dies der normale Fall wäre; um das zu behaupten, müßten zahlreiche Zählungen vorgenommen, die aufgewandte Mühe würde aber in keinem Verhältnis zu dem eventuell erhaltenen Resultate stehen.

Wie bei den anderen Arten zeigt auch hier das Stigma nicht selten Mißbildungen, auffallende Krümmungen oder Verkürzungen.

Im allgemeinen sehen wir aber doch und es ist interessant zu bemerken, daß es in völliger Analogie zu der Größenvariation der beiden Zoosporentypen der Fall ist, daß auch hier in der Lage des Stigma ungleich weniger Zwischenformen unter den Schwärmern sind als bei den voruntersuchten Arten.

c) Die Bewimperung.

Beide Zoosporentypen besaßen stets vier Wimpern.

Im Gegensatze zu *Stigeoclonium tenue* (?), das so ungemein zarte Wimpern besaß, waren die Wimpern bei *Stigeoclonium nudiusculum* robust, auffallend stark.

Ich finde, daß die Wimpern der Schwärmer gewöhnlich recht dick gezeichnet werden, wiewohl sie in Wirklichkeit unvergleichlich dünner sind.

Bei *Stigeoclonium* sind die Cilien in den meisten Arten recht dünn; das stimmt auch mit den Angaben der anderen Autoren überein, die *Stigeoclonium* untersuchten, soweit sie darüber Mitteilung machen.

Auffallend stark bildet Gay in den „Recherches sur le developpement et la classification de quelques alges vertes (Paris 1891)" die Wimpern der Schwärmer von *Stigeoclonium variabile* (T. VI, 45). Er versieht sie sogar mit doppelter Kontur; es wäre ein interessanter Umstand, wenn es sich hier wirklich um eine Art gehandelt hätte, die ebenfalls so abnormal dicke Cilien besessen hätte.

Die Wimpern wurden, das konnte ich jederzeit leicht beobachten, wie bereits erwähnt, beim Ende der Schwärmerbewegung abgestoßen; ich konnte kein paarweises Abstoßen bemerken; halte es aber nicht für absolut ausgeschlossen, da es ungemein schwierig ist, das Abstoßen der Geißeln selbst zu beobachten

Für ein eventuelles paarweises Abstoßen der Wimpern würde der Umstand sprechen, daß ja bei Mikrozoosporen von *Ulothrix* und einigen *Stigeoclonium*-Arten (*Stigeoclonium fasciculare, Stigeoclonium longipilum)* in der Tat die Abstoßung eines Wimperpaares bei den kleinern Mikrozoosporenformen erfolgt.

Ich konnte auch bei *Stigeoclonium nudiusculum* bei den Mikrozoosporen nie das Abstoßen eines Wimperpaares bemerken; in Bezug auf die Bewimperung intermediäre Schwärmer finden sich auch bei *Stigeoclonium nudiusculum* ebenso wie bei *Stigeoclonium tenue* nimmer.

Stigeoclonium nudiusculum hat sicher nur die beiden Schwärmertypen, es stimmt darin mit der vegetativ höchst entwickelten Süßwasser-Chlorophycee, *Draparnaudia*, soweit diese in ihren einzelnen Arten untersucht wurde, überein.

Zusammenfassung.

Noch weiter von *Ulothrix* abgerückt als *Stigeoclonium tenue* erscheint *Stigeoclonium nudiusculum.*

Auch bei *Stigeoclonium nudiusculum* fällt der dritte Schwärmertypus, der zweiwimperige, völlig aus; aber andererseits weichen auch die Schwärmer von *Stigeoclonium nudiusculum* durch ihre Größe bedeutend ab. *Stigeoclonium nudiusculum* verhält sich im allgemeinen wie *Stigeoclonium tenue*, aber alles, was bei letzterer scharf ausgeprägt ist, wird bei *Stigeoclonium nudiusculum* gewissermaßen noch genauer ausgearbeitet.

Während aber die morphologischen Verhältnisse bei *Stigeoclonium tenue* noch nicht so hoch entwickelt sind, ist *Stigeoclonium nudiusculum* vegetativ ungemein weit vorgeschritten und ist die höchstentwickelte *Stigeoclonium*-Art; damit steht aber die größere morphologische Bestimmtheit der Schwärmerformen im guten Einklang. Die Zwischenformen sind im Verhältnis zur Zahl der einheitlich ausgebildeten Schwärmer viel weniger zahlreich als selbst bei *Stigeoclonium tenue*, wo die Zwischenformen ja ebenfalls keine bedeutende Rolle mehr spielen.

Dennoch sind aber die Beziehungen zwischen den beiden Zoosporentypen dieselben geblieben; auch hier sind Makro- und Mikrozoosporen durch dieselben morphologischen Übergänge, die auch in derselben Kombination wie bei allen früheren Arten auftreten, verbunden. Auch hier finden sich dieselben Übergänge sowohl der Größe als auch der Stigmatisierung nach und auch hier findet bei Abnahme respektive Zunahme der Größe der beiden Typen, die entsprechende Zunahme der Häufigkeit der Stigmenverschiebung statt. Bei *Stigeoclonium nudiusculum* sind diese Übergänge deutlicher als bei den anderen Arten weil die differente Stigmatisierung durch die außergewöhnliche Größe der Schwärmer deutlicher zum Ausdruck kommt.

Die Kurven entsprechen den charakteristischen Kurvenformen der beiden Zoosporentypen, und sie wiederholen im allgemeinen die Formenverhältnisse der voruntersuchten Arten, wie auch ihre Spannweiten, abgesehen von der Verschiebung in den Größen, ziemlich dieselben sind. Die Scheitel der Kurven liegen aber bedeutend höher als bei *Stigeoclonium tenue*, die Plurima der beiden Zoosporentypen sind darnach viel schärfer ausgeprägt. Vergleichen wir die Kurven von *Stigeoclonium fasciculare*, *Stigeoclonium tenue* und dem besprochenen *Stigeoclonium*, so fällt die stetige Erhöhung des Scheitels der Kurven auf, die beiden Zoosporentypen werden morphologisch immer bestimmter, — und bei *Stigeoclonium nudiusculum* haben sie unter den vier untersuchten Arten den relativ höchsten Grad morphologischer Bestimmtheit erlangt: das intermediäre Zwischengebiet ist im Verhältnis zu den Zwischengebieten der meisten anderen untersuchten Arten auffallend klein, die beiden Zoosporentypen sind bereits sehr differenziert.

3. Draparnaudia glomerata.

(Tafel VII.)

Die Fortpflanzung dieser vegetativ höchst entwickelten Süßwasserchlorophycee wurde schon mehrfach genau untersucht, was unter anderem auch wohl mit dem Umstande zusammenhängen mag, daß sich diese Alge besonders leicht zur Zoosporenbildung bewegen läßt. Wie insbesondere auch K l e b s [1]) betont, genügt die Überführung aus fließendem in stehendes Wasser, um eine reichliche Bildung von Makrozoosporen auszulösen. Die Makrozoosporen sind schon lange bekannt (T h u r e t [2]), G a y [3]), B e r t h o l d [4]), J o h n s o n [5]). Die Mikrozoosporen wurden von P r i n g s h e i m aufgefunden. Die nähere Literatur führt K l e b s , auf welchen ich hier verweise.

Eine genaue Darstellung der Reproduktion in zusammenfassender Form gab aber erst K l e b s ; die Ergebnisse einer gelegentlichen Nachuntersuchung publizierte i c h seinerzeit im L o t o s.[6])

[1]) K l e b s , Bedingungen der Fortpflanzung bei einigen Algen und Pilzen 413 ff.
[2]) T h u r e t , Recherches sur les zoospores des Algues (Ann. sc. nat. Bot., Ser. III, T. 14, 222).
[3]) G a y : Recherches sur la developpement et la classification de quelquels algues vertes,53.
[4]) B e r t h o l d , Untersuchungen über die Verzweigung einiger Süßwasseralgen (Nova acta Leopoldina, XL, 209).
[5]) J o h n s o n , L. N. Observations on the zoospores of *Draparnaudia* (The botanical Gazette XVIII, 8, 294—298).
[6]) P a s c h e r , A. A. Kleine Beiträge zur Kenntnis unserer Süßwasseralgen I. Zur Kenntnis der Fortpflanzung bei *Draparnaudia glomerata* (Lotos, 1904).

Die Makrozoosporen dienen auch hier nur der vegetativen Vermehrung; die Mikrozoosporen bilden entweder nach einiger Schwärmzeit oder noch in der Mutterzelle Dauerstadien (Aplanosporen), oder sie kopulieren entweder im Schwärmstadium oder in einem amoeboiden Stadium, — in welches sie nach Abstoßung ihrer Wimpern gelangen.

Uns interessieren zunächst

die morphologischen Verhältnisse der beiden Schwärmertypen.

Die Makrozoosporen sind eiförmig länglich cylindrisch; sie haben immer vier Geißeln; im vorderen Teile befinden sich wie bei allen bis jetzt untersuchten Chlorophyceenschwärmern die beiden kontraktilen Vakuolen, die speziell bei *Draparnaudia plumosa* Johnson (l. c.) näher untersucht hat. Im vorderen Dritteil liegt das rote schmale, nicht leistig vorspringende Stigma.

Die Mikrozoosporen, die erst von Klebs näher untersucht wurden, — und die Angaben Klebsens wurden durch mancherlei Beobachtungen in jeder Hinsicht bestätigt — sind meist viel kleiner, haben annähernd dieselbe Gestalt wie die Makrozoosporen, sind aber etwas mehr eiförmig. Das Stigma ist oft gekrümmt, liegt nicht im vordern, sondern im hinteren Drittel des Körpers und springt leistig vor. Auch die Mikrozoosporen sind viergeißelig.

Klebs gibt nun in seinem oben zitierten Werke an, daß sich die beiden Schwärmertypen konstant durch die Lage und Beschaffenheit des Stigma unterscheiden; ob er bezüglich Größe und Morphologie der Schwärmer Übergänge beobachtet hat, geht aus seiner Darstellung nicht hervor, — ich vermute es jedoch, da er die Konstanz des Augenfleck besonders hervorhebt. Derlei Übergangsformen werden bei *Draparnaudia glomerata* meines Wissens erst in meiner obenerwähnten kleinen Publikation erwähnt. Damals bemerkte ich unter sehr reichem Materiale, daß der von Klebs angegebene Unterschied der beiden Zoosporentypen in der Lage des Stigma zwar in den bei weitem meisten Fällen zutreffe, daß sich aber sowohl in der Größe der Schwärmer als auch in der Lage ihres Stigma, und zwar hierin weniger, vermittelnde Übergänge zwischen den beiden Typen ergeben.

Die Variation ist bei dieser Alge verhältnismäßig leicht zu beobachten, da die beiden Schwärmertypen ausnehmend gut charakterisiert sind.

a) Längenvariation der Makro- und Mikrozoosporen.
(Tafel VII.)

1. Makrozoosporen.

Die Länge der Makrozoosporen schwankt zwischen 12 und 18 μ. Die überwiegende Mehrzahl der Schwärmer mißt 14, 15 und 16 μ.

Die 300 gemessenen Makrozoosporen verteilen sich, wie in nachstehender Tabelle angegeben ist, auf die einzelnen Größenklassen:

12	13	14	15	16	17	18
7	28	74	94	67	25	5

Darnach verteilen sich die Mengen in den einzelnen Größenklassen wie bei den voruntersuchten *Ulothrix* und *Stigeoclonium*-Arten. Vor dem Plurimum liegen mehr Schwärmer als nach demselben, obwohl dieser Umstand hier weniger auffällig ist als früher.

Daher wahrt auch bei *Draparnaudia glomerata* die Kurve der Makrozoosporen die Eigenschaften, die wir schon früher als charakteristisch kennen gelernt haben. Die Variationsweite, demnach auch die Basis der Kurve ist eine auffallend weite. Darin stimmt *Draparnaudia* mit dem untersuchten höchst entwickelten *Stigeoclonium* überein. Der ansteigende Ast ist viel gleichmäßiger als der absteigende, der jäh abschließt.

Die Kurve stimmt gut überein mit der von der Gattung *Stigeoclonium*.

Auffallend ist aber der Umstand, daß *Draparnaudia* trotz seiner so weit vorgeschrittenen Organisationshöhe und trotz des Umstandes, daß das Plurimum verhältnismäßig hoch liegt, — dennoch das Plurimum nicht in d e r Schärfe ausgesprochen hat, wie die beiden zuletzt untersuchten *Stigeoclonium*-Arten, die eine weit geringere Höhe der Organisation und dabei ein gleich hohes, wenn nicht höheres Plurimum haben.

Man sollte nun vermuten, daß in Analogie zu den höheren *Stigeoclonium*-Arten, die im Gegensatz zu den niedrigeren viel schärfer markierte Kurven haben, *Draparnaudia glomerata*, als eine morphologisch viel mehr, ja als die höchst entwickelte Chlorophycee bezüglich seiner Kurve an das höchstentwickelte untersuchte *Stigeoclonium*, *Stigeoclonium nudiusculum* ansetzt. Das ist nun merkwürdigerweise nicht der Fall. Die Kurve und demnach auch die Verteilung der Makrozoosporen in die einzelnen Größenklassen entspricht mehr der von *Stigeoclonium tenue*, oder nimmt vielmehr noch eine auffallende Mittelstellung zwischen diesem und den an den anderen beiden *Stigeoclonium*-Arten ein, von welchen sie sich eigentlich nur durch die schärferen Scheitel, das mehr markierte Plurimum, unterscheidet.

Abnorm große Schwärmer, entstanden auf gleiche Weise wie bei den vorher behandelten Chlorophyceen, fanden sich bei *Draparnaudia glomerata* nicht zu selten.

2. Mikrozoosporen.

Auch die M i k r o z o o s p o r e n von *Draparnaudia* stimmen im allgemeinen bezüglich der Längenvariation mit denen der anderen Chlorophyceen, — so weit wir sie bis jetzt kennen — überein. Ihre Größe schwankt zwischen 8 und 13 µ; die kleinen Formen finden sich nicht sehr selten.

Die meisten Schwärmer messen 10 µ.

Draparnaudia hat also ebenfalls, es ist interessant zu bemerken, fast die gleiche Variationsweite wie die bis jetzt untersuchten *Ulotrichales*.

Trotzdem aber *Draparnaudia* durch seine Organisationshöhe mehrfach von ihnen abweicht, — so sehen wir dennoch die Variation der Mikrozoosporen sich in gleicher Weise bewegen.

8	9	10	11	12	13 µ
17	67	92	70	34	20

Die Kurve, die sich nach dieser Tabelle ergibt, ist die typische Mikrozoosporenkurve; steiler ansteigender, — mählig abfallender Ast.

Der Schnittpunkt der beiden Kurven liegt tief.

Darin stimmt *Draparnaudia glomerata* gut mit den beiden untersuchten, hoch entwickelten *Stigeoclonium*-Arten, *Stigeoclonium nudiusculum* und *Stigeoclonium tenue*, überein; während die anderen beiden untersuchten *Stigeoclonium*-Arten noch Kurven haben, die sich in verhältnismäßig bedeutender Höhe schneiden.

Darnach ist auch das intermediäre, das beiden Kurven gemeinsame Gebiet, verhältnismäßig klein, was besonders im Vergleiche mit dem so großen Zwischengebiete bei *Ulothrix* auffällt.

Abnorm große Schwärmer kommen auch bei den Mikrozoosporen von *Draparnaudia* vor; ebenso unvollständige Teilungen und abweichende Formverhältnisse.

Es ist auffallend, daß *Draparnaudia glomerata* in gewisser Beziehung das wiederholt, was wir bei *Ulothrix zonata* kennen gelernt haben, und das auch bei *Stigeoclonium longipilum* wiederkehrt. Dort fiel es auf, daß der kleinere funktionell scharf präzisierte Schwärmertypus ein präziseres Plurimum hat als die Makrozoosporen. So ist die Kurve der Gametozoosporen bei *Ulothrix zonata* und die Kurve der Mikrozoosporen bei *Stigeoclonium longipilum* höher als bei den anderen Arten, die einen tieferen Scheitel der Mikrozoosporenkurve haben. Es wäre aber verfehlt, irgend eine Analogie oder Beziehung abzuleiten.

Bei *Ulothrix zonata* scheint mir das Regel und nicht bloß Zufall zu sein. Dort ist ja der kleine vierwimperige Schwärmertypus, der der Mikrozoosporen noch wenig differenziert und geht in seinen kleineren Formen noch sehr in die Gametozoosporen, in den zweiwimperigen Typus über, während ja andererseits gerade zahlreiche Formen zwischen Mikro- und Makrozoosporen, hier sowohl, als auch bei *Stigeoclonium longipilum* intermediär insbesondere bezüglich der Größe stehen: schneiden sich ja gerade hier die Längenvariationskurven dieser beiden Zoosporentypen unverhältnismäßig hoch.

Bei *Draparnaudia* dagegen liegt der Schnittpunkt recht tief, tiefer als bei *Stigeoclonium tenue* und fast so tief wie bei *Stigeoclonium nudiusculum*; die Zahl der zwischen beiden Zoosporentypen intermediären Schwärmerformen ist hier eine geringe; die Differenzierung der beiden Zoosporentypen schon eine hohe; darum kommt aber auch meiner Ansicht nach dem Umstande, daß bei *Draparnaudia* die Mikrozoosporen eine schärferes Plurimum haben, — eventuell eine andere Deutung zu, als bei *Ulothrix* und *Stigeoclonium longipilum*.

Vergleichen wir die funktionelle Bedeutung der Mikrozoosporen. Sie kopulieren noch nicht bei *Stigeoclonium longipilum* und *Ulothrix zonata*, wo ja die sexuelle Funktion (bei *Ulothrix* bestimmt, bei *Stigeoclonium longipilum* wahrscheinlich) die Gametozoosporen haben. Bei den anderen aber kopulieren die Mikrozoosporen im Schwärmerzustande, dagegen bei *Draparnaudia glomerata* meistens in einem ganz abnormen Stadium, einem amoeboiden Stadium, in welchem die Mikrozoosporen ihre Geißeln abwerfen, und bei der Kopulation sogar die Fähigkeit haben, sich amoeboid zu bewegen.

Das ist ein ganz außergewöhnlicher Fall. Ich habe ihn trotz vieler Beobachtung der Zoosporenkopulation bei verschiedenen *Ulothrix*- und *Stigeoclonium*-Arten, außer an *Draparnaudia* nur ein einzigmal an den Mikrozoosporen einer nicht näher untersuchten *Stigeoclonium*-Art (— vielleicht *Stigeoclonium insigne*) beobachtet. Bei *Draparnaudia glomerata* ist jedoch diese Art der Kopulation eine verhältnismäßig häufige Erscheinung, wiewohl sie Klebs seinerzeit an *Draparnaudia* (Bedingung der Fortpflanzung 420) nicht allein beobachtet hat, sondern auch Kopulation in normaler Form fand. Ich glaube nun, daß für den Fall, nicht ein Zufall jene Überhöhung der Mikrozoosporenkurve herbeigeführt hat, sie in Beziehung zu dieser eigentümlichen Kopulation stehe, daß hierin eine Sonder- ich will nicht sagen „Weiter"entwickelung der Mikrozoosporen stattgefunden hat.

Ich darf hier eine merkwürdige Beobachtung nicht übergehen. Derlei amoeboide Kopulationsstadien prüfte ich während ihrer Bewegungsfähigkeit auf ihre Lichtempfindlichkeit. Oft lagern sich derlei Gameten an Fäden, und es läßt sich dann recht leicht eine Bewegung oder die Änderung der Bewegungsrichtung konstatieren. Es war nun interessant, daß solche im Beginne der Kopulation stehende Stadien auf Lichtreize einspielten, und, zwar nicht auf schwache Lichtreize, aber doch auf starke, — dadurch, daß ich die vollen Lichtkegel des Condensors bei greller Beleuchtung durch eine kleine Maske auf einen bestimmten Teil des Gesichtsfeldes lenkte — reagierten, und aus diesem Bereich augenscheinlich zu kommen suchten. Ich habe aber darüber keine längeren Versuche angestellt; geeignetes Versuchsmaterial ist hier gewiß auch nur recht spärlich zu haben, aber einzelne gelegentliche Beobachtungen zeigten dies doch.

Diese Bewegung der Kopulationsstadien ist eine recht langsame und in den ersten Stadien eine lebhaftere als gegen den Schluß. Die Gameten senden einzelne recht plumpe, pseudopodienartige Fortsätze aus, und recht langsam rückt im günstigen Fall der übrige Teil nach. Dennoch ist hie und da die Vorwärtsbewegung zu konstatieren, da der Kopulationsprozess bei derlei Gameten recht langsam verläuft und oft 1—1¹/₄ Stunden währt.

Daß solche amoeboide Stadien bei einer so hochentwickelten Alge, wie *Draparnaudia*, die die morphologisch höchstentwickelte Süßwasserchlorophycee darstellt, auftreten, scheint mir eine Stütze für jene Annahme zu sein, — die einen Teil der Myxophyta und der Protozoa nicht als primäre, sondern als abgeleitete Formen betrachtet, die erst sekundär wieder „amoeboid" geworden sind. Bekanntlich hat ja auch Stahl[1]) in seiner interessanten Abhandlung bei *Vaucheria geminata* amoeboide Stadien aus dickwandigen Cysten ausschlüpfen sehen, welche Cysten durch Abtrennung und Einkapselung bestimmter Inhaltspartien der Fäden entstanden. Diese amoeboiden Stadien wachsen bei *Vaucheria* entweder wieder zu einer neuen Pflanze aus, oder sie bilden beim Austrocknen Dauerstadien. Ich glaube auch, daß die amoeboiden Stadien der Mikrozoosporen bei *Draparnaudia*, falls sie nicht zur Kopulation gelangten, Dauerstadien liefern können. Ich sah aber diese amoeboiden Stadien nur immer als Gameten. Jedenfalls ist dieses Stadium im Hinblick auf die hohe Organisation der Alge merkwürdig.

b) Die Lage des Stigma.
(Tafel VII, B.)

Die Makrozoosporen haben das Stigma, wie bereits erwähnt, im vorderen Dritteil, die Mikrozoosporen im unteren Drittel des Körpers. Die Differenz ist bedeutend und auch auffällig.

Demgemäß lassen sich auch intermediäre Formen leicht erkennen, wie wohl sie relativ wenig häufig sind, so daß Klebs wie bereits erwähnt, von einer völligen „Konstanz" der Lage des Augenfleckes spricht. Beobachtungen, die oft bloß zu diesem Zweck gemacht wurden, zeigten aber auch bei *Draparnaudia* die Existenz intermediärer Schwärmer.

Das Auftreten derartiger Schwärmer erwähnte ich schon früher gelegentlich der Publikation über die Fortpflanzung von *Stigeoclonium fasciculare*[2]) und in meiner Notiz über die Fortpflanzung bei *Draparnaudia*.

Die Verteilung dieser in Bezug auf die Lage des Stigmas intermediären Schwärmer bringen folgende Tabellen näher.

1. Makrozoosporen.

	12	13	14	15	16	17	18 μ
	7	28	74	94	67	25	5
abweichend stigmatisiert	1	3	5	3	2	—	—
relative Häufigkeit letzterer.	14	12	15	3	3	—	—

---

[1]) Stahl, Über die Ruhezustände der *Vaucheria geminata*. Botanische Zeitung 1879, XXXVII, 129 ff.
[2]) Pascher, in der „Flora", 1905, Ergzsbd., S. 99.

Es wurden auch hier nur die Zoosporen mit extrem tief liegendem Stigma aufgenommen. Die Zahl der abweichend stigmatisierten Schwärmer ist demnach etwas höher als die bei *Stigeoclonium nudiusculum*, das unter den untersuchten *Stigeoclonium*-Arten *Draparnaudia* in seiner Morphologie am nächsten steht.

Aber auch bei *Draparnaudia glomerata* nimmt, trotz des so kleinen Zwischengebietes, die Zahl der in Bezug auf die Lage des Stigma intermediären Zoosporen mit der abnehmenden Größe resp. Länge zu.

Makrozoosporen, die nicht nur in der Lage des Stigma, sondern auch in der Form desselben mit den Mikrozoosporen übereinstimmten, fanden sich nur äußerst selten und zwar nur bei den kleineren Formen, so daß auch nach dieser Richtung, die oben erwähnte Beziehung zwischen Lage des Stigma und Größe gewahrt erscheint.

Entsprechen die Makrozoosporen von *Draparnaudia glomerata* in der Variation ihres Stigma völlig den andern Algen, so ist gleiches auch bei den Mikrozoosporen der Fall.

2. Mikrozoosporen.

	8	9	10	11	12	13	14 µ
	17	67	92	70	34	20	
abweichend stigmatisiert	—	—	3	3	4	4	
relative Häufigkeit letzterer.	—	?	3	4	12	20	

Auch bezüglich der Häufigkeit der abweichend stigmatisierten Mikrozoosporen verhält sich *Draparnaudia* wie die untersuchten *Stigeoclonium* resp. *Ulothrix*-Arten.

Auch hier die Zunahme der intermediären Formen unter den Mikrozoosporen bei zunehmender Größe.

Die Zahl der intermediär stigmatisierten Schwärmer ist bei *Draparnaudia* ebenfalls unter den Mikrozoosporen größer als bei den Makrozoosporen.

Daß diese intermediären Schwärmer erst bei 10 µ einsetzen sollen, scheint mir unwahrscheinlich, wahrscheinlich handelt es sich hier um einen einzeln dastehenden Fall.

Mikrozoosporen mit n i c h t leistig vorspringendem Stigma finden sich nur ganz vereinzelnd, und dann nur unter den größeren Formen.

Die Mikrozoosporen zeigen nicht selten ganz abweichend gestaltete Stigmen, stark gekrümmte, bogige, oft fast zusammenschließende Formen.

So hat *Draparnaudia* trotz seiner hohen Entwickelung dennoch bezüglich der Variation seiner Zoosporen völlig den Charakter der ganzen Formenreihe gewahrt, ja wir sahen, daß vegetativ weniger hoch organisierte Algen, wie *Stigeoclonium tenue* und *Stigeoclonium nudiusculum*, *Draparnaudia* in der Differenzierung der Schwärmertypen teilweise noch übertreffen, und hierin weiter vorgeschritten waren, — ein merkwürdiger weiterer Fall zu der Tatsachenreihe, daß die Weiterentwickelung der vegetativen Teile nicht immer Hand in Hand mit der Weiterentwickelung in reproduktiver Hinsicht vor sich geht. Trotzdem ist aber die Differenzierung besonders im Vergleich mit *Ulothrix* etc. eine sehr hohe.

c) Die Bewimperung.

Makrozoosporen wie Mikrozoosporen hatten immer vier Wimpern. Die Wimpern sind ziemlich kräftig, doch nicht so derb wie bei *Stigeoclonium nudiusculum*.

Formen, die ein Wimperpaar abstoßen, fanden sich nicht unter den Mikrozoosporen.

Darnach steht auch hierin *Draparnaudia*, genau wie *Stigeoclonium* auf einer hohen Stufe der Differenzierung der Schwärmertypen.

Draparnaudia wiederholt, obwohl es von *Ulothrix* und den niederen *Stigeoclonium*-Arten weit entfernt ist, dennoch mehr die Verhältnisse, die wir bei ihnen als die, die wir bei den höheren beiden *Stigeoclonium*-Arten vorgefunden.

Entsprechend ihrer hohen Entwickelung ist aber der dritte zweiwimperige Schwärmertypus ganz ausgefallen, — und in keiner Weise findet sich ein Nachklang von ihm; es sind nur mehr Makro- und Mikrozoosporen vorhanden. Diese verhalten sich in ihren Übergängen ganz in der üblichen Weise, nur sind diese wegen der verhältnismäßig hohen Differenzierung der Schwärmer, insbesondere in der Lage des Stigma, viel leichter zu konstatieren, als bei den anderen Arten.

Die Plurima sind nicht so scharf ausgeprägt als bei *Stigeoclonium nudiusculum* oder *Stigeoclonium tenue*; die Zoosporen verteilen sich in ihrer typischen Ausbildung auf mehrere Größen, aber unter voller Wahrung des Charakters ihrer Kurven. Die Mikrozoosporenkurve entspricht völlig denen der *Stigeoclonium*-Arten.

Trotzdem also *Draparnaudia* in seiner Morphologie völlig an die höher entwickelten *Stigeoclonium*-Arten anschließt, so bleibt sie, abgesehen von der Differenzierung der Stigmenlage, in Bezug auf die einheitliche Ausbildung der Schwärmertypen hinter ihnen zurück, und steht darin mehr zwischen beiden Gruppen der untersuchten *Stigeoclonium*-Arten.

Sie erinnert in der mehr gleichmäßigen Verteilung der Schwärmer, in dem nach beiden Seiten hin mehr vermittelnden Plurimum an die erste Gruppe, durch das höhere Plurimum aber an die zweite. Dennoch aber ist das Zwischengebiet klein.

So steht also *Draparnaudia* durch die eigentümliche Verquickung zweierlei Momente in der Schwärmerdifferenzierung gewissermaßen außerhalb der bisherigen Reihe. Vielleicht hängt diese eigenartige Ausbildung mit der generellen Sonderentwickelung der hiehergehörigen Formen zusammen.

Zusammenfassung der erhaltenen Resultate.

(Hiezu Tafel VIII.)

Alle untersuchten *U l o t r i c h a l e s* zeigen in vielen Beziehungen große Übereinstimmung.

Vor allem ist für sie charakteristisch, daß sie alle vierwimperige Mikrozoosporen haben. Dagegen fehlt der zweiwimperige Schwärmertypus bei den untersuchten höher entwickelten Formen völlig.

Aber die untersuchten Arten stimmen noch viel weiter überein.

Nicht nur, daß sie gleiche Schwärmertypen haben, die einzelnen Schwärmertypen verhalten sich bei vielen Gattungen und Arten in vielen Beziehungen vollkommen übereinstimmend.

Schon morphologisch ist dies der Fall. Die Makrozoosporen, bei allen gedrungen, sind die größeren Schwärmer, während die Mikrozoosporen weit schlanker gebaut sind. Etwas abweichend verhalten sich diese beiden Schwärmertypen in Bezug auf das Stigma, dessen Lage bei den einzelnen Arten wechselt, das aber trotzdem bei allen Arten gleiche Morphologie hat: bei den Mikrozoosporen l e i s t i g vorspringt. bei den Makrozoosporen flach ist.

Aber nicht nur in der Morphologie verhalten sich die einzelnen Zoosporentypen gleich, sondern auch in ihrer Variation, und zwar Typus für Typus, Art für Art.

So ist vor allem auffallend, daß die M a k r o z o o s p o r e n sämtlicher untersuchten Arten, in Bezug auf die Größe fast in der gleichen Spannweite variieren; die Variationswei'e schwankt meist zwischen 11—16 μ, *Ulothrix zonata* 10—17 μ, *Draparnaudia glomerata* 12—18 μ. Nur *Stigeoclonium nudiusculum* fällt heraus, hier schwankt sie zwischen 12—20μ. Viel auffallender ist aber der Umstand, daß die Größen, um die sich die meisten Schwärmer lagern, fast bei allen Arten dieselben sind. Sie ist bei *Ulothrix* 13, bei *Draparnaudia* 15, bei den drei ersten *Stigeoclonium*-Arten 14 μ, so daß die einzelnen Arten mit Ausnahme von *Stigeoclonium nudiusculum* gut übereinstimmen. Darnach ist die Variationsweite wie auch das Größenplurimum fast das gleiche.

Dasselbe ist auch bei den Mikrozoosporen der Fall. Mit Ausnahme von *Stigeoclonium nudiusculum* liegt bei allen anderen Arten die Variationsweite zwischen 7—12 resp. 8—13 μ; und das Plurimum liegt bei allen bei 9 oder 10 μ, nur *Stigeoclonium nudiusculum* weicht davon ab.

Aber es ist ferner höchst interessant zu bemerken, daß bei sämtlichen untersuchten Arten, — auch die Schwärmer nicht nur fast in derselben Weite, sondern auch in gleicher Weise variieren.

Ich habe bereits bei der Besprechung der einzelnen Arten aufmerksam gemacht, daß die Makrozoosporenkurve gewöhnlich einen ganz bestimmten Verlauf zeigt; von der geringsten Größe steigt sie allmählich mit sanfteren Abstufungen zum Scheitel, um dann rasch, viel rascher und jäher zur geringen Zahl der größten Formen zu fallen. Die Zahl der Zoosporen, die größer sind als das Maß, bei welchem das Plurimum der Größe ist, ist geringer als die jener, die kleinere Maße haben. Die Makrozoosporenkurve ist demnach unsymmetrisch, obwohl der Scheitelpunkt meist in der Mitte zwischen beiden Enden liegt. Die Makrozoosporenkurve nun findet sich in dieser Form bei allen untersuchten Arten, und zeigt immer scharf und deutlich die angegebenen Charaktere ausgeprägt (vergl. Tafel VIII).

Anders die Mikrozoosporenkurve; auch hier ist sie bei allen untersuchten Arten fast von derselben Form; aber im Gegensatz zur Makrozoosporenkurve hat sie einen steilen Anstieg und senkt sich ganz allmählich vom Scheitel ab. Sie verhält sich also gerade umgekehrt wie die Makrozoosporenkurven, und ist symmetrisch zu ihr gelagert, so daß die beiden Kurven die steilen Abfälle nach außen, die sanfteren Äste gegeneinander gekehrt haben.

Solche Mikrozoosporenkurven zeigen alle untersuchten Arten. Es weisen die Kurven der einzelnen Arten zwar Besonderheiten auf, die oft ungemein scharf sind, — der Allgemeincharakter der Kurven ist dadurch jedoch nicht gestört, er bleibt bei allen Arten gewahrt, selbst dort, wo die Kurven ganz extreme Formen annehmen, wie bei *Stigeoclonium tenue* und *Stigeoclonium nudiusculum*.

Fassen wir das zusammen: bei allen untersuchten Arten verhalten sich Makrozoosporen wie Mikrozoosporen sowohl in der Morphologie, wie in der Beschaffenheit des Stigma, nicht in dessen Lage, — wie auch in der Variation gleich. Bei allen Arten für jeden der beiden Schwärmertypen die gleiche Form des Leibes, des Stigma, die gleiche Bewimperung, fast dieselbe Variationsweite, fast dieselbe Stelle des Größenplurimum, dieselbe charakteristische Form der Kurve.

Müssen wir nicht schon daraus schließen, daß sich sämtliche untersuchten Arten von einer gemeinsamen Wurzel ableiten, gemeinsamen Ursprung haben, daß sie sämtlich nur Zweige desselben Stammes sind, daß sie phylogenetisch eine lückenlose Reihe bilden?

Es wurde bereits erwähnt, daß die Variation der beiden Zoosporentypen in allen wesentlichen Punkten auffallend übereinstimmt. Ich bemerkte aber bereits, daß sich trotzdem individuelle Unterschiede zeigen, die oft recht markant werden. Ein Blick auf die einzelnen Kurven insbesondere auf der Tafel VIII. läßt uns bei jeder Kurve die Abweichung, trotzdem aber auch den gemeinsamen Zug, der alle Kurven durchzieht, erkennen.

Wir sehen vor allem, daß die Scheitelpunkte der Kurve in verschiedener Höhe liegen; ich habe die untersuchten Arten bei der speziellen Besprechung schon von vornherein so angeordnet, daß die mit verhältnismäßig niedrigem Scheitel zuerst kommen und sich an sie die mit höherem Scheitel anstoßen.

Diese verschiedene Scheitelhöhe macht sich aber bei beiden Zoosporentypen bemerkbar.

So liegen bei *Ulothrix zonata*, *Stigeoclonium longipilum* und *Stigeoclonium fasciculare* die Scheitel zwischen 80—90, bei den anderen drei Arten aber über 90, ja steigen über 100 hinaus, und liegen für die Makrozoosporen bei *Stigeoclonium nudiusculum* bei 120.

Mit diesem Emporrücken des Scheitels verändert sich zwar nicht der Charakter der Kurve als solcher, aber die Details der Kurve, die bei den drei ersten Arten sanft angedeutet sind, die Differenzen zwischen den Mengen der einzelnen Größenklassen, die bei der ersteren Art ziemlich gleichmäßig sind, — werden viel ungleichmäßiger; oder sagen wir anders: bei den drei zuletzt besprochenen Arten:

Stigeoclonium tenue, *Stigeoclonium nudiusculum* und *Draparnaudia glomerata* sind die Schwärmertypen in stark überwiegender Zahl in ihrer Größe schärfer fixiert, während gerade dieses Moment bei den drei vorbesprochenen Arten noch nicht so deutlich hervortritt, und eine bestimmte Größenklasse noch nicht so scharf vorgebildet wird, wie bei *Stigeoclonium nudiusculum* oder *Draparnaudia*. Bei *Draparnaudia* selbst schlägt diese Sache bei den Zoosporen nicht so sehr durch; *Draparnaudia* klingt darin bezüglich der Zoosporen mehr an die drei ersteren Arten an, vielleicht ist diese Differenz auch genereller Natur.

Unleugbar ist aber auf jeden Fall die Tatsache, daß bei den drei letzteren Arten die Differenzierung der beiden Zoosporentypen eine ungleich größere ist, als bei den drei ersteren. Dies erhellt auch aus einem zweiten Umstande.

Die einzelnen Zoosporen sind in Bezug auf die Größe nicht scharf so voneinander abgegrenzt, sie greifen ineinander über, die kleinsten Makrozoosporen z. B. sind kleiner als die größten Mikrozoosporen. Demnach schneiden sich die beiden Kurven, so, daß ein bestimmtes Gebiet beiden Kurven gemeinsam ist. Und ein solches „Zwischengebiet" finden wir bei allen unseren untersuchten Arten, eine völlige Trennung, der beiden Zoosporentypen hat bei keiner der untersuchten Arten, und wohl bei keiner hiehergehörigen Alge stattgefunden.

Vergleichen wir nun diese Zwischengebiete, so ergibt sich eine höchst merkwürdige Tatsache. Die Größe der Zwischengebiete resp. die Höhe der Schnittpunkte steht in Beziehung zur Scheitelhöhe der Kurven; je höher die Scheitel beider Kurven, desto kleiner das Zwischengebiet und umgekehrt. Und auch darin unterscheiden sich die untersuchten Arten: die drei ersten, *Ulothrix zonata*, *Stigeoclonium longipilum* und *Stigeoclonium fasciculare*, haben Kurven, die sich bei einer Scheitelhöhe von 80—90 in bedeutender Höhe (bei 40—60) schneiden, die Kurven der drei letzteren, *Stigeoclonium tenue*, *Stigeoclonium nudiusculum* und *Draparnaudia glomerata* schneiden sich bei einer Scheitelhöhe von 90—120 viel tiefer, bei 20—25.

Haben wir vorher aus der größeren oder geringeren Scheitelhöhe auf die größere oder geringere Differenzierung der Schwärmertypen geschlossen, so illustriert uns die größere oder geringere Zahl der intermediären Schwärmer und das sich darnach richtende größere oder kleinere Zwischengebiet markant die tatsächlich bestehende Differenzierung, eine Sache, die eigentlich schon aus der Konstruktion der Kurven hervorgeht.

Vergleichen wir aber nun, indem wir die erhaltenen Resultate über die Differenzierung der Schwärmer im Auge behalten, die Morphologie der vegetativen Stadien der untersuchten Algen. Ich habe bereits in den vorhergehenden Abschnitten einzelne Male unwillkürlich die ersteren drei Arten *Ulothrix*, *Stigeoclonium longipilum*, *St. fasciculare* als niedrige, die anderen, *St. tenue*, *St. nudiusculum*, *Draparnaudia glomerata* als höhere Arten bezeichnet. Und in der Tat stehen *Draparnaudia* mit ihrer unter den *Ulotrichales* unvergleichlich weitgehenden Gliederung der Vegetationsorgane, *Stigeoclonium nudiusculum*, das in vielen Beziehungen *Draparnaudia* ähnlich, und *Stigeoclonium tenue*, bezüglich der Entwicklung weit über *Stigeoclonium fasciculare*, *St. longipilum*, und *Ulothrix zonata*, welch erstere beide oft noch keine scharfe Differenzierung in Sohle und Hauptstämme, letztere nur einfache unverzweigte Fäden aufweist.

Nun stehen gerade, insbesondere wie die Kurven über die Längenvariation resp. die Schnittpunkte lehren, die drei zuletzt genannten Algen auch in Bezug auf Differenzierung der beiden Zoosporentypen tiefer, als die drei anderen Arten, bei welchen die Differenzierung der Schwärmertypen insbesonders bei dem hochentwickelten *Draparnaudia* ähnlichen *Stigeoclonium nudiusculum* ungemein weit vorgeschritten ist, sowie auch *Draparnaudia* selbst und *Stigeoclonium tenue* Kurven mit hohem Scheitel und winzigem Zwischengebiet besitzen.

Einen Maßstab für die Differenzierung der Zoosporentypen gibt auch der Verlauf des linken Astes der Makrozoosporenkurve.

Während er bei *Ulothrix zonata* ungemein sachte, ohne starke Knickung oder Biegung allmählich und fast gleichmäßig zum Scheitel ansteigt, verschwindet diese Gleichmäßigkeit von Art zu Art immer mehr. Bei *Stigeoclonium fasciculare* und *St. longipilum* treten die einzelnen Punkte der Kurve bereits schärfer hervor, bei *Stigeoclonium tenue* und *Stigeoclonium nudiusculum* kommt es bereits zu einspringenden Winkeln, und dasselbe sehen wir auch bei *Draparnaudia*, ähnliches zeigt auch der rechte Ast der Mikrozoosporenkurve, — und es ist dieser Umstand nichts anderes als der Ausdruck für die Tendenz, bei zunehmender vegetativer Weiterentwickelung die Zoosporen, entsprechend ihrer präzisierteren Funktion einheitlich zu bilden, und da die Funktionen verschieden sind, sie diesen verschiedenen Funktionen entsprechend zu differenzieren.

Bei den untersuchten Arten geht also in der Tat mit der fortschreitenden Gliederung und Entwickelung der Vegetationsorgane, die Zunahme der Differenzierung der beiden Schwärmertypen Hand in Hand, und der Nachweis dieses Zusammenhanges innerhalb einer verhältnismäßig so engen Reihe wie die der *Ulotrichales* gehört zu den wichtigsten Ergebnissen der Untersuchungen; dagegen ist innerhalb großer Reihen wie die Phaeophyceen und Rhodophyceen eine Reihe ähnlicher Tatsachen, die eine ähnliche Beziehung zwischen morphologischer Entwickelung der Vegetationsorgane und fortschreitende Differenzierung der Reproduktionsorgane beweisen, schon lange bekannt.

Wir haben bis jetzt nur die beiden vierwimperigen Schwärmertypen im Auge gehabt. Nun existiert aber bei den drei ersteren Arten noch ein dritter Typus, der zweiwimperige, der bei *Ulothrix zonata* und vielleicht auch noch bei *Stigeoclonium longipilum*, sicher nicht mehr aber bei *Stigeoclonium fasciculare* die geschlechtliche Fortpflanzung besorgt, der aber bei den drei anderen Arten völlig fehlt.

Dieser zweiwimperige Schwärmertypus ist aber nicht völlig heterotyp zu den beiden anderen.

Schon K l e b s hat seinerzeit bei *Ulothrix zonata* nachgewiesen, daß nicht nur in Bezug auf die Größe Übergänge zwischen den drei Zoosporentypen existieren, sondern daß die Mikrozoosporen sogar in der Bewimperung zu den zweiwimperigen Gametozoosporen hinüberführen, und vorstehend wurde speziell bei *Ulothrix* näher auf diese Übergänge eingegangen.

Die Variation der Gametozoosporen bei *Ulothrix* verhält sich ähnlich der der Mikrozoosporen, nur liegt der Scheitel der Kurve höher, so wie auch der Schnittpunkt der beiden Kurven sehr hoch, knapp unter dem Scheitel der Mikrozoosporenkurve, viel höher als der Schnitt der anderen beiden Kurven, liegt. Schon in Betracht des so hoch gelegenen Schnittpunktes kann man auf eine viel größere Häufigkeit von Übergangsformen zwischen den Mikrozoosporen und Gametozoosporen schließen.

Ich darf hier eine interessante Parallele nicht außer acht lassen. Die Kurve der Gametozoosporen ist bei *Ulothrix* viel präziser als die der Mikrozoosporen, ihr Scheitel ist höher, die Details schärfer. Nun sind aber die Mikrozoosporen funktionell nur wenig typisch chrakterisiert; sie keimen direkt, aber langsam, gewöhnlich ohne Dauerstadien zu bilden, aus, und ähneln darin den Makrozoosporen, die gleich direkt auskeimen. Dagegen sind die Gametozoosporen bei *Ulothrix zonata* funktionell scharf charakterisiert. Hängt nicht vielleicht mit dieser präzisen Funktion auch ihre größere morphologische Bestimmtheit, die energischere Form ihrer Kurve, zusammen?

Ist nun bei *Ulothrix* dieser bicilate Schwärmertypus in vollster Aktion, und sind es hier gerade die Mikrozoosporen, die funktionell nicht so präzisiert sind, — ich verweise auf die früher erwähnte Beobachtung, daß sie neben dem direkten Auskeimen auch hie und da Dauerstadien liefern, — so sehen wir diese seine präzisierte Funktion schwinden bei den *Stigeoclonium*-Arten. Bei *Stigeoclonium longipilum* treten noch alle drei Zoosporentypen aus normal vegetativen Stadien auf, hier haben aber die Mikrozoosporen bereits die Fähigkeit Dauerstadien zu bilden fix erworben, kopulieren aber noch nicht; bei *Stigeoclonium fasciculare* dagegen wird der biciliate Typus nurmehr aus Dauerstadien gebildet, — die Mikrozoosporen bilden hier bereits Dauerstadien u n d k o p u l i e r e n a u c h. Bei *Stigeoclonium tenue, Stigeoclonium nudiusculum* und *Draparnaudia* tritt aber der biciliate Typus überhaupt nimmer auf, die Mikrozoosporen haben völlig die Funktion, die noch bei *Ulothrix* die der Bildung von Dauerstadien und der sexuellen Fortpflanzung ist, übernommen.

D a r n a c h   s p i e l t e   s i c h   a u c h   m i t   d e r   w e i t e r   v o r s c h r e i t e n d e n   E n t w i c k e l u n g   d e r   V e g e t a t i o n s o r g a n e   i n n e r h a l b   d e r   u n t e r s u c h t e n   A r t r e i h e   e i n e   R e d u k t i o n   d e r   S c h w ä r m e r t y p e n   a b, nicht nur eine schärfere Präzisierung zwischen Mikrozoosporen und Makrozoosporen ging mit der vorschreitenden morphologischen Differenzierung Hand in Hand, sondern auch die vollständige Unterdrückung des einen Typus. Und unwillkürlich frägt man sich: hängt nicht vielleicht auch die schärfere Präzisierung der Morphologie der Mikrozoosporen und Makrozoosporen bei den höheren drei Arten mit der Reduktion des biciliaten Typus zusammen in der Weise, — daß die Mikrozoosporen dadurch, daß sie funktionell die Gametozoosporen ersetzen eben in ihrer Funktion bestimmter wurden, womit sich wieder die größere morphologische Präzisierung verband.

Und doch ist bei *Ulothrix* dieser biciliate Schwärmertypus trotz seiner größeren morphologischen Bestimmtheit funktionell ebenfalls nicht vollständig präzisiert. Schon D o d e l - P o r t gibt an, daß einzelne zweiwimperige Schwärmer direkt auszukeimen vermögen, obschon sie schmälere und schmächtigere Fäden ergeben, als die anderen Zoosporen. Allerdings hat D o d e l - P o r t noch nicht den Typus der Mikrozoosporen, der in seinen kleineren Formen ebenfalls zweiwimperige Schwärmerformen zeigt, gekannt. Es ist hier etwas ähnliches wie bei den Spermatozoiden von *Oedogonium*, an denen K l e b s, es wird dies noch im folgenden Abschnitt erwähnt, beobachtet hat, daß sie unter Umständen trotz ihrer so weitgehenden sexuellen Differenzierung, dennoch vegetativ auszukeimen vermögen.

Es liegen uns nun aber Angaben vor über Algen, die meist dem Genus *Stigeoclonium* angehören, die nur z w e i S c h w ä r m e r t y p e n haben, einen v i e r w i m p e r i g e n und e i n e n z w e i w i m p e r i g e n, ersterer den Makrozoosporen, letzterer den Gametozoosporen entsprechend (vergl. darüber den III. Teil vorliegender Abhandlung). Diese Algen scheinen mir nicht völlig durchgeprüft.

Es wäre aber denkbar, daß auch eine andere Entwickelungsreihe innerhalb der *Ulotrichales* vorhanden ist die den Typus der Mikrozoosporen in dem Sinne, wie er bei den von uns untersuchten Algen auftritt, überhaupt nicht ausgebildet hat. Dahin ließe sich der Umstand deuten, daß bei *Ulothrix* die Mikrozoosporen noch nicht recht funktionell präzisiert sind, und ihre Funktion erst bei den Chaetophoroiden recht zum Ausdruck gelangt. Es ist gewiß, daß es eine Reihe gibt, die in der Tat nur vierwimperige Makrozoosporen und zweiwimperige Gametozoosporen gibt, — deren Glieder vielleicht in ihrer Morphologie teilweise *Ulothrix*[1] entsprechen, teilweise *Stigeoclonium*.[2]

Es sind wirklich sowohl derlei *Ulothrix*-Formen als auch derlei *Stigeoclonium*-Arten beschrieben worden. *Ulothrix zonata* und die beiden von uns untersuchten *Stigeoclonium*-Arten sind gewissermaßen infolge ihrer drei Schwärmertypen Bindeglieder zwischen beiden Reihen. Keinesfalls dürfen wir uns aber die Reproduktion einzelner *Ulotrichales* völlig einheitlich vorstellen; dagegen sprechen schon die von uns untersuchten *Stigeoclonium*-Arten. Unwahrscheinlich, doch nicht ganz ausgeschlossen, scheint es mir, daß es *Ulothrix*-Arten gibt, deren Reproduktion übereinstimmt mit denen der höheren *Stigeoclonium*- und *Draparnaudia*-Arten, die also nur vierwimperige Makro- und vierwimperige Mikrozoosporen haben.

Wir dürfen dabei einen Umstand nicht vergessen. Alle drei Algen für die nur Makrozoosporen und die zweiwimperigen Schwärmer angegeben sind, — sind noch nicht eingehend untersucht worden. Man denke, daß trotzdem *Ulothrix zonata* mehrfach eingehend untersucht wurde, erst Klebs die Existenz des Mikrozoosporentypus bei dieser Alge unzweifelhaft nachwies. Ich bin der festen Überzeugung, daß sich diese vierwimperigen kleinen Schwärmer auch noch bei einzelnen *Stigeoclonium*- und *Ulothrix*-Arten finden, deren Reproduktion wir noch nicht genau kennen.

Ähnliche komplizierte Schwärmertypen, wie wir sie bei *Ulothrix zonata* und den niederen Stigeoclonien kennen gelernt haben, scheinen mir auch bei einer Reihe von Phaeophyceen aufzutreten, die meist den Ektocarpaceen angehören. Auch bei diesen tritt ein dritter Schwärmertypus auf: die neutralen Schwärmer. Inwieweit sich aber Analogien zu den tatsächlich bestehenden Verhältnissen bei *Ulothrix* ergeben, vermag ich nicht zu sagen. Die Sache wird dort komplizierter dadurch, daß die Entstehung der Schwärmer nicht in der primären Weise erfolgt wie bei den Chlorophyceen. Jedenfalls könnte eine Prüfung der bei den Phaeophyceen obwaltenden Verhältnisse im Sinne unserer Abhandlung gemacht werden. — Übrigens verweist Oltmanns selbst auf die Möglichkeit einer Analogie zur Reproduktionsform bei *Ulothrix* (Morphologie und Biologie der Algen, I., 471), — wenngleich er wieder in Bd. II. 71, — der Ansicht wird, daß es sich bei den neutralen Schwärmern möglicherweise um Rückschlagsformen der Gameten handle.

Damit wären die Reproduktionsverhältnisse, soweit sie sich auf die Morphologie der Schwärmer beziehen, erschöpft. Eine umfassende Betrachtung der ganzen *Ulotrichales* im gleichen Sinne unter Berücksichtigung der Ergebnisse für die Phylogenie gebe ich im Schlussabschnitte.

Es erübrigt aber noch die Schwärmertypen in ihren gegenseitigen Beziehungen einer Beachtung zu unterziehen. Ich habe bereits mehrfach darauf hingewiesen, daß die Mikrozoosporen und Makrozoosporen, sowie auch die zweiwimperigen Schwärmer Kurven haben, die auffallend unsymmetrisch gestaltet sind, trotzdem aber immer so zu untereinander orientiert sind, daß die sanfter abfallenden Äste einander zugekehrt sind, die steilen Abfälle sich nach außen richten. Wir sahen ferner, daß sich diese Kurven bei den niedrigen der untersuchten Arten verhältnismäßig hoch schneiden, bei den drei höheren Arten

[1] [2] Vergleiche darüber den III. Teil vorliegender Abhandlung.

jedoch die Schnittpunkte tief liegen; daß also mit zunehmender Organisationshöhe auch die Differenzierung der Schwärmer im allgemeinen fortschritt, demnach auch die entsprechenden Kurven immer kleinere Gebiete gemeinsam haben.

Wären die beiden Schwärmertypen völlig differenziert, würden die Kurven kein gemeinsames Areal haben und völlig selbständig nebeneinanderstehen. Wäre andererseits die Differenzierung der Schwärmer erst angedeutet, — würde der Schnittpunkt hoch liegen, würden sie sehr weit ineinander fallen. Ganz extreme Stadien kennen wir wohl nimmer, selbst dort, wo die Morphologie die Größe der Schwärmer noch nicht scharf präzisiert ist, sehen wir dennoch die beiden Kurven ziemlich weit auseinander liegen. Andererseits sehen wir, daß die Gametozoosporen, ganz entsprechend den zahlreichen Übergängen, die sie zu den Mikrozoosporen haben, — den Schnittpunkt ihrer Kurve verhältnismäßig hoch haben.

Überblicken wir nun die tatsächlich bestehenden Verhältnisse: von den Chlorophyceen mit sehr differenzierten Zoosporentypen, wie *Draparnaudia*, *Stigeoclonium tenue* und *nudiusculum*, bis zu den niedrigen *Ulothrix*- und *Stigeoclonium*-Arten wo die Mikrozoosporen noch wenig funktionell vortreten: ein ständiges Größerwerden des Zwischengebietes: deutet nicht dieses immer Größerwerden des Zwischengebietes, dies Hinaufrücken des Schnittpunktes — darauf hin, daß beide Kurven in dem Gebiet einer ursprünglich einzigen entstanden, daß sich die Schwärmer erst nach und nach um zwei verschiedene Plurima gesammelt haben, — daß sich beide Schwärmertypen von einem gemeinsamen ableiten, daß sie sich erst nach und nach differenziert haben, und zwar nur nicht die vierwimperigen Typen, sondern auch der zweiwimperige kleine Typus.

Dieser gemeinsame Ursprung deutet aber andererseits meiner Ansicht nach auch der Umstand an, daß alle Zoosporenkurven nicht die scharf abfallende Seite einander zuwenden, sondern die viel weniger steil abfallende, daß die Zahl der Schwärmer die zwischen den beiden Plurima liegt heute noch größer ist, als die, die darüber hinausfallenden; eine Tatsache, für die wir uns gerade wegen ihres allgemeinen Auftretens wohl kaum eine andere Erklärung geben können.

Dafür spricht aber auch der Umstand, daß es zahlreiche Chlorophyceen gibt, die nur einen einzigen Schwärmertypus haben, — zum Beispiel viele *Tetrasporaceae*, — sowie die Überlegung, daß wir uns die Ableitung dieser heterozoosporen Algen wohl nur von einer Flagellate vorstellen können, nicht aber von deren mehreren, die zudem noch verschieden bewimpert waren.

Für diese mählige Differenzierung spricht aber auch auffallend die Existenz der intermediären Schwärmer, die ich bereits ausführlich bei den einzelnen Arten besprochen habe, so daß ich mich hier kurz fassen kann.

Zwischen den Makro- und Mikrozoosporen treten bezüglich der Größe Übergänge, die sich schon darin äußern, daß ihre Kurven teilweise ineinanderfallen. Mit diesen Übergängen bezüglich der Größe gehen auch die Übergänge bezüglich der Stigmatisierung Hand in Hand, nicht in der Weise, als ob die in der Größe ineinander übergehenden Schwärmer auch wirklich alle intermediär stigmatisiert wären, sondern vielmehr in der Weise, daß die Häufigkeit der abweichend stigmatisierten Schwärmer bei den Makrozoosporen entsprechend der Größen abnahme zunimmt, ebenso wie sie auch abweichend stigmatisierte Mikrozoosporen relativ häufiger werden, je höher die Größenlage ist, in welche sie fallen. Und zwar sind auch die Übergänge in dieser Hinsicht bei der niedrigeren der untersuchten Arten häufiger als bei den höheren.

Aber nicht nur in Bezug auf Größe und Stigmatisierung finden sich Übergänge auch bezüglich der Bewimperung; sie sind bei *Ulothrix zonata* besonders deutlich, wo die Mikrozoosporen zum Teil nur zwei Wimpern haben, die vierwimperigen Mikrozoosporen aber zum Teil ein Paar abstoßen, so daß sie dadurch zu den Gametozoosporen hinüberleiten, — wobei die Zahl der derlei intermediären

Schwärmer zunimmt mit der Größenabnahme der Mikrozoosporen. Bei *Stigeoclonium longipilum,* wo die Mikrozoosporen bereits Dauerstadien liefern, aber noch nicht kopulieren, und noch der zweiwimperige Typus normal gebildet zu werden scheint, finden sich zweiwimperige Mikrozoosporen nimmer: nur mehr solche, die ein Wimperpaar abstoßen; — auch hier scheinen diese mit der Größenabnahme häufiger zu werden. Andererseits sind derlei ein Wimperpaar abstoßende Mikrozoosporen weniger häufig bei *Stigeoclonium fasciculare,* wo sie außerdem gleichmäßig verteilt sind. (Allerdings fällt hier der biciliate Typus zwischen Makro- und Mikrozoosporen, im Gegensatze zu den anderen Arten, wo er an die Mikrozoosporen nach unten anschließt.)

Bei allen den von uns untersuchten höheren Arten aber, wo der zweiwimperige Schwärmertypus nimmer gebildet wird, fehlt uns auch jede Andeutung an diesen bei den niederen Formen noch vorhandenen zweiwimperigen Schwärmertypus.

Daß außerdem auch Übergänge bezüglich der Form der Schwärmer existieren, habe ich bereits mehrfach erwähnt.

Hat uns die Form der Kurven, die eigentümliche Weise der Variation, das Zwischengebiet, auf den eigentlichen Ursprung der einzelnen Zoosporentypen hingelenkt, so erscheint ein solcher gemeinsamer Ursprung durch die zahlreichen und nach allen morphologischen Momenten hin erfolgenden Übergänge bewiesen zu sein.

Ich darf aber nicht unterlassen darauf hinzuweisen, daß gerade wieder der Umstand, daß diese Übergänge bei den höheren drei Arten seltener sind, als bei den niedrigeren Arten, für die allmähliche Differenzierung der Schwärmertypen spricht.

In sämtlichen vorhergehenden Abschnitten ließen wir uns von der Ansicht leiten, daß unter den besprochenen Schwärmertypen der Typus der Makrozoosporen der ältere sei, und aus ihm sich erst die anderen Zoosporentypen, Mikrozoosporen und Gametozoosporen entwickelt haben. Es taucht nun die Frage auf, ob wirklich der Makrozoosporen der ältere Zoosporentypus ist.

Eine andere Annahme ist, nachdem der Zusammenhang zwischen den einzelnen Zoosporentypen nachgewiesen ist, aber unwahrscheinlich. Ich erinnere hier an die niederste Form der Reproduktion durch Schwärmer bei den Chlorophyceen. Er stellt in seiner einfachsten Form nichts anderes als eine Verjüngung des Zellinhaltes zum Schwärmer dar, der ausschwärmt und direkt wieder zu einem neuen Individuum heranwächst. So ist es schön zu sehen bei den Tetrasporaceen, die eigentlich nichts anderes sind, als Chlamydomonadeen, die ihr vegetatives Stadium in einem unbeweglichen Zustand verbringen, um zu Zwecken der Reproduktion zu ihrem Schwärmerstadium zurückzukehren. Das ist die „Schwärmerbildung" in ihrer einfachsten Form, — das ist die primitivste, die ursprünglichste Form und Funktion der Schwärmer.

Das Gleiche ist aber auch bei den Makrozoosporen sämtlicher untersuchten Chlorophyceen der Fall. Auch hier haben die Makrozoosporen noch die primitivste Funktion, — eine bloße Vermehrung unter normalen Umständen, — eine bloße Verjüngung des Protoplasten, der nach längerem Schwärmen direkt zu einem neuen Individium auswächst. Schon aus ihrer primitiven, ursprünglichen Funktion müssen wir schließen, daß sie die ursprünglichen Schwärmer sind. Andererseits spricht für diese Ansicht auch der Umstand, daß sie sich bei sämtlichen Chlorophyceen, — soweit sie nicht die Reproduktion durch Schwärmer sekundär verloren haben, in gleicher Form, — und bei nahe verwandten Gattungen, in derselben Morphologie vorfinden.

Anders ist es mit den Mikrozoosporen und Iso- resp. Hetero-Gametozoosporen; sie alle haben den Zweck, das Erhalten der Pflanze unter veränderten äußeren Umständen zu ermöglichen, und zwar ist dieser Zweck bei den verschiedenen Arten und Gattungen in verschiedener Weise erreicht, darum zeigen auch die Mikrozoosporen und Gametozoosporen bei verschiedenen Arten und Gattungen verschiedene

Modifikation in der Morphologie und Entwickelungsgeschichte, wenn gleich die letztere durch den eben erwähnten Zweck der Vermehrung und den veränderten äußeren Umständen, innerhalb geringer Grenzen einheitlich gestaltet ist. Erst allmählich entwickelten sich die Mikrozoosporen und Gametozoosporen aus den Makrozoosporen und bei den verschiedensten Gattungen und Arten sehen wir heute noch Übergänge zwischen ihnen. Daß die Sexualität etwas erst spät Erworbenes ist, — darüber sind die Ansichten einig, dafür spricht der Umstand, daß die sexuelle Differenzierung selbst innerhalb so kleiner Familien wie die der *Ulotrichales* bei den verschiedensten Schwärmertypen einsetzt, so bei *Ulothrix* bei dem zweiwimperigen, bei vielen *Stigeoclonium* - Arten aber beim vierwimperigen.

Demnach ist wohl bei den *Ulotrichales*, sowie auch bei den Oedogoniaceen und sämtlichen Zoosporenalgen überhaupt der Schwärmertypus, der funktionell den Makrozoosporen der *Ulotrichales* entspricht der primäre, von dem sich alle anderen Typen ableiten.

Und doch könnte bei den *Ulotrichales* selbst, die eine verhältnismäßig klare, einheitliche Reproduktion haben, ein gewichtiger Einwand gemacht werden, den ich hier kurz berühren will.

Es gibt, es soll dies im Schlussabschnitte auseinandergesetzt werden, mehrere Gattungen unter den *Ulotrichales*, die überhaupt keine vierwimperigen Schwärmer, sondern nur zweiwimperige haben, bei denen nicht nur die abgeleiteten Schwärmertypen, sondern auch die Makrozoosporen selbst bloß zwei Wimpern haben; so z. B. *Iwanoffia* Pascher, (*Stigeoclonium terrestre* Iwanoff), einige Formen, die mit *Ulothrix* morphologisch völlig übereinstimmen, aber nur zweiwimperige Schwärmer haben.

Scheinen nun nicht solche Gattungen, die vierwimperige und zugleich zweiwimperige Schwärmertypen besitzen, den Übergang herzustellen zwischen denen, die nur vierwimperige oder nur zweiwimperige Zoosporen haben. Man könnte nun, da ja Übergänge bei denselben Arten zwischen vierwimperigen Schwärmern festzustellen sind, fragen, haben sich nicht bei den Arten, die vierwimperige und zweiwimperige Schwärmer zugleich haben, die vierwimperigen Schwärmer aus den zweiwimperigen entwickelt? sind nicht die Arten, die nur quadriciliat sind, dadurch entstanden, daß bei ihnen die Umwandlung der zweiwimperigen in vierwimperige Schwärmer eine völlige wurde? lassen sich also nicht die quadriciliaten *Ulotrichales* von den biciliaten ableiten, oder umgekehrt?

Alle diese Annahmen scheinen mir unwahrscheinlich deswegen, weil überall, wo vierwimperige Schwärmer auftreten, ein vierwimperiger Typus die Funktion der Makrozoosporen hat, also, damit wohl der ältere, primäre Schwärmertypus ist, — und die zweiwimperigen Schwärmer neben ihnen nur in modifizierter Form entweder in der Funktion der Mikrozoosporen oder der Gametozoosporen, oder Spermatozoiden, nie aber als Makrozoosporen auftreten, — wie wohl letzteres der Fall sein müsste, wenn die biciliaten Schwärmer auch bei den quadriciliaten Formen der primäre Schwärmertypus wären. Dafür spricht auch der Umstand, daß sich die morphologischen Übergänge von den vierwimperigen zu den zweiwimperigen Schwärmern (dort wo sie gemeinsam auftreten) viel leichter bei der obigen Annahme erklären lassen, so z. B. die geringe Größe der biciliaten Schwärmer, sowie der Umstand, daß einzelne quadriciliate Mikrozoosporen ein Wimperpaar abzustoßen imstande sind.

So scheint mir nun in der Tat zwischen den nur biciliaten und den quadriciliaten (auch wenn sie untergeordnet biciliate Schwärmer haben) *Ulotrichales* ein viel bedeutenderer Unterschied zu liegen als gewöhnlich angenommen wird. Ich glaube, daß sich sicher diese beiden Reihen auf verschiedene Urformen zurückführen: die eine Reihe auf Schwärmer mit ursprünglich zwei Wimpern, die andere Reihe auf Schwärmer mit ursprünglich vier Wimpern.

Wir sehen noch heute bei den Chlamydomonadeen, die doch sonst ziemlich einheitlich gebaut sind, Gattungen mit nur zwei Wimpern und andere mit vier Wimpern. Andererseits sind noch sämtliche Zoosporentypen der *Ulotrichales* einzelnen Chlamydomonadeen auffallend ähnlich. Scheint es nicht wahrscheinlicher, daß sich sowohl zweiwimperige als auch vierwimperige Monaden weiter entwickelt und unter gleichen Umständen ähnliche Formen erzeugt haben, als daß sich nur die einen, die zweiwimperigen, entwickelt und zufällig Formen erzeugt haben, die in ihrer Weiterentwicklung solchen entsprechen, die bei der Weiterentwicklung der vierwimperigen Schwärmer zustande gekommen wären. Ich komme aber auf diese beiden Reihen der *Ulotrichales* noch ausführlich im Schlußabschnitte zurück.

Es scheint daher die Ableitung der beiden Reihen unter den *Ulotrichales* von zwei differenten primären, den Makrozoosporen ähnlichen Chlamydomonadenformen in der Tat dem wirklichen Verhältnis zu entsprechen. Mehr darüber im III. Teil.

Schwierig ist es nun allerdings, eine erklärende Beziehung zwischen Morphologie und Funktion der einzelnen Schwärmertypen zu finden; eine solche wäre uns besonders erwünscht bei der Differenzierung zweiwimperiger Zoosporen aus vierwimperigen.

Die abweichende Größe erklärt sich biologisch am leichtesten. Daß die Mikrozoosporen sowie die Gametozoosporen immer zu mehreren in einer Zelle gebildet werden, hängt sicherlich mit der Funktion der genannten Schwärmertypen zusammen. Die Mikrozoosporen sind, wenn sie in charakteristischer Form und Funktion ausgebildet sind, befähigt, Dauerstadien zu bilden und ungünstige äußere Faktoren, bei denen die Pflanze im normal vegetativem Zustande und auch in der Form der Makrozoosporen zugrunde ginge, zu überdauern; sie muß daher derartige Keime in größerer Zahl bilden, die Teilungen werden vermehrt, die Keime kleiner, — dasselbe gilt für die Gametozoosporen, soweit sie nicht auch schon zugleich funktionell Mikrozoosporen sind, — in sexueller Beziehung. Diese reichliche Ausbildung der Mikrozoosporen und Gameten scheint mir ganz analog der reichlichen Bildung der beweglichen männlichen Geschlechtzellen, bei *Sphaeroplea*, *Coleochaete*, *Oedogonium* und allen heterogamen Algen — und der anderen Pflanzen, soweit sich deren Geschlechtsprodukte wohl alle in ihrer ursprünglichen Form primär auf vegetative Schwärmer zurückführen lassen. Statt aus den Protoplasten einer Zelle einen Schwärmer zu entlassen teilt sich der Protoplast in zahlreiche Teile, die als Schwärmer austreten, entweder ohne Zellvermehrung wie bei den meisten *Ulotrichales*, oder mit Zellteilung wie bei den *Oedogoniaceen* und anderen hochdifferenzierten heterogamen Algen. Das ist ja alles plausibel.

Schwieriger ist's bei der Stigmatisierung. Makro- und Mikrozoosporen sind gewöhnlich abweichend stigmatisiert, — und ich glaube, ich verweise auf das Kapitel über das physiologische Verhalten der intermediären Schwärmer, daß die verschiedene Lichtempfindlichkeit der Zoosporen innerhalb einer Art mit der verschiedenen Stigmatisierung derselben in Zusammenhang steht. Warum aber die verschiedene Lichtempfindlichkeit? Ich kann des Gedankens nicht los werden, als ob sie in Zusammenhang stünde mit der reproduktiven Funktion des betreffenden Zoosporentypus, und irgendwelche biologische Bedeutung habe; ich bin aber trotz mannigfacher Experimente bis jetzt auch nicht auf einen Punkt gekommen, der für diese, aber ebenso auf keinen, der gegen obige Annahme spräche. Auffallend ist aber jedenfalls der Umstand, daß die Mikrozoosporen gewöhnlich der lichtempfindlichere Typus ist und gerade der hier imstande ist, bei ungünstigen äußeren Umständen auszudauern.

Der Umstand, daß bei einzelnen Arten der vierwimperigen *Ulotrichales*, die Gametozoosporen, resp. die Spermatozoiden, — unter der Annahme, daß *Cylindrocapsa* vierwimperige vegetative Schwärmer hat, also zu den quadriciliaten *Ulotrichales* gehört, — nur zweiwimperig sind, der, glaube ich, hängt mit der Abnahme der Größe dieser Schwärmer zusammen. Diese Schwärmer sind ja immer, — mit Ausnahme von *Stigeoclonium fasciculare*, wo die biciliaten Schwärmer zwischen Makro- und Mikrozoosporen stehen, die kleineren. Auch Klebs[1]) neigt zu dieser Ansicht: „Die Zahl der Wimpern steht vielleicht in einem engern Zusammenhang mit der Größe des Körpers; denn gerade bei den kleinen Mikrozoosporen, die überhaupt nicht von den Gameten zu unterscheiden sind, sah ich besonders häufig zwei Wimpern.“ In diesem Sinne läßt sich auch deuten, was Strasburger[2]) über die Gametozoosporen von *Ulothrix* sagt:

---

[1]) Klebs, Bedingungen der Fortpflanzung, 316.
[2]) Strasburger, Histologische Beiträge IV. Schwärmsporen, Gameten, pflanzliche Spermatozoiden und das Wesen der Befruchtung, S. 26, 27 ff.

„Wir haben zuvor schon betont, daß in den Zellen von *Ulothrix* die Teilungsvorgänge, welche ungeschlechtliche Schwärmsporen oder Gameten liefern, sich in nichts von einander unterscheiden — und daß jeder Teilungsschnitt, der unter ein bestimmtes Maß die Teilungsprodukte herabsetzt, sie damit zu Gameten stempelt. Das sichtbare Maß der Reduktion tritt uns hier in der Verringerung der Cilienzahl entgegen, — und aus dieser können wir vor allem auf eine Halbierung des Kinoplasma schließen, dessen besondere Beziehung wir nachzuweisen suchten. Ja, — die Halbierung dieser Substanz dürfte es eben sein, welche die Entwickelung der halben Zahl der Cilien erst bewirkte. . . . . . Durch die Kopulation zweier Gameten wird die Summe der Cilien an der Zygote auf die Zahl der an einer ungeschlechtlichen Schwärmspore vorhandenen gebracht, — wohl ein sicheres Zeichen dafür, — daß auch Zellkern, kinetisches Zentrum und Kinoplasma in gleichem Verhältnis ergänzt werden."

Allerdings läßt sich das, was S t r a s b u r g e r da sagt, nicht verallgemeinern. Es mag vielleicht bei *Ulothrix* zutreffen. Dagegen spricht aber wohl die Morphologie der zweiwimperigen Schwärmer und Mikrozoosporen bei *Stigeoclonium longipilum* und *Stigeoclonium fasciculare* gerade dagegen.

Denn schon bei *Stigeoclonium longipilum* scheiden sich die Gametozoosporen, die zweiwimperigen Schwärmersporen nur recht wenig in der Größe von den vierwimperigen bestimmt asexuellen Mikrozoosporen. Bei *Stigeoclonium fasciculare* aber fällt der zweiwimperige Schwärmertypus, der den Gametozoosporen von *Ulothrix* morphologisch entspräche, in seiner Größe zwischen Mikro- und Makrozoosporen hinein. Es ist hier ein noch kleinerer Schwärmertypus als die zweiwimperigen Schwärmer vorhanden, — und der ist gerade und auffallender Weise wieder vierwimperig. Ja daß in diesem speziellen Falle die Ansicht S t r a s b u r g e r s, als ob bis zu einer bestimmten Zahl von Teilungen die vier Wimpern beibehalten werden, falls aber diese Zahl von Teilungen überschritten nur mehr zwei Wimpern erhalten werden, — sicherlich nicht die zutreffende ist.

Nun ist aber noch etwas Merkwürdiges. Während Strasburger nach dem vorausgehend wörtlich angeführten Passus meint, daß die Reduktion der Wimperzahl in Bezug stehe zu den Teilungen, und die so entstehenden Schwärmsporen durch ihre Reduktion resp. ihre Halbierung zu Gameten gestempelt würden, sehen wir bei *Stigeoclonium fasciculare* jene merkwürdigen Schwärmer, die Mikrozoosporen, die, trotzdem sie noch kleiner sind als die zweiwimperigen Schwärmer, — vier Wimpern haben, — als Träger der geschlechtlichen Fortpflanzung fungieren.

Wir sehen aber bei *Stigeoclonium fasciculare* diejenigen Schwärmer, die zweiwimperig sind, verhältnismäßig groß und asexuell, — kleinere Schwärmer aber als diese vierwimperig und scharf sexuell. Demnach existiert hier speziell bei *Stigeoclonium fasciculare* nicht jene Beziehung zwischen Teilungszahl und Reduktion des Protoplasten zur Wimperzahl, — die S t r a s b u r g e r für *Ulothrix zonata* annimmt, — daher stimmt hier wohl die Beziehung zwischen Körpergröße und sexueller Funktion nicht. Jedenfalls finden sich meines Erachtens bei genauer Kenntnis und Durchforschung der Reproduktionsverhältnisse der niederen Kryptogamen sicherlich noch mancherlei Momente, die uns eine wichtige Auffassung der sexuellen prinzipiellen Vorgänge vermitteln helfen.

Auffallend ist der Umstand, daß die Lage des Augenfleckes bei jedem der Zoosporentypen relativ, und für jede einzelne Art überhaupt konstant bleibt. Der Mikrozoosporentypus ist meist konstatierbar verschieden stigmatisiert von dem Makrozoosporentypus.

Daß die beiden von K l e b s und das von mir untersuchte *Stigeoclonium tenue* Formen bezüglich der Stigmatisierung große Differenzen zeigen, erwähnte ich bereits in dem über diese Alge handelnden Abschnitt.

Die einzelnen Arten sind aber in der Stigmatisierung gar sehr von einander verschieden. Während sich alle untersuchten Arten bezüglich der Größe innerhalb annähernd gleicher Grenzen bewegten, —

und verhältnismäßige Einheitlichkeit herrschte in der Variationsweite, im Plurimum, ist bezüglich der Stigmatisierung an sich nichts Gemeinsames für die untersuchten Arten zu finden. Gerade die Arten, die sonst in ihrer Schwärmervariation gut aneinanderschließen, weichen in der Stigmatisierung bedeutend von einander ab.

Ist auch von vornherein kaum zu erwarten, daß die Gattungen einer Familie gleich stigmatisiert sind, — so fällt es doch auf, daß nahe oder zum Teile morphologisch näherliegende Arten ein und derselben Gattung in der Stigmatisierung weit von einander abweichen.

Aber ein Vergleich der Tabelle B der einzelnen Tafeln läßt die großen Verschiedenheiten in der Stigmatisierung bei den Arten gleicher Gattung besonders gut erkennen.

Ich greife die auf *Stigeoclonium* Bezug habenden Tafeln heraus. Die hier bezüglich der Längen-variation ihrer Schwärmer so nahestehenden Arten: *Stigeoclonium longipilum* und *Stigeo-clonium fasciculare* sind gewissermaßen gerade entgegengesetzt stigmatisiert. Die Mikrozoo-sporen ersterer Art sind annähernd am vorderen Drittel, die letztere Art am hinteren Drittel, die Makro-zoosporen ersterer Art ungefähr in der Mitte, die letztere etwas vor der Mitte stigmatisiert.

Während *Stigeoclonium tenue* bezüglich der Lage des Stigma bei den Mikrozoosporen mit *Stigeoclonium longipilum* annähernd übereinstimmt, weicht es bezüglich der Lage des Stigma der Makrozoosporen weit von den beiden genannten anderen Arten ab, das Stigma liegt bei diesem ausgesprochen am rückwärtigen Drittel.

Stigeoclonium longipilum dagegen verhält sich bezüglich der Stigmatisierung an-nähernd wie *Stigeoclonium fasciculare*, nur sind die Mikrozoosporen deutlich tiefer stig-matisiert.

So sind daher bei *Stigeoclonium* weder die Makrozoosporen noch die Mikrozoosporen einheitlich stigmatisiert und jede der Art zeigt ihre Be-sonderheiten darin.

Ja, man kann nicht einmal sicher sagen, daß die höher entwickelten Arten die beiden Schwärmer-typen differenter stigmatisiert haben. Eine größere Differenz in der Lage des Stigma bei beiden Schwärmer-typen hat wohl *Stigeoclonium tenue* und *Draparnaudia*, aber gerade das höchstent-wickelte *Stigeoclonium, Stigeoclonium nudiusculum* verhält sich darin wieder wie die niederen Arten. Es werden sich wohl kaum auch einheitliche Gesetze bezüglich der Stigmatisierung der Zoosporentypen finden lassen.

Daß überall der Mikrozoosporentypus anders stigmatisiert als der Makrozoosporentypus, das deutet wohl darauf hin, daß die Stigmatisie-rung mit der Funktion der Schwärmer im Zusammenhang stehe, — darin aber, den Mikrozoosporentypus seiner Funktion entsprechend zu stig-matisieren, hat jede Art ihren spezifischen Weg eingeschlagen, darin hat sich jede ihrer spezifischen Konstitution entsprechend verschieden verhalten. Wohl werden hie und da einzelne Arten übereinstimmen in der Stigmatisierung ihrer Zoosporentypen, — das wird insbesondere, wenn die andere Morphologie der Schwärmer nicht eine übereinstimmende ist, — kaum auf eine Verwandtschaft deuten.

Andererseits aber wird die Verschiedenheit der Stigmatisierung der Zoosporen zweier Algenformen sicherlich auf die Verschiedenheit der betreffenden beiden Algen schließen lassen, — und in diesem Sinne wird wohl insbesondere, wenn die Variation der Zoosporen bekannt ist, und Morphologie und Lebensweise der Alge dazu mit benutzt werden können, — die Lage des Stigma ein ausgezeichnetes Hülfsmittel der Unter-scheidung, ja in einzelnen Fällen geradezu ein Kriterium werden.

Nicht darf aber dabei vergessen werden, daß eine Mehrzahl von Schwärmern daraufhin untersucht werden muß.

Anhang zum I. Teil.

Ueber die Zoosporen von Tribonema und Oedogonium.

Anhangsweise möchte ich diesem Teile noch die Beobachtungen uber die Schwärmer zweier Gattungen beifügen, die mit den bis jetzt untersuchten nicht näher verwandt sind. Es sind dies die Gattungen *Tribonema (Conferva)* und *Oedogonium*. Die Untersuchungen wurden nur deshalb gemacht, weil ich durch Zufall in den Besitz reichlicheren Zoosporenmateriales gelangte.

Die Ergebnisse sollen hier angeführt werden, weil einerseits über die Zoosporenreproduktion von *Conferva* noch wenig bekannt ist, andererseits aber *Oedogonium* manches Interesse bot, und mich speziell die Frage nach der Deutung der Zwergmännchen respektive der Androzoosporen interessierte. Ich betone nochmals, daß diese Untersuchungen mehr gelegentlich gemacht wurden, und nicht, die Nachkontrollen erfuhren, wie die meisten Ergebnisse bei den *Ulotrichales*. Außerdem gelang es mir nicht, die betreffenden Algen lange in Kultur zu erhalten; im Gegensatz zu den meisten der früheren Arten gingen sie, sie stammten meist aus moorigen Wässern, immer ein, sobald ich daran ging, sie in normaler Weise zu ziehen.

Tribonema *(Conferva).*

(Tafel I, B.)

Die Arten dieser Gattung sind in der Mehrzahl noch ungeklärt, und die sichere Identifizierung einer Form ist meist schwierig und nur in seltenen Fällen ganz zweifellos. Mir lagen zwei Formen vor, deren Material aus demselben Gewässer stammte, aber ziemlich rein war. Bei der Überführung in Nährlösung aus dem Wasser des Standorts machten sich mit der Zeit krankhafte Erscheinungen an der Alge bemerkbar, bis sie schließlich einging. Neues Material erhielt ich nimmer, da der Standort infolge der Frühjahrshochwässer verändert wurde.

Beide untersuchten Formen waren sehr ähnlich und unterschieden sich kaum durch die Dicke. Ihre genaue Bestimmung machte große Schwierigkeiten; ich glaube, daß es das einemal *Tribonema minus (Conferva minor* Klebs), das anderemal *Tribonema bombycinum forma genuina* war; die erstere maß 5—7 μ in die Dicke, die letztere 6—8 μ, stärkere Fäden fanden sich nicht. Erstere besaß gewöhnlich wenige und größere Chromatophoren, letztere meist zahlreiche und kleinere; — doch war dies nicht konstant und es zeigten einzelne Zellen desselben Fadens darin Variationen.

Die Systematik und der Umfang dieser Gattung liegt noch sehr im Ungewissen; die leicht bemerkbaren und gewöhnlich angegebenen morphologischen Merkmale versagen oft. Ich glaube, daß wir über die einzelnen Formen erst dann Sicheres sagen können, wenn wir die Reproduktion der einzelnen Formen genau kennen, — und darin bleibt fast noch alles zu wünschen. Über die Schwierigkeit einer richtigen Deutung der einzelnen Formen sind sich alle modernen Algenforscher einig, und alle Zusammenstellungen und Einordnungen sind als provisorisch zu bezeichnen. Eine genaue und dem jetzigen Stande unserer Kenntnis von diesen Gattungen entsprechende Zusammenstellung gibt Heering in seiner Algenflora von Schleswig-Holstein[1]).

Uns interessieren hier *Tribonema minus* und *Tribonema bombycinum f. genuina*. Beide Formen sind sicher nicht selten; doch findet man sie selten reiner.

Beide Formen wurden schon in ihrer Reproduktion untersucht. *Tribonema minus* von Klebs; das andere von Lagerheim. Auf die weitere und ältere Literatur gehe ich nicht ein, ich verweise auf die Arbeiten von Klebs[2]) und Lagerheim[3]).

In letzter Zeit gibt auch Gerneck (Beihefte zum botanischen Centralblatt, XXI, II, 254) in einer Abhandlung, die nach vieler Hinsicht genaue Nachprüfung erfordert, ebenfalls Angaben über die Reproduktion bei *Tribonema* und zwar ebenfalls bei *Conferva genuina* Wille und *Conferva minor* Wille. Die von ihm beobachteten Zoosporen von *Conferva minor* maßen 13½ μ, und wichen von meinen Beobachtungen weit ab. Bei ersterer Art aber fand er Zoosporen bis 16 μ Länge. Es ergeben also auch die Angaben Gernecks eine große Differenz der einzelnen *Conferva*-Arten in Bezug auf die Größe der Zoosporen.

Nun scheint mir aber gerade die Arbeit Gernecks in keiner Weise kritisch durchgeführt. Obwohl er die Literatur ziemlich ausführlich anführt, hat er sie meistens nicht benützt. So spricht er, es sei hier nur nebenbei erwähnt, — ich komme auf seine Ausführungen noch in einer anderen Abhandlung zurück, — immer nur von einer Cilie bei den untersuchten *Conferva*-Arten obwohl bereits durch Jahre hindurch die zweite kleine Geißel bekannt ist, und ja auf Grund dieser Eigentümlichkeit die Einbeziehung der Gattung *Conferva (Tribonema)* in die *Heterokontae* gemacht und diese selbst von den Chlorophyceen abgetrennt wurden.

Er beschreibt ferner eine neue Gattung *Monocilia* in zwei Arten; abgesehen davon, daß man nirgends eine genaue Beschreibung dieser Arten findet, scheint sich Gerneck auch nicht recht orientiert zu haben über die verwandtschaftliche Stellung der neuen Gattung. So weit die Abbildung verwertbar ist, handelt es sich um Formen, die in die Nähe von *Conferva* zu stellen sind. Dafür spricht der Mangel an Stärke, die Beschaffenheit der Chromatophoren, — obwohl Gerneck nicht versucht hat, auch nur eine Reaktion auf den Farbstoff der Alge resp. den Xanthophyllgehalt des Farbstoffes zu machen. Gerneck hat auch Schwärmerbildung von *Monocilia* beobachtet, obwohl seiner Beschreibung nach die Schwärmer den Zoosporen gewisser Conferven sehr ähnlich sind, hat Gerneck wohl die zweiten Geißeln, von deren Existenz er auch bei den Zoosporen *Conferva* nichts weiß, auch hier völlig übersehen.

Ich kann mich des Gedankens nicht erwehren, daß Gerneck die untersuchte Alge überhaupt nur in ganz abnormen Stadien vor sich gehabt hatte, und daß sie ihm in normaler Wuchsform nicht vorgelegen sei, — sondern daß die Stadien, die er beschreibt, mehr durch die Nährmedien hervorgerufen seien, — und gerade darüber scheint Gerneck, wie auch in ernährungsphysiologischer Hinsicht, nicht ganz klar gewesen zu sein.

---

[1]) Heering, Die Süßwasseralgen Schleswig-Holsteins etc. 125 ff.
[2]) Klebs, Bedingungen der Fortpflanzung, 364 ff.
[3]) Lagerheim, Studien über die Gattungen *Conferva* und *Mikrospora*, Flora 1889, S. 129.

Es ist zu bedauern, daß G e r n e c k auch bei *O p h i o c y t i u m*, das er übrigens als Protococcacee anspricht, — und bei dem ihm ebenfalls Zoosporen vorgekommen sind, und obwohl er sich mehrfach über die Morphologie äußert, ebenfalls nicht der Frage der Bewimperung nachgegangen ist, — obwohl er bei einiger Vertrautheit mit der Literatur hätte wissen müssen, daß gerade bei *O p h i o c y t i u m* die Art der Bewimperung dringend untersuchenswert und von weiterer systematischer und phylo-genetischer Bedeutung gewesen wäre. Er spricht zwar nur von einer Geißel, aber ich glaube, daß er die zweite hier ebenso wie bei *M o n o c i l i a* und *C o n f e r v a* übersah.

So weit über G e r n e c k s Arbeit; ich komme auf sie noch in einer späteren Abhandlung über einige Protococcaceen zurück.

Während das mir vorliegende *T r i b o n e m a m i n u s* recht gut mit dem von K l e b s untersuchten übereinstimmte, wich die Form *g e n u i n a* von dem *T r i b o n e m a* L a g e r h e i m s ab. Die Alge, die L a g e r h e i m untersuchte, war fast doppelt so dick, und sie hat auch dickere Membranen. Jeden-falls weichen sie in Schwärmergrößen und Formen ebenfalls bedeutend voneinander ab.

Beide untersuchten Formen waren annähernd gleich dick, und die Zelle bei beiden 2—3 mal so lang als dick.

Im allgemeinen entsprach die Form und Bewimperung den Angaben K l e b s, L a g e r h e i m s und L u t h e r s [1]), welch letzterer die zweite Geißel an den Zoosporen von *C o n f e r v a* fand.

Bei *T r i b o n e m a m i n u s* fanden sich genau die Schwärmer, wie sie K l e b s abbildet und be-schreibt, die mehr verkehrt-eiförmig, im Querschnitt mehr flach und vorne ein bischen schief abgeschnitten sind; bei der anderen Form *(T r i b o n e m a b o m b y c i n u m f. g e n u i n a)*, die sich eben durch die kleineren zahlreicheren Chromatophoren auszeichnete, waren sie jedoch übereinstimmend mit den Zeich-nungen und Angaben L a g e r h e i m s mehr elliipsoidisch.

Der Augenfleck fehlte bei beiden; die kontraktlichen Vakuolen dagegen waren deutlich zu sehen.

Die Zahl der Chromatophoren wechselt. Bei den Zoosporen von *T r i b o n e m a t e n u e* fanden sich meist zwei, — doch auch drei, ja sogar vier Chromatophoren, letztere doch nur sehr vereinzelt. Bei den Zoosporen der Form *g e n u i n a* waren dagegen 6—8, nur ganz vereinzelt 4, nie dagegen zwei Chromato-phoren vorhanden.

Da ich reichlicheres Zoosporenmaterial erhielt, — die Kulturen froren kaum nach der Aufsammlung während der Ostervakanz ein und bildeten nach dem Auftauen zahlreiche Schwärmer, während sie sich vorher durch keine Mittel dazu bewegen ließen, — nahm ich auch Messungen vor; doch nur an je 120, da sich ja keine Übergänge zwischen einzelnen Zoosporentypen erwarten ließen.

Die Zoosporen von *T r i b o n e m a t e n u e* maßen in Übereinstimmung mit den Angaben von K l e b s 8—12 μ, die Zoosporen von *T r i b o n e m a b o m b y c i n u m f. g e n u i n a* (?) 9—14 μ. Sie entstanden zumeist zu zweien in den Zellen; über das Freiwerden und die Bewegung äußerten sich bereits K l e b s und L a g e r h e i m in zutreffender Weise. Es fanden sich vereinzelt auch ganz große Schwärmer, plump und mit vielen bis doppelt soviel und noch mehr Chromatophoren als gewöhnlich, — die sind sicher, ähnlich wie es auch bei den *U l o t r i c h a l e s* häufig der Fall ist, durch unvollständige oder nicht völlig durchgeführte Teilungen entstanden.

Das Messen der Zoosporen bei *T r i b o n e m a* ist außerordentlich muhselig, da sie gewöhnlich metabolisch sind. Diese Eigenschaft nimmt mit dem Alter des Schwärmers auffallend zu. Ich maß nur Schwärmer, die möglichst regelmäßige Formen zeigten. Dagegen macht die Bewegung der Schwärmer, die meist nicht rotieren, weniger Schwierigkeiten. Bei Zusatz entsprechender Morphiumlösungen, — die Menge muß Fall für Fall, Probe für Probe ausgeprobt werden, — nahmen sie gewöhnlich von selbst die nor-male Form an, worauf die Bewegung rasch langsamer wurde und dann aussetzte. Bei zu starker Konzen-tration machen sich aber wieder nicht selten jene ruckartigen, unvermittelten Formveränderungen bemerk-bar, die oft kurz vor dem Ruhigwerden der Schwärmer beim Auskeimen zu sehen sind.

---

[1]) L u t h e r, Bih. till. kgl. svenska Vet. Akad. Handl. 1899, XXIV., 3, N. 13.

Die Schwärmer der beiden Formen verhielten sich nun nach den Messungen gar nicht so, als daß man annehmen könnte, es handle sich hier bei beiden untersuchten Arten um Formen derselben Arten; vielmehr macht die Vergleichung der Resultate wahrscheinlich, — daß es sich wohl hier um verschiedene Arten handle, die eben nur gleiche Fadendicke zeigen; denn abgesehen von ihrer Form und der ungleichen Zahl ihrer Chromatophoren, weichen die Schwärmer auch in ihrer Längenvariation voneinander ab.

Die gemessenen 120 Zoosporen von *Tribonema minus* verteilen sich in folgender Weise:

8	9	10	11	12 μ
12	36	51	13	8

die von *Tribonema bombycinum* in folgender:

9	10	11	12	13	14 μ
7	13	24	61	4	11

Die beiden nach diesen Angaben kombinierten Kurven (Tafel I, B.) weichen von einander bedeutend ab. Sie verhalten sich, — ich möchte fast sagen, wie die Kurven höherer *Stigeoclonium*-Arten zu denen niedriger Arten. Ich halte eine solche Differenz bei Formen derselben Arten, zu dem noch solche Formen, die in ihrer Zelldicke ziemlich übereinstimmen, oder doch nur geringfügig von einander abweichen, für ganz unwahrscheinlich.

Vielmehr glaube ich, daß es sich in beiden Fällen wirklich um verschiedene Arten handelt, ein Umstand, für den außerdem noch der Umstand sprechen würde, daß die beiden Formen auch in der Form der Schwärmer und ihrer Chromatophoren, sowie in der Zahl und Größe der Chromatophoren der vegetativen Zellen abweichen. Die Unterschiede in den beiden Kurven sind ziemlich bedeutend. Die Scheitel liegen sehr verschieden hoch und die Plurima liegen in verschiedenen Größenlagen.

Gemeinsam haben aber beide Kurven den mählicheren Anstieg zum Wendepunkt und den jäheren Abfall von diesem.

Dieser Umstand macht unwillkürlich an die Makrozoosporenkurven der *Ulotrichales* denken, wo wir diese Formbeschaffenheit der Kurven in Beziehung brachten mit der Differenzierung des zweiten Schwärmertypus der Mikrozoosporen, die solcher Weise ihren Zusammenhang mit den Makrozoosporen dokumentieren.

Es wäre nicht ausgeschlossen, daß auch hier bei *Tribonema (Conferva)* noch ein zweiter Schwärmertypus vorhanden wäre. Lagerheim[1]) berührt die Möglichkeit der Existenz eines zweiten Schwärmertypus:

„Wie aus obiger Darstellung des Verlaufes der Zoosporenbildung bei *Conferva* ersichtlich sein dürfte, sind die Zoosporen als Megazoosporen zu bezeichnen; . . . . ob auch Mikrozoosporen bei *Conferva* vorkommen, ist nicht bekannt, jedoch nicht unwahrscheinlich."

Scherffel[2]) hat außerdem bei einer *Conferva*-Art Kopulation von Isogameten (Zoosporen) beobachtet, und zwar von Zoosporen, die im Gegensatz zu den anderen bekannten Zoosporen von *Tribonema* ein deutliches rotbraunes Stigma besaßen. Leider ist nichts näheres bekannt geworden, — sowie auch die Beobachtung Scherffels bis heutigen Tages meines Wissens nicht wieder gemacht wurde.

Ich darf aber nicht unterlassen hinzuweisen, daß die Beschaffenheit der Kurven der Zoosporen, die ihrem Verhalten ganz der der Makrozoosporen der

---

[1]) Lagerheim, Flora 1889, XXVII, 204.
[2]) Scherffel, Bot. Zeitung 1901, 143 ff.

Ulotrichales analog sind, für die Möglichkeit der Existenz eines zweiten Zoosporentypus bei *Tribonema* spricht und ihn wahrscheinlich macht.

Oedogonium.

Das Auftreten intermediärer Schwärmer bei so vielen *Ulotrichales* gab auch Veranlassung, die Schwärmerverhältnisse anderer Algen zu untersuchen. Besonderes Interesse mußten selbstredend jene Formen verdienen, die nicht mehr isogam sind wie die *Ulotrichales*, sondern heterogam.

Bei den *Ulotrichales* sahen wir drei Zoosporentypen auftreten, die ineinander übergehen, aber unter bedeutenden Reduktionserscheinungen immer differenzierter in ihrer Funktion und Morphologie werden; ein in gewissem Sinne analoges Verhältnis zeigt uns eine in Bezug auf Reproduktion recht hochstehende Chlorophyceen-Familie, die *Oedogoniaceae*.

Wie bei den *Ulotrichales*-Formen mit drei Zoosporentypen und Formen mit zwei Zoosporentypen auftreten, die sich voneinander ableiten lassen, — so sehen wir auch bei den Oedogoniaceen Formen mit drei und solche mit zwei Zoosporentypen. Ich will hier nicht die ganze Literatur über die Reproduktion der Oedogoniaceen rekapitulieren, sie ist vorzüglich zusammengestellt in H i r n s ausgezeichneter Monographie dieser Familie, sowie auch in den K l e b s s c h e n [1]) Untersuchungen; ich müßte zu viel Wiederholungen bringen.

Die einzelnen Zoosporen wurden zuerst durch P r i n g s h e i m [2]) näher in ihrer Bedeutung und Funktion erkannt.

Es treten bei *Oedogonium* zunächst auf: Z o o s p o r e n , die groß sind und sich in ihrem Verhalten völlig mit den Makrozoosporen der *Ulotrichales* decken, — indem sie nach einiger Zeit des Schwärmens sich in verschiedener Weise festsetzen und direkt auskeimen. Es sind rein vegetative Schwärmer.

Die anderen beiden Zoosporentypen finden sich nicht bei allen Oedogoniaceen gleichzeitig. Während bei den *Ulotrichales* von den beiden Zoosporentypen der Mikro- und Gametozoosporen immer nur e i n e r Sexualzwecken dient, — sehen wir bei den Oedogoniaceen beide anderen Typen ausschließlich dem Zwecke der geschlechtlichen Vermehrung untergeordnet, und zwar auch dort, wo sie beide zugleich vorkommen.

Die sexuelle Differenzierung, die bei den Oedogoniaceen nicht bei der Kopulation gleichartiger Gameten stehen blieb, sondern zu typischer Heterogamie vorschritt, bildete allmählich ruhende Eizellen und morphologisch scharf gekennzeichnete männliche Zellen, die Spermatozoiden heran, die sich aber in ihrer Gestalt an die Zoosporen anlehnen.

Bei vielen Oedogoniaceen kommen nun, abgesehen von den Eizellen, nur diese zwei Typen von Schwärmern vor: die großen vegetativen Zoosporen und die Spermatozoiden.

Aber bei vielen anderen Oedogoniaceen findet sich noch ein dritter Schwärmertypus, der morphologisch zwischen den Zoosporen und den Spermatozoiden steht: die Androzoosporen. Dieser dritte Schwärmertypus steht nicht nur morphologisch zwischen Zoosporen und Spermatozoiden, sondern ist auch in seinem Verhalten intermediär. Er hat mit den Zoosporen gemeinsam, daß er im Stande ist, direkt auszukeimen, indem er sich nach einigem Schwärmen in die Nähe der Oogonien festsetzt, und dort kurze, oft einzellige, oft mehrzellige Fäden, die Zwergmännchen,

---

[1]) K l e b s , Bedingungen der Fortpflanzung, 262 ff.
[2]) P r i n g s h e i m , Beiträge zu Morphologie und Syst. der Algen I (Pringsheims Jahrbücher I.)

bildet, die wieder sekundär die Spermatozoiden erzeugen. Mit den Spermatozoiden verbindet diese Andro-zoosporen wieder ihr sexueller Charakter, — sie stellen gewissermaßen die ausgeschlüpften Protoplasten der Spermatozoidenmutterzellen dar, die, wie O l t m a n n s [1]) richtig bemerkt, den letzten Abschluß ihrer Entwickelung in unmittelbarer Nähe der Oogonien vollziehen. Aber gerade diese direkte Keimung der ausgeschlüpften Protoplasten ist ja charakteristisch für die Zoosporen, die ja ebenfalls nichts anderes bei rein vegetativen Zellen bedeuten. An die Zoosporen schließen die Androzoosporen noch dadurch an, daß sie nicht immer als Antheridien fungieren, also daß sie Spermatozoiden erzeugen, sondern auch manchmal kleine vegetative Fäden bilden und nicht mehr ihrer sexuellen Funktion nachgehen, — jene interessanten Fälle, von denen H i r n in seiner bekannten Monographie erzählt.[2])

Nach der Verteilung der Geschlechter zerfallen die Oedogoniaceen in die

g y n a n d r i s c h e n Formen mit Zoosporen; Oogonien und Antheridien an denselben Fäden gebildet; also gewissermaßen einhäusig.

m a k r a n d r i s c h e n : mit Zoosporen; Oogonien und Antheridien an verschiedenen Fäden gebildet; gewissermaßen zweihäusig.

n a n a n d r i s c h e n : mit Zoosporen; Oogonien und Androzoosporangien, deren Androzoo-sporen erst die Zwergmännchen bilden, in welchen erst die Spermatozoiden entstehen; auch die sind wieder einhäusig oder zweihäusig, je nachdem die Androzoosporangien auf denselben oder auf verschiedenen Fäden wie die Oogonien entstehen.

Obwohl die Androzoosporen funktionell und morphologisch intermediär zwischen Zoosporen und Spermatozoiden stehen, so nahm man doch an, daß sie sich nicht von dem ursprünglichen Typus, den Zoosporen herleiten. (O l t m a n n s , Morphologie und Biologie der Algen I., 221). Ich habe aber seinerzeit in einer kleinen Publikation [3]) zu zeigen versucht, und es sei in dieser genannten Arbeit auch auf die einzelnen Punkte, die dafür sprechen, näher verwiesen, daß die Androzoosporen sich wirklich von den Zoosporen ableiten.

Wir sahen bei den *U l o t r i c h a l e s* , daß sich die einzelnen Schwärmertypen nicht scharf abgrenzen, sondern daß je nach der generellen oder spezifischen Entwickelung der betreffenden Alge die einzelnen Typen durch mehr oder minder zahlreiche Übergänge verbunden erscheinen, die aber nur in geringer Zahl ausgebildet werden und nie so häufig sind, als daß die morphologischen Charaktere der einzelnen Typen verwischt würden.

Nun stehen aber die *U l o t r i c h a l e s* auf einer verhältnismäßig niederen Stufe sexueller Ent-wickelung. Die Kopulation der Gameten selbst ist noch fakultativ. Die Gameten haben, sei es, daß die Gametozoosporen kopulieren oder die Mikrozoosporen die sexuelle Funktion ersterer übernommen haben, — noch nicht ausgesprochen sexuellen Charakter, sondern sie sind bei allen *U l o t r i c h a l e s* , soweit sie isogam sind, noch immer imstande, asexuell vegetativ auszukeimen, und zwar ist das, abgesehen von den Gametozoosporen, der durchwegs bei weitem häufigere, die Kopulation der bei weitem seltenere Fall, der nur spärlich auftritt und bei vielen Arten trotz eingehender Untersuchung noch beobachtet wurde. Wir sehen aber bei keiner von sämtlichen isogamen *U l o t r i c h a l e s* , daß zwecks Bildung der Zoosporen oder der Gameten eigene Zellteilungen eingeleitet werden, — nur der Protoplast wandelt sich nach entsprechenden Teilungen in die Zoosporen um. Die Differenzierung der Schwärmertypen ist daher nach keiner Hinsicht eine völlige; es sind Übergänge vorhanden.

Trotzdem nun aber auch die Oedogoniaceen mehrere Schwärmertypen besitzen, so werden doch eben wegen der so ausgeprägten geschlechtlichen Fortpflanzung, der Oogamie, zwischen den einzelnen Zoosporentypen Mittelformen von vornherein kaum sicher zu erwarten sein; und wenn Mittel-formen nachweisbar wären, so könnte man sie am ehesten bei jenen Oedogoniaceen-Formen finden, die zwischen den Eizellen und Spermatozoiden, die Androzoosporen, einschieben.

---

[1]) O l t m a n n s , Morphologie und Biologie der Algen I, 221

[2]) H i r n , Monographie und Ikonographie der Oedogoniaceen, 24, 25.

[3]) P a s c h e r , Über die Zwergmännchen der Oedogoniaceen, Hedwigia 1907, XLVI., 265—278.

Die Unwahrscheinlichkeit, intermediäre Zoosporenformen zu finden, wird bei den Oedogoniaceen noch durch den Umstand erhöht, daß die Bildung der Spermatozoiden wie die der Androzoosporen, durch Teilung der vegetativen Zellen zu Zellen bestimmter Gestalt, den Antheridien oder Androzoosporangien, nicht durch bloße Teilung der Protoplasten, eingeleitet wird.

Gleichwohl untersuchte ich, als ich durch Zufall in den Besitz des Materiales kam, die auftretenden Zoosporen und Androzoosporen auf etwaige Übergänge.

Um reines Zoosporenmaterial zu erhalten, trennte ich einen Teil des Materiales und es gelang auch an den beiden Partien Zoosporen und Androzoosporen hervorzurufen.

Die Zoosporen erhielt ich durch Verdunkelung des Materiales; es wurden aber dabei nicht sehr viele gebildet. Die ganzen Fäden wurden aber fast aufgelöst, als die Probe einmal einfror und wieder auftaute.

Die Androzoosporen rief, — wieder in ganz genauer Übereinstimmung mit den Angaben K l e b s [1], — starke Beleuchtung durch die Sonne hervor, wobei etwas Rohzucker der Lösung beigesetzt wurde. Dennoch fand keine reichliche Androzoosporenbildung statt; ich glaube, daß daran die ungünstige Jahreszeit, Februar-März, und außerdem d e r Umstand Schuld hatte, daß die Alge ursprünglich in einem ganz abnormen Standort, — dem Abflußwasser der Grafitbergwerke um Mugrau, das jahraus, jahrein wärmere Temperatur hat, — wuchs. Vielleicht hing auch damit der Umstand zusammen, daß sich zwar reichliche Ansätze zu Oogonien, nirgends aber befruchtungsfähige oder befruchtete Eizellen, beziehungsweise Eisporen, fanden. Aus dem Grunde war auch eine genaue Bestimmung der 30—35 µ in die Dicke messende, lange flutende Flocken bildenden Art, deren Zellen 2—3 mal so lang als breit waren, nicht möglich. Die Alge hielt sich gar nicht gut in Zimmerkulturen; sie ging innerhalb einer geringen Zahl von Tagen ein.

Daß im Winter die Androzoosporenbildung etwas absetzt, hat auch K l e b s [2] beobachtet:

„Die spezifische Wirkung des Lichtes (er erwähnt dies bei der Besprechung der Fortpflanzungs-verhältnisse bei *Oedogonium diplandrum*) auf den Geschlechtsprozeß läßt sich bisher durch kein Mittel ersetzen, und daher findet auch bei schwacher Beleuchtung im Winter trotz Zuckerlösung die Bildung der Organe viel langsamer statt, als im Sommer bei Wasserkulturen. In schwachem Lichte, im Dunkeln, erfolgt unter keinen Umständen die geschlechtliche Fortpflanzung."

So weit das Allgemeinere.

Die Form der Schwärmer des untersuchten *Oedogonium* war die übliche Zoosporenform dieser Gattung, breit, eiförmig mit scharf abgesetztem hyalinen Vorderende, nicht die fast kugelige Form, wie sie z. B. bei *Oedogonium concatenatum* auftritt. (Vergleiche die Abbildung, die H i r n in seiner Monographie und Ikonographie dieser Familie S. 13 gab.)

Die einzelnen *Oedogonium*-Arten weichen in der Morphologie ihrer Zoosporen gar sehr von einander ab. Es gibt bestimmte Art Gruppen in der Gattung *Oedogonium*, die gleiche Zoosporenform haben, — und die anderen Gruppen mit anderer Zoosporenform scharf gegenüberstehen. Man darf nun nicht glauben, daß die diese durch die Form der Schwärmer sich ergebenden Gruppen decken mit den vorher erwähnten, in der jetzt üblichen Systematik der Oedogoniaceen festgehaltenen Gruppen. Das ist in keiner Weise der Fall. So konnte ich für die Gruppe der Oedogoniaceen, die durch fast kugelige Form, sowie durch ein scharf vorspringendes fast halbkugeliges hyalines Apikal-ende der Schwärmer charakterisiert ist, gynandrische, makrandische und sogar nanandrische Formen finden. Gleiches wird sicherlich auch für die Gruppen der Oedogoniaceen zutreffen, die durch andere Zoosporenformen charakterisiert sind.

D a r n a c h e r g ä b e s i c h , — d a ß d i e j e t z i g e E i n t e i l u n g d e r O e d o g o n i a c e e n e i n e e t w a s k ü n s t l i c h e s e i , — d a ß s i e v i e l l e i c h t *O e d o g o n i u m*- A r t e n , d i e g a r n i c h t e n g e r v e r w a n d t s i n d , z u s a m m e n f a ß t . F e r n e r e r g ä b e s i c h a b e r a u c h d a r a u s , d a ß e i n z e l n e d u r c h i h r e S c h w ä r m e r f o r m c h a r a k t e r i s i e r t e n

[1]) K l e b s , Bedingungen der Fortpflanzung bei einigen Algen und Pilzen, S. 279.
[2]) K l e b s , ibidem, S. 280.

Artgruppen bestünden, die sich jede für sich zu gynandrischen, makrandischen und nanandrischen Formen entwickelt hat. Es scheint mir sogar wahrscheinlich, daß sich nicht alle durch die Schwärmerform charakterisierten Gruppen in diese drei Reihen gespalten haben, sondern daß bei einzelnen Gruppen diese Spaltung unterblieb und sie gynandrisch verblieben. Sowohl Zoosporen als auch Androzoosporen zeigten die angegebene Form. Beide Schwärmertypen waren lebhaft grün.

Die Androzoosporen aber waren viel kleiner und nur ¹/₂—¹/₃ so groß, wie die Zoosporen; sie maßen ungefähr 20 μ in die Länge, die Zoosporen dagegen erreichten eine Länge von 30—53 μ.

Eine oberflächliche Musterung ergab schon, daß sich die Zoosporen der überwiegenden Mehrzahl nach in der Länge um 42 μ bewegen; die Androzoosporen um 19—20 μ. Es fanden sich aber bei beiden Typen größere und kleinere Formen.

Eigene zusammenhängende Messungen von μ zu μ wie bei den *Ulotrichales* wurden hier nicht gemacht. Bei der hohen Differenzierung der Schwärmer war es von vorneherein wahrscheinlich, daß sich, wenn überhaupt, intermediäre Schwärmer nur selten finden würden.

Von 150 vegetativen Schwärmern, die ich untereinander verglich, hatten 105 die Größe zwischen 38 und 42 μ; darüber hinaus fanden sich nur wenige; 28 maßen 42 bis 46 μ und nur vier gingen noch weiter. Kleinere Formen fanden sich auch nur spärlich: zwischen 35—37 μ nur 17; und um 30 μ herum nur zwei, von denen der eine 29 der andere 31 μ maß. Diese beiden kleinsten waren sicher typische Zoosporen; den einen beobachtete ich durch volle 6 Stunden bis er zur Ruhe kam, und zu einem vegetativen Faden auswuchs. Derlei kleine Schwärmer finden sich aber nur sehr selten, in vielen anderen Proben fanden sich überhaupt keine so kleinen Formen.

Die Keimung erfolgte ohne die Bildung der halbkugeligen Basalzelle, wie sie für manche Arten angegeben ist.

Im Gegensatze zur verhältnismäßig großen Längenvariation der Zoosporen schwankten die Androzoosporen nur innerhalb bestimmter enger Grenzen. Das hängt sicher damit zusammen, daß die Bildung der Androzoosporen durch die Abgliederung bestimmter morphologisch charakterisierter Zellen der Androzoosporangien eingeleitet wird, deren Bildung ja schon mehrfach beschrieben wurde. Die kleinsten beobachteten Androzoosporen maßen 16 μ; die größten 25 μ. Die meisten maßen 19—20 μ, kleinere Schwärmer sind häufiger als solche, die größer sind, als die angegebenen Maße.

Demnach ließen sich bei dem untersuchten *Oedogonium* direkte Übergangsstadien zwischen den beiden Zoosporentypen nicht konstatieren; aber die beiden Zoosporentypen nähern sich trotzdem bedeutend, und so sehr, daß es wahrscheinlich wird, die Androzoosporen haben sich aus den vegetativen Zoosporen differenziert und sind bei der hohen Entwicklung der geschlechtlichen Fortpflanzung, insbesonders durch die eigenen Zellteilungen, die zu ihrer Bildung eingeleitet werden, ein morphologisch scharf charakterisierter Schwärmertypus geworden. Dagegen haben die Zoosporen, als der primäre Typus einen verhältnismäßig höheren Variationskreis gewahrt, ähnlich, wie wir auch bei den *Ulotrichales* die Makrozoosporen, als den älteren primären Typus, häufig eine größere Variation besitzen sahen, als die Mikrozoosporen oder die Gameten.

So scheint meine seinerzeit gegebene Ansicht, daß sich die Androzoosporen von den vegetativen Zoosporen herleiten lassen, welche Ansicht sich insbesondere auf die Eigenschaft der direkten Keimung und die eigentümlichen von H i r n beobachteten „vegetativen" Zwergmännchen,[1] die keine Antheridien ausbildeten, stützte, auch durch das Verhalten der beiden Schwärmertypen in ihrer Längenvariation gestützt und wahrscheinlicher gemacht, während sich für die gegenteilige Ansicht, daß die Androzoosporen autotyp seien, — wohl kaum ein Stützpunkt finden läßt.

Leider konnte ich Spermatozoiden nicht in genügender Anzahl beobachten. Da die Androzoosporen bereits stark sexuell alteriert sind, ist aus der Umwandlung der Androzoosporangien zu Antheridien bei den gynandrischen und makrandrischen kein bedeutender Schritt mehr, zudem ja die betreffenden Teilungen ziemlich gleich verlaufen. Für die Ableitung der Spermatozoiden von Zoosporen resp. von Androzoosporen wäre die Konstatierung von Mittelformen zwischen beiden Typen, oder die Konstatierung des Umstandes, daß die einander zu gelegene Grenzweite der Längenvariation einander nahe kommen, von großer Bedeutung. Daß trotz der hohen morphologischen Charakterisierung der Spermatozoiden diese selbst doch noch nicht so ganz sexuell fixiert sind, geht aus der interessanten Beobachtung K l e b s [2] hervor, der „in einem unzweifelhaften Falle" beobachtete:

„daß ein beim Austreten stecken gebliebenes Spermatozoon wieder ergrünte und eine kleine ovale, von Zellhaut umgebene vegetative Zelle bildete."

Daß K l e b s selbst an eine Beziehung zwischen den Spermatozoiden und den anderen beiden Zoosporentypen denkt, geht aus dem folgenden Satze hervor:

„In dem Spermatozoon ist bei aller seiner speziellen Ausbildung als Befruchtungselement noch schwach die Möglichkeit für die Entwicklung der ganzen vegetativen Pflanze vorhanden."

Nun haben aber die Androzoosporen, nach den Beobachtungen H i r n s [1] die Fähigkeit, gelegentlich kurze und asexuelle Fäden zu bilden, und auch die Spermatozoiden, allerdings nur sehr selten, die Fähigkeit, so wie die Zoosporen asexuell auszukeimen, — wird da nicht die Verwandschaft der drei Zoosporentypen, der Spermatozoiden, Androzoosporen und Zoosporen wahrscheinlich gemacht?

Und die Kenntnis der Variationsweite der beiden untersuchten Zoosporentypen hat die Wahrscheinlichkeit dieser Annahme noch erhöht. Diese Annahme hat aber auch das phylogenetische Verhältnis der einzelnen Ödogoniaceengruppen in anderem Lichte erscheinen lassen. Ich verweise aber darüber näher auf meine zitierte Arbeit in der „Hedwigia".

———

Ähnlich wie uns die Kenntnis der Variation der Schwärmer bei den *Ulotrichales*, die Verschiedenheit der Reproduktion bei einzelnen Arten und Gattungen verständlicher machte, so scheint sie uns auch die Kenntnis der Verwandtschaft der einzelnen Gruppen von *Tribonema* zu fördern. Ich glaube bestimmt, daß sich unter Berücksichtigung und Mitverwendung der morphologischen Merkmale der anderen vegetativen Stadien und der Variation der Vegetationsorgane, eben die genaue Kenntnis der Morphologie der Schwärmer respektive ihrer Größenvariation mitverwenden läßt zur Art- und Gruppenumgrenzung dieser schwierigen Gattung. In der jetzigen Systematik der Algen beginnt die Beurteilung der Reproduktionsverhältnisse eine Rolle zu spielen, und die genaue Kenntnis einzelner Zoosporenformen hat uns wichtige Dienste geleistet; ich verweise auf die Klarlegung der natürlichen Gruppe der *Heterokontae*. Die Fortpflanzungsverhältnisse der einzelnen Arten aber, soweit sie bekannt sind, scheinen mir viel zu wenig mitverwendet worden zu sein. Allerdings wurden die einzelnen Algengenera mehr nach der Morphologie der Vegetationsorgane durchforscht, und man hat weniger zusammenhängende Untersuchungen

[1] H i r n, Monographie und Ikonographie der Ödogoniaceen, S. 24, 25.
[2] K l e b s, Bedingungen der Fortpflanzung bei einigen Algen und Pilzen S. 280.

gemacht über die Reproduktion der einzelnen Arten innerhalb bestimmter Gattungen. Ich kann mich des Gefühls nicht erwehren, als wäre bei der Umgrenzung und systematischen Stellung mancher Gattung die betreffende Spekulation viel zu wenig auf Beobachtung und Experiment basiert.

Wir finden nun in den einzelnen Handbüchern bei den einzelnen Algengenera die Reproduktion und die Schwärmergröße sowie deren Form gar nicht näher angeführt, viel weniger verwertet, und die Charakteristik wird auf Merkmale der vegetativen Stadien, die in ihrer Variabilität und deren Abhängigkeit zu den äußeren Faktoren man großenteils gar nicht näher kennt, gegründet. So sind bei den Oedogoniaceen ziemlich viel Arten auf Form und Größe der Zoosporen untersucht; man wird aber in der sonst ausgezeichneten Hirnschen Monographie vergeblich nach Angaben über die Größenverhältnisse von Zoosporen, Androzoosporen und Spermatozoiden suchen. Nun sind aber diese Angaben bei den Oedogoniaceen nicht von wesentlichem Belang deshalb, weil ja die Systematik mit Berücksichtigung der Eisporen und deren biologischen Accessorieen ziemlich eindeutig gemacht werden kann, weil wir gerade über die Morphologie der reifen Oogonien gut unterrichtet sind, wobei allerdings, wie ich glaube, nur ein künstliches System gepflegt wird, das der Phylogenie der einzelnen Artgruppen nicht Rechnung trägt, — aber bei wie viel, sagen wir bei den meisten Gattungen, haben wir überhaupt kein derartig verläßliches Hilfsmittel; ich verweise z. B. auf *Ulothrix*, die, wie ich noch auseinandersetzen will, allem Anscheine nach aus zwei verschiedenen Formgruppen besteht, auf *Stigeoclonium*, von dem ich in analoger Weise *Iwanoffia* abgetrennt habe, auf *Tribonema*, von dem wir zwei Arten näher besprochen haben, auf *Protococcus*, *Mikrospora* und viele, viele andere Gattungen.

Speziell bei *Tribonema* glaube ich, wird eine eingehende Untersuchung der Reproduktion zu einer besseren Einleitung und Umgrenzung führen. Die Beschaffenheit der Membran spielt eine bis zu einem gewissen Grade untergeordnete Rolle, da sie wohl auch von äußeren Umständen abhängig ist, und von der Beschaffenheit der Membran hängt nun wieder die größere oder geringere Brüchigkeit der Fäden ab

Und so, wie wir gesehen haben, daß sich zwei *Tribonema*-Arten, die in ihrer Morphologie, abgesehen von den Chromatophoren, ziemlich übereinstimmen, sich ganz wesentlich in der Form und Größe und der Variation der Schwärmer unterscheiden und darin gar wohl von einander zu scheiden sind, so werden sich auch, glaube ich, die anderen Arten mit steter Berücksichtigung der Morphologie der vegetativen Stadien scheiden und erkennen lassen, wenn man die Morphologie und Variation der Schwärmer berücksichtigt, woraus sich dann eine natürliche Gruppierung der einzelnen Arten von selbst ergibt.

Solange aber diese Verhältnisse nicht genau untersucht sind, und darin ist fast alles erst zu erarbeiten, wäre es aber verfehlt, Zusammenziehungen vorzunehmen; denn nichts ist abschreckender, mühevoller und von so zweifelhaftem Erfolge begleitet als die Trennung voreilig zu einer großen Sammelart zusammengeworfener Formen, besonders wenn diese Zusammenfassung unter Berücksichtigung eines unwesentlichen Merkmales erfolgte. Man braucht nicht starker Gegner jedes „Polymorphismus" zu sein, wenn man für jede Zusammenziehung eine gründliche vorhergehende Untersuchung verlangt.

Bei den Oedogoniaceen wird uns die Methode weniger Erfolg bieten. Hier haben sich andere sekundäre morphologische Merkmale entwickelt und sind zu solch feinen abgestuften und konstatierbaren Charakteren vorgeschritten, daß sich die Systematik derzeit mit Recht darauf stützt; ob aber die darauf gegründeten Einheiten wirklich phylogenetisch von einander ableitbar und ob nicht manchmal Glieder paralleler aber verschiedener Entwicklungsreichen zusammengefaßt wurden, dieses Bedenken ist sicher nicht *a limine* zurückzuweisen. Vielleicht hilft uns hier die genaue Kenntnis der Zoosporen hinüber und läßt die heute übliche Charakteristik mehr sekundär erscheinen, ich habe ja diese Umstände schon oben erwähnt.

II. Teil.

Untersuchungen
über die Entwickelungsgeschichte der Zoosporen
mit besonderer Rücksichtnahme auf intermediäre
Schwärmerformen.

Im ersten Teile dieser Arbeit wurde der Nachweis erbracht, daß Zwischenformen zwischen den einzelnen Zoosporentypen im allgemeinen bei solchen Algen verbreitet sind, bei denen die sexuelle Differenzierung der Gameten noch tief steht oder noch nicht vorhanden ist. Die Häufigkeit dieser Zwischenformen steht, wie im vorhergehenden Teile wiederholt angegeben wurde, in Beziehung zur Entwickelung und Organisationshöhe der betreffenden Algen, resp. zur Differenzierung ihrer Zoosporentypen.

Wir sehen, daß bei verhältnismäßig vegetativ weniger hoch entwickelten Algen, wie bei *Ulothrix*, trotz der Ausbildung von drei Schwärmertypen, die Zahl der intermediären Schwärmer größer, das Zwischengebiet der Kurven bedeutender war, als bei den höher entwickelten, von *Ulothrichaceen* morphologisch sich ableitenden *Stigeoclonium*-Arten und *Draparnaudia*, so wie wir auch sahen, daß sich innerhalb der Gattung *Stigeoclonium* die Reduktion des einen Zoosporentypus mit der vorschreitenden morphologischen Entwicklung vollzieht.

Die eigentlich intermediären Schwärmer stehen gewöhnlich in Bezug auf mehrere charakteristische Merkmale, die zu einander in Korrelation stehen, intermediär; so nahm mit der abnehmenden Größe der Makrozoosporen die Zahl der wie Mikrozoosporen stigmatisierten Schwärmerformen zu, und das analoge Gegenteil war bei den Mikrozoosporen der Fall. Die Zahl der intermediären Schwärmer nimmt aber mit der vorschreitenden Organisationshöhe ab. Ich habe versucht, diesen Umstand in den einzelnen Tafeln graphisch klar zu machen.

Haben wir uns nun im ersten Teile damit beschäftigt, die Existenz solcher intermediärer Schwärmer bei einzelnen Algen und die Häufigkeit ihres Auftretens, die Art und Weise der Übergänge der Zoosporentypen kennen zu lernen, so möge hier im zweiten viel kleineren Teile davon die Rede sein, wie sich diese Schwärmer entwickelungsgeschichtlich verhalten, ob sich die intermediären Schwärmer auch in ihrer Entwickelungsgeschichte intermediär verhalten.

Notiz über das physiologische Verhalten der intermediären Schwärmerformen.

Interessant wäre es wohl auch der Frage nachzugehen, wie sich diese intermediären Schwärmer physiologisch verhalten; z. B. in ihrem Verhalten gegenüber dem Lichte.

Die verschiedenen Zoosporentypen der *Ulotrichales* verhalten sich nämlich, — wie von Dodel-Port bis Klebs fast in jeder Publikation, die sich mit ihnen beschäftigte, angegeben wird, nicht gleich unter der Einwirkung des Lichtes. Die Wirkung des Lichts ist bei den einzelnen Typen sehr verschieden, die Lichtempfindlichkeit ist keineswegs überall die gleiche. So sind die Mikrozoosporen gewöhnlich lichtempfindlicher als die Makrozoosporen, und im Standglase sammeln sich die Makrozoosporen und Mikrozoosporen unter dem Einflusse des Lichts an verschiedenen Stellen an.

Ich habe diese Eigenschaften öfters dazu benützt, um Zoosporenmaterial in die einzelnen Typen zu trennen, und sie gab, vorausgesetzt, daß nicht sekundäre störende Momente auftraten, gute Resultate. Die Makrozoosporen setzen viel in Form eines breiten Ringteiles an, die Mikrozoosporen meist von den Makrozoosporen abgerückt, in Form eines grünen Nebels oder Wölkchens. Selbstverständlich gelingt das nur bei einer günstigen Lichtintensität. Bei zu starker Bestrahlung macht sich der störende Einfluß in der minder weitgehenden oder völlig ausbleibenden Sonderung bemerkbar. Darüber findet man ja in allen einschlägigen Werken die Angaben.

Was nun das physiologische Verhalten der intermediären Schwärmer anbelangt, so äußert sich K l e b s bei der Untersuchung der Fortpflanzungsbedingungen von *Ulothrix zonata*[1]).

„Die (. . . . für die einzelnen Zoosporentypen . . . .) angegebenen Charaktere beziehen sich auf die Hauptmasse der Individuen einer Schwärmerform. Wie sich in morphologischer Beziehung alle Übergänge zwischen den drei ersten Schwärmerformen finden, so ist sicherlich das gleiche auch für die physiologischen Eigenschaften der Fall.''

Der Frage, ob dies wirklich der Fall ist, konnte ich nicht eigene Untersuchungen widmen, einerseits nahmen die entwickelungsgeschichtlichen Untersuchungen viel Mühe in Anspruch, andererseits fiel diese Frage aus dem Rahmen der Untersuchungen heraus.

E s l i e g t a b e r d i e V e r m u t u n g n a h e , d a ß b e i d i e s e n Z w i s c h e n f o r m e n i n B e z u g a u f d i e L i c h t e m p f i n d l i c h k e i t m e h r d i e C h a r a k t e r i s i e r u n g d u r c h d i e L a g e u n d F o r m d e s S t i g m a , a l s d i e d u r c h d i e G r ö ß e e i n e R o l l e s p i e l t ; u n d e s s i n d j a M a k r o - u n d M i k r o z o o s p o r e n b e i d e n m e i s t e n b i s j e t z t u n t e r - s u c h t e n A r t e n i n d e r L a g e , u n d s o g a r i n d e r F o r m d e s S t i g m a v e r s c h i e d e n .

Ich konnte nur bei *Stigeoclonium tenue* (?) diese Vermutung näher prüfen.

Von dieser Alge, deren Makrozoosporen unter der Mitte, deren Mikrozoosporen im vordern Drittel stigmatisiert sind, stand reichliches Zoosporenmaterial beider Typen zur Verfügung. Das Standglas mit dem Zoosporenmaterial wurde in die Nähe des Fensters gestellt. Die Makrozoosporen bildeten an den vorderen Wandpartien einen breiten Ring, die Mikrozoosporen mehr davon abgerückt eine Ansammlung, die mehr einer grünen Wolke glich. Das geschieht, wie bereits erwähnt, bei nicht zu greller Beleuchtung.

Diese beiden Zonen sind aber nicht scharf getrennt, sondern es finden sich immer Schwärmer zwischen den beiden Schwärmerhaufen, die die Verbindung zwischen ihnen herstellen.

Man kann nun vorsichtig mit den absolut sauberen Pipetten, es wurde für jede Entnahme eine eigene Pipette verwendet, um Vermischungen vorzubeugen, aus jedem beliebigen Teile der Schwärmer- haufen Zoosporen herausnehmen und untersuchen, ohne daß die Zusammenordnung der Schwärmer gestört wird.

Bei der Untersuchung der entnommenen Proben zeigte sich nun die auffallende Tatsache, daß in d e n b r e i t e n Z o o s p o r e n s t r e i f e n a m G l a s e s i c h n u r M a k r o z o o s p o r e n f a n d e n , u n d z w a r F o r m e n , d i e z w a r a l l e m ö g l i c h e n G r ö ß e n z e i g t e n , a b e r i n d e r L a g e d e s S t i g m a ü b e r e i n s t i m m t e n u n d d a s t y p i s c h e M a k r o - z o o s p o r e n s t i g m a d i e s e r A r t z e i g t e n .

Proben, die aus der Mikrozoosporenwolke entnommen waren, zeigten Analoges. A u c h h i e r f a n d e n s i c h M i k r o z o o s p o r e n i n a l l e n d e n G r ö ß e n l a g e n , d i e w i r s e i n e r - z e i t f ü r s i e k e n n e n g e l e r n t h a b e n ; a b e r a l l e h a t t e n d a s t y p i s c h e M i k r o - z o o s p o r e n s t i g m a .

Anders verhielten sich die Schwärmer aus dem Raume zwischen den beiden Ansammlungen. Sie waren nur in geringer Zahl vorhanden.

S i e z e i g t e n w o h l a u c h s e h r v e r s c h i e d e n e G r ö ß e n ; hatten aber auch in der Mehrzahl intermediäre Stigmenlagerung und Stigmenform. H i e r f a n d e n s i c h d i e e i g e n t - l i c h e n i n t e r m e d i ä r e n F o r m e n , d i e s o w o h l i n G r ö ß e a l s a u c h i n d e r S t i g m a t i s i e r u n g e i n e Z w i s c h e n s t e l l u n g e i n n a h m e n , u n d z w a r s o h ä u f i g , d a ß d i e u n g e m e i n g e r i n g e Z a h l d e r a r t i g e r i n t e r m e d i ä r e r F o r m e n i n d e n M a k r o z o o s p o r e n - u n d M i k r o z o o s p o r e n - A n s a m m l u n g e n a u f f a l l e n d w a r d .

[1]) K l e b s, Bedingungen etc., S. 324.

Ich kann mir die Sache nur so erklären, daß die Lagerung, und wahrscheinlich die mit der abweichenden Lagerung verbundene abweichende, für die
gewöhnlichen Untersuchungen nicht bemerkbare Beschaffenheit des
Stigma in Beziehung steht zur Nüancierung der Lichtempfindlichkeit:
sodaß sich in einem Falle die Makrozoosporen wegen ihres charakteristischen Stigma und der daraus resultierenden Lichtempfindlichkeit mehr
am Rande sammeln und sich die Mikrozoosporen analog verhalten, — während
die intermediär stigmatisierten Schwärmer sich eben wegen der intermediären
Lage des Stigma auch bezüglich ihrer Lichtempfindlichkeit intermediär verhalten.

Die Sache ist aber in keiner Weise noch sicher und völlig spruchreif. Sie bedarf sicher noch eingehender Untersuchungen umsomehr, als diese Verhältnisse nicht immer wiederkehren. So fand ich diese
Verteilung der Schwärmer bei manchen Schwärmerproben gar nicht so ausgesprochen, während sich in
anderen Fällen die intermediären Schwärmer merkbar häuften. Genaue Resultate ergeben wohl nur
exakte Versuche, bei denen auch genaue Zählungen vorgenommen werden müßten. Die Versuche müßten
auch deswegen äußerst exakt gemacht werden, da ja die Lichtempfindlichkeit sehr leicht von äußeren
Einflüssen abhängig ist. So spielen sicher, soweit ich merken konnte, bei den Zoosporen Temperaturdifferenzen, starke vorhergegangene Beleuchtung, im Wasser gelöste Substanzen mit. So konnte doch
Klebs[1]) seinerzeit nachweisen, daß eine 0.2—0.5% Nährlösung die Lichtempfindlichkeit der Mikrozoosporen von *Ulothrix* aufhebt. Dann scheint auch die Jahreszeit einen Einfluß auszuüben, ähnlich
wie ihn Jost seinerzeit an *Volvox* beobachtet hat, wie in Oltmanns' Morphologie und
Biologie der Algen II., 222 zu lesen ist.

Die Ansammlung von Makro- und Mikrozoosporen läßt sich verhindern durch Zusatz von Morphium-
oder Cocainlösungen; doch darf dieser Zusatz nicht zu bedeutend sein, damit die Bewegungsfähigkeit nicht
zu sehr irritiert wird. Bestimmte Konzentrationsangaben lassen sich nicht machen, da ja der Reizzustand
der Zoosporen recht verschieden ist und innerhalb kurzer Zeit ungemein schwankt. Deshalb gelingt das
Experiment nicht immer. Sicher spielt beeinflussend mit, vorhergegangene starke Beleuchtung und
Temperaturdifferenzen. Doch wäre das alles noch genau zu untersuchen; vielleicht dienten diese Untersuchungen als Anregungen zu Untersuchungen in dieser Richtung.

In ähnlicher Weise lassen sich aber auch in einzelnen Fällen durch Zusatz entsprechender Morphium-
oder Kokainlösungen die bereits erfolgten Ansammlungen wieder zerstreuen.

[1]) Klebs, Bedingungen etc., 320.

A) Allgemeiner Teil.

Wichtiger als die Frage nach dem physiologischen Verhalten dieser intermediären Schwärmer erschien mir die Frage nach der Entwickelungsgeschichte derselben.

Die einzelnen Zoosporentypen der *Ulotrichales,* — und von dieser Familienreihe kann hier nur die Rede sein, — da bei den anderen untersuchten Gruppen intermediäre Schwärmerformen nicht so gesichert erscheinen, — verhalten sich in ihrer weiteren Entwickelungsgeschichte in ganz bestimmter Weise, die für jeden Typus verschieden ist. Die M a k r o z o o s p o r e n keimen ohne ein Dauerstadium zu bilden direkt aus. Die M i k r o z o o s p o r e n und G a m e t e n haben zwar bei den einzelnen Arten bestimmtes Verhalten, variieren aber darin bei manchen Arten.

Bei *Ulothrix zonata* verhalten sich M a k r o z o o s p o r e n wie gerade angegeben. Die M i k r o z o o s p o r e n keimen ebenfalls ohne ein Dauerstadium zu bilden direkt aus, aber bedeutend langsamer; das ist unzweifelhaft der Fall; ich konnte aber unzweifelhaft auch einzelne sich encystierende Mikrozoosporen (Mikrocysten) sehen. Die G a m e t o z o o s p o r e n dagegen kopulieren oder sie encystieren sich asexuell zu Cysten.

Bei *Stigeoclonium longipilum* verhalten sich die Makrozoosporen normal; die Mikrozoosporen bildeten Aplanosporen oder nach verschiedener Zeit des Schwärmens Ruhestadien (Mikrocysten); über das Verhalten der zweiwimperigen, den Gametozoosporen von *Ulothrix* entsprechenden Schwärmer, wissen wir nichts.

Bei *Stigeoclonium fasciculare* führen sich die Makrozoosporen entsprechend ihrem Charakter auf; die Mikrozoosporen dagegen bilden Aplanosporen oder Mikrocysten oder sie kopulieren.

Bei *Stigeoclonium tenue* haben wir nur zwei Zoosporentypen, Makrozoosporen wie früher, und Mikrozoosporen, die wie bei *Stigeoclonium fasciculare* funktionieren.

Stigeoclonium nudiusculum ist wie *Stigeoclonium tenue*. Bei *Draparnaudia glomerata*, die sich in ihrer Reproduktion mit dem letztgenannten *Stigeoclonium* deckt, kopulieren die Mikrozoosporen aber meist in einem amoeboiden Stadium.

a) Zur Deutung der Entwickelungsgeschichte der Mikrozoosporen von *Ulothrix zonata*.

Ich möchte hier gleich auf die Deutung gewisser entwickelungsgeschichtlicher Momente, die uns später verwertbar werden, eingehen.

Die Keimung der Aplanosporen und Mikrocysten erfolgt bei den Chaetophoroiden meistens in d e r Weise, daß die dicke rote Membran aufklappt, der Inhalt austritt und zu einer neuen Pflanze auswächst. Es kommen aber Fälle vor, daß die Encystierung der Mikrocysten gar nicht weit geht oder auch fast unter. bleibt, und die Ruhezelle sich nach einiger Zeit einfach streckt und direkt auswächst.

Bei den Mikrozoosporen von *Ulothrix zonata* finden wir etwas dem letzteren Falle ähnliches. Hier kommen auch die Mikrozoosporen zur Ruhe, aber sie encystieren sich meist nicht; sondern sie bleiben eine Weile und wachsen dann langsam aus, ohne ein eigentliches Dauerstadium geliefert zu haben; eine Encystierung konnte nur selten, aber doch beobachtet werden.

Was bei den Mikrozoosporen von *Ulothrix* die Regel ist, erscheint bei den Mikrozoosporen der Chaetophoroiden nur mehr ausnahmsweise, und was für die Mikrozoosporen der untersuchten Chaetophoroiden als charakterisierend anzusprechen ist, erscheint bei den Mikrozoosporen von *Ulothrix* erst ausnahmsweise.

Dagegen hat bei *Ulothrix* der Gametozoosporentypus die Fähigkeit, Dauerstadien zu bilden. Nun sahen wir seinerzeit, daß sich bei *Ulothrix* zwischen die Makrozoosporen und die Gametozoosporen der Schwärmertypus der Mikrozoosporen morphologisch einschiebt und nach beiden Seiten recht stark übergeht und der sich eben bezüglich der Weiterentwicklung von den Zoosporen durch sein langsames Auskeimen scheidet.

Bei den Chaetophoroiden aber sehen wir die Mikrozoosporen nur mehr Cysten bilden, die Gametozoosporen aber immer und mehr rückgebildet und schließlich schwinden, je mehr die Mikrozoosporen sexuelle Funktion übernehmen.

Stellt nicht dies eigentümliche Verhalten der Mikrozoosporen bei *Ulothrix*, dies gegen die Makrozoosporen verzögerte Auskeimen, den ersten Schritt zur beginnenden Anpassung an eine Ruhezeit, den Beginn einer Umwandlung in Dauerstadien dar?

Daß bei *Ulothrix* selbst die Mikrozoosporen keine Dauerstadien liefern ist leicht verständlich, da hier ja eben die Gametozoosporen diese Eigenschaften haben. Aber ausnahmsweise bilden bereits hier einzelne Mikrozoosporen die Cysten, — der Umstand deutet die verzögerte Auskeimung ganz sicher als den Beginn der Bildung von Dauerstadien. Bei den Chaetophoroiden aber sehen wir die Gametozoosporen rückgebildet und schließlich verschwinden. — Die Mikrozoosporen haben, während bei *Ulothrix* ihre biologische Funktion im Sinne der Bildung von Dauerstadien erst angedeutet ist, hier diese biologische Funktion ganz und voll übernommen, und sind die eigentlichen Vermehrungsorgane bei ungünstigen äußeren Verhältnissen geworden.

Das könnte man nun so deuten, daß selbst bereits bei *Ulothrix* jene Rückbildung einsetze, die bei den Chaetophoroiden zur Ausmerzung des ganzen Gametozoosporentypus geführt hat. Zwar kopulieren bei *Ulothrix* die Gametozoosporen nach, zwar bilden sie noch asexuelle Dauerstadien, — aber die Mikrozoosporen zeigen bereits den ersten Ansatz ähnliches zu tun; sie keimen zwar noch direkt aus, aber sehr verzögert und bilden sehr vereinzelt, — wie ich es allerdings nur einigemale sah, ebenfalls Dauerstadien. Je mehr nun die Gametozoosporen rückgebildet werden, desto mehr wird die biologische Funktion der Mikrozoosporen als Bildner von Dauerstadien fixiert, — und da die Gametozoosporen mit der höheren Entwickelung der Algen verschwinden, übernehmen die Mikrozoosporen sogar sexuelle Funktion und werden zu Gameten, die sich aber die Eigenschaft, asexuelle Dauerstadien zu liefern, völlig gewahrt haben. Die Mikrozoosporen verhalten sich also schließlich genau so wie die Gametozoosporen, — und ihr entwickelungsgeschichtlicher Zusammenhang mit den zweiwimperigen Schwärmern kann nur mehr aus dem rudimentären Auftreten zweiwimperiger Schwärmer bei den Chaetophoroiden und ihren oben erwähnten Keimungsrückschlägen geschlossen werden.

Es ist aber noch eine andere Deutung für das eigentümliche Verhalten, unentschiedene entwickelungsgeschichtliche Verhalten der Mikrozoosporen bei *Ulothrix zonata* — das umsomehr auffällt, als sonst gerade die Mikrozoosporen bei den anderen Ulotrichaceen wohl charakterisiert sind — zu finden.

Unter den *Ulothrichaceen* gibt es noch eine Reihe, — ich kam bereits wiederholt auf sie zurück, — die von den anderen Formen dadurch abweicht, daß sie überhaupt keine vierwimperigen Mikrozoosporen, sondern nur vierwimperige Makrozoosporen und zweiwimperige Gametozoosporen hat. Der Mikrozoosporentypus ist bei dieser Reihe völlig ausgefallen.

Das eigentümliche unentschiedene Verhalten der Mikrozoosporen bei *Ulothrix zonata* könnte nun vielleicht als Beginn dieser Reduktion der vierwimperigen Mikrozoosporen der genannten Reihe gedeutet werden, — welche Reduktion ja hier mit völliger Ausmerzung des Mikrozoosporentypus endigt.

Dagegen scheint nun aber der Umstand zu sprechen, daß bei *Ulothrix zonata* die Mikrozoosporen funktionell sich, ja noch sehr an die Makrozoosporen anlehnen.

Ulothrix zonata scheint mir nun in der Tat in inniger Beziehung mit obiger Reihe, die mit ·Makrozoosporen und zweiwimperigen Gametozoosporen ausgestattet ist, zu sein, — aber in der Weise, daß sie direkt an diese Reihe anschließt, — und eben durch die beginnende Differenzierung der vierwimperigen Mikrozoosporen hinüberleitet zu jenen Formen, die diesen Mikrozoosporentypus bereits scharf umrissen haben, — daß aber, den in dieser ersten Reihe und noch bei *Ulothrix zonata* scharf präzisierten zweiwimperigen Gametozoosporentypus, allmählich reduzieren und mit der Zeit ganz ausfallen lassen.

Dieses eigentümliche Verhältnis macht vielleicht folgendes Schema klar:

	Makro-	Gameto-	Mikro-Zoosporen
Ulothrix flaccida . . .	typisch	typisch (und sexuell)	—
Ulothrix zonata	typisch	typisch (und sexuell)	noch nicht typisch differenziert
Stigeoclonium longipilum	typisch	im Beginn der Reduktion wahrscheinlich n o c h sexuell	weiter differenziert
Stigeoclonium fasciculare	typisch	reduziert bereits asexuell	typisch und sexuell
Stigeoclonium tenue und die andern untersuchten Chaetophoroiden.	typisch	—	typisch und sexuell

Ich komme ja auf alle diese Verhältnisse nochmals zurück. Es ist aber interessant, daß uns die genaue Kenntnis der Entwickelungsgeschichte der einzelnen Zoosporentypen Beziehungen zwischen den einzelnen Gruppen der *Ulotrichales* ermitteln läßt, die, wie ich glaube, von ausschlaggebender Bedeutung für unsere Kenntnis der natürlichen Verwandtschaft dieser Formen sind.

b) Über die Entwickelungsgeschichte der intermediären Schwärmerformen.

Wir wollen uns jetzt der Entwickelungsgeschichte der intermediären Schwärmer zuwenden. Die Hauptfrage ist die: verhalten sich die intermediären Schwärmer in ihrer Entwickelungsgeschichte entsprechend ihrer Morphologie oder schließen sie sich dem einen oder dem anderen Zoosporentypus an? Dieser Frage wurde, soweit ich die mir zur Verfügung stehende Literatur einsehen konnte, nicht näher nachgegangen. Bei den Phaeozoosporen dagegen findet sich eine analoge Frage von mehreren Autoren angeschnitten. Es sind dies die neutralen Schwärmer, die von B e r t h o l d , S a u v a g e a u und

O l t m a n n s mehrfach beobachtet und untersucht wurden, deren Deutung aber noch nicht klar ist; ich verweise über ihre Analogien zu unseren intermediären Schwärmern auf das früher Gesagte.

Über die Entwickelungsgeschichte der intermediären Schwärmer fand ich noch weniger Angaben als über diese selbst. Es werden sich eventuell in den einzelnen algologisch-floristischen Beiträgen gelegentliche Beobachtungen niedergelegt finden, doch ist es unmöglich alle diese zu erhalten und durchzusehen. Ich konnte nun allerdings nicht der ganzen Literatur habhaft werden, aus deren Titeln vielleicht hieher Bezügliches zu entnehmen gewesen wäre, abgesehen von den Bemerkungen K l e b s', die ich schon wiederholt zitiert habe und seinen Beobachtungen an den Zoosporen von *Oedogonium*, die bei Besprechung dieser Alge verwertet wurden, fand ich Vermutungen bei I w a n o f f [1]) in seiner Abhandlung über das *Stigeoclonium terrestre*. Die Angaben D o d e l - P o r t s scheinen mir hier deshalb nicht verwertbar, da D o d e l - P o r t noch nicht alle die einzelnen Schwärmertypen kannte.

I w a n o f f konstatiert bei seinem *Stigeoclonium terrestre (Iwanoffia terrestris* P a s c h e r), wie bereits mehrfach erwähnt, die Existenz von Schwärmern, die zwischen den Makrozoosporen und Mikrozoosporen stehen und spricht sich auch über ihr entwickelungsgeschichtliches Verhalten allerdings nur in Vermutungen aus:

„Es ist notwendig zu bemerken, daß man, obgleich die besprochenen Unterschiede der zwei Typen von Zoosporen (. . . Makrozoosporen und Mikrozoosporen . . .) in der Mehrzahl der Fälle sich sehr scharf äußern, einen Übergang von dem einen Typus zum anderen vorstellende Gebilde beobachten kann. . . . . Die aus ihnen (. . . eben geteilten Zellen . . .) hervorgegangenen Zoosporen werden etwas Mittleres zwischen den Makrozoosporen und den Mikrozoosporen vorstellen. Sie werden zum Wachstum und zur Teilung befähigt sein, doch freilich nicht zu so energischem und raschem wie die Mikrozoosporen.

Bei der Keimung kann man in der Tat solche untypische Gebilde sehen.“

I w a n o f f bildet auch in der Tat solche untypische Gebilde ab, sie sind allem Anscheine nach aus den Mikrozoosporen nahestehenden Schwärmern hervorgegangen, haben sich jedoch nicht encystiert, sondern bald gestreckt. Ich wage die Frage nicht zu entscheiden, ob die gezeichneten Stadien in der Tat intermediären Schwärmern ihren Ursprung verdanken, — denn I w a n o f f gibt nichts an über die Zeit des Auskeimens noch über die Morphologie der betreffenden Schwärmer.

Da nun die Makrozoosporen und Mikrozoosporen in ihrem Verhalten recht different sind, besonders dort, wo die Mikrozoosporen bereits imstande sind, Dauerstadien zu liefern, schien es angezeigt, gerade in dieser Richtung hin dem Verhalten der intermediären Schwärmer nachzugehen.

Ich habe in meinen kleinen Abhandlungen über die Reproduktion verschiedener *Stigeoclonium* - Arten diese Frage bereits mehrfach berührt: so in der Notiz über die Reproduktion von *Stigeoclonium nudiusculum* [2]) das Verhalten von intermediären Schwärmern erwähnt, die sich den Mikrozoosporen näherten und sich auch wie diese verhielten; ferner bei der Betrachtung der Zwergmännchen der Ödogoniaceen[3]), wo ich, nachdem die vorliegenden Untersuchungen bereits abgeschlossen waren, erwähnte, daß d e r l e i i n t e r m e d i ä r e S c h w ä r m e r b e i d e n C h a e t o p h o r o i d e n gerne jene eigentümlichen Zwergstadien, die Zwergkeimlinge liefern, die s c h o n m e h r f a c h e r w ä h n t w u r d e n, — und zwischen welchen und den Zwergmännchen der Oedogoniaceen ich seinerzeit Beziehungen vermutet habe.

---

[1]) I w a n o f f, Über neue Algen etc. (Bull. soc. imp. d. nat. d. Mosc., [1899] 423 ff.

[2]) P a s c h e r, Archiv für Hydrobiologie und Planktonkunde, 1906, 433.

[3])   „   Hedwigia, XLVI, 265 ff.

Derlei Zwergkeimlinge finden sich mehrfach erwähnt. B e r t h o l d [1]) hat sie bei *C h a e t o - p h o r a* beobachtet. I w a n o f f [2]) sah solche an *S t i g e o c l o n i u m   t e r r e s t r e* allerdings in einer modifizierten Akinetenform. K l e b s [3]) gibt ähnliche nanistische Formen für *O e d o g o n i u m* an; von *D r a p a r n a u d i a   g l o m e r a t a* kamen mir seinerzeit derartige nanistische Keimlinge unter; ich [4]) erwähnte Zwergkeimlinge in meinen schon mehrfach zitierten Arbeiten über *S t i g e o c l o n i u m   f a s c i c u l a r e*, — hier fanden sich auch jene von I w a n o f f gefundenen Akinetenformen wieder — ferner bei *S t i g e o c l o n i u m   n u d i u s c u l u m*, *S t i g e o c l o n i u m   t e n u e*, *S t i g e o - c l o n i u m   l o n g i p i l u m*, in den mehrfach zitierten Abhandlungen über diese genannten Algen (vide die Zitate im I. Teil bei der Besprechung dieser Algen).

In der vorhin erwähnten Abhandlung über die Zwergmännchen der Ödogoniaceen wird auch erwähnt, daß derlei Zwergkeimlinge nicht selten sind, so wie sie auch nicht von einem bestimmten Schwärmertypus gebildet werden.

Es wäre aber irrig anzunehmen, daß derlei Zwergkeimlinge nur von typischen Schwärmern gebildet werden, — vielmehr wird g e r a d e d i e M e h r z a h l d e r Z w e r g k e i m l i n g e v o n d e n i n t e r m e d i ä r e n S c h w ä r m e r n g e b i l d e t. Wohl wachsen auch typische Makrozoosporen und Mikrozoosporen zu solchen Stadien aus, — das ist aber nur bei einer geringen Anzahl der Fall; die Mehrzahl geht auf intermediäre Schwärmer zurück. Als ich darauf aufmerksam ward, — denn anfänglich legte ich den nanistischen Zwergstadien gar keine sonderliche Bedeutung bei, — bin ich mehrfach der Entwickelung dieser Zwergstadien nachgegangen; — meist war der Erfolg negativ, — doch gelang es mehrmals die geschlossene Entwicklung desselben bei verschiedenen Arten zu verfolgen.

Die intermediären Schwärmer fallen bei längeren Beobachtungen ihrer weiteren Entwicklung, und wenn sich das Verhalten der Makrozoosporen und Mikrozoosporen durch genügende Beobachtung bereits eingeprägt hat, durch ihr, ich möchte fast sagen, unentschiedenes Verhalten auf. Das fiel auch schon I w a n o f f auf, der ja solche Stadien, die zwar von Mikrozoosporen abstammen, dennoch aber sich in ihrem Verhalten nicht mit den Keimlingen typischer Mikrozoosporen decken, und ohne ein Ruhestadium zu bilden sich langsam strecken, beobachtete.

Interessant ist auch I w a n o f f s Bemerkung in der oben zitierten Arbeit: daß manche Mikrozoosporen bereits nach 24 Stunden, andere aber erst nach vier Wochen keimten; ob es sich nicht bei ersteren um Formen handelte, die noch mehr den Makrozoosporen näher standen, in voller Analogie zu dem, was ich vorher über die Verschiedenheit in der Art des Auskeimens der Mikrozoosporen der einzelnen Gattungen der Ulothrichaceen bemerkte?

Die Encystierung der intermediären Schwärmer, so weit sie mehr den Mikrozoosporen entsprechen, schreitet nie beträchtlich vor. Die Membran wird nur eben bemerkbar; und nun klappt die Membran nicht auf und läßt den Inhalt nicht austreten, wie es oft bei den Mikrocysten stattfindet, sondern die kugelige Zelle streckt sich, um zu einem walzlichen Gebilde auszuwachsen, das den von I w a n o f f abgebildeten ziemlich ähnlich sieht. Die weitere Streckung und das weitere Wachstum erfolgt ungemein langsam. Dagegen setzt die Zellteilung, im Gegensatz zu normalen Mikrozoosporenkeimlingen, recht bald ein, die Zellen wachsen weniger in die Länge als in die Dicke, oft bleibt der ganze Keimling nur auf einem einzelligen Stadium stehen, meist wird er aber mehrzellig, oft vierzellig: die Zellen werden immer plumper, werden immer mehr tonnenförmig. Der ganze Keimling sticht gegen die anderen normalen eleganten Keimlinge förmlich ab. Bei den Chaetophoroiden schreitet er nie zur Bildung von Haarspitzen. Nachdem das ganze Gebilde eine gewisse Größe erreicht hat, rundet sich das Plasma in den einzelnen Zellen ab, ein Stigma

[1]) B e r t h o l d, Untersuchungen über die Verzweigung einiger Süßwasseralgen. Nova acta Leopoldina 1878. XL. 190 ff.

[2]) I w a n o f f, Am angegebenen Orte.

[3]) K l e b s, Bedingungen der Fortpflanzung etc. S. 285.

[4]) P a s c h e r, Kleine Beiträge zur Kenntnis unserer Süßwasseralgen I. Lotos, 1904, Nr. 7.

„   Zur Kenntnis der geschlechtlichen Fortpflanzung bei *S t i g e o c l o n i u m   f a s c i c u l a r e* (Flora 1905, Ergzbd. 108).

wird deutlich, oft bewegt sich der angelegte Schwärmer schon innerhalb der Zelle, schließlich tritt der Schwärmer heraus; die Reihenfolge der einzelnen Zellen ist nicht gleich. Gewöhnlich ist die Basalzelle die letzte, die schwärmt, doch nicht immer.

Was nun die intermediären Schwärmer anbelangt, die den Makro-zoosporen nahe stehen, so verhalten sich die größeren Formen wie typische Makrozoosporen; je mehr sich aber der Schwärmer morpholo-gisch den Mikrozoosporen nähert, desto mehr verlangsamt sich das Aus-keimen; die Schwärmer bleiben oft lange ich möchte fast sagen, untätig liegen, um sich endlich zu strecken.

Kleinere Formen der Makrozoosporen, die schon sehr zu den Mikrozoosporen neigen, rundeten sich oft ab, keimten aber demnach ohne eine deutliche Membran zu bilden noch direkt aus. Solche Formen bilden aber keine normalen Pflanzen mehr, sondern, so weit ich sicher beobachten konnte, nur mehr Zwerg-keimlinge, die allerdings oft mehr als vier Zellen, oft bis 8 und 10, ja sogar mehr noch besaßen; eine Ast-bildung findet sich selbst bei den höheren Chaetophoroiden in diesen Stadien nur mehr angedeutet. Es erfolgt dann das Tonnenförmigwerden der Zellen, bis schließlich die Bildung der Zoosporen resultiert. Makrozoosporen, die ganz an der äußersten untern Variationsgrenze gelegen sind, verhalten sich meist schon wie Mikrozoosporen der oberen Variationsgrenze, sie bilden nur mehr vierzellige, oft gekrümmte, und unförmliche Zwergkeimlinge.

Es ist aber nochmals zu bemerken, daß sich nicht alle intermediären Schwärmer in der Weise ver-halten; einzelne vermögen auch auszuwachsen und bilden dann schwächere Formen von bedeutenderer Größe, — die aber trotzdem bald zur Schwärmerbildung schreiten.

Die Schwärmer, die aus den Zwergkeimlingen austreten, sind meistens Makrozoosporen, die aber in ihrer Länge gewöhnlich nie über das Größenplurimum, das für die betreffende Art charakteristisch ist, hinausgehen.

B) Spezielle Untersuchungen über die Entwickelungs-geschichte intermediärer Schwärmerformen.

Methode.

Es wird in den folgenden speziellen Abschnitten auffallen, daß der direkten Beobachtungen so wenige sind. Die Untersuchungen über das Verhalten der intermediären Schwärmer sind aber unverhältnis-mäßig schwierig, vor allem schon wegen der relativen Seltenheit der intermediären Schwärmerformen; außerdem bietet es große Schwierigkeiten, einen bestimmten Keimling Tage hindurch zu beobachten. Die Beobachtung fand im hängenden aber flachen Tropfen über feuchten Kammern statt.

Mit der Pipette wurde vorsichtig eine kleine Zahl Schwärmer, wenn möglich und wenn vorhanden aus der mittleren Zone zwischen den beiden „Zoosporenwolken" entnommen; diese Probe wurde dann genau auf das Vorhandensein intermediärer Schwärmer durchgeprüft, und wenn diese vorhanden, nach dem bekannten Isolierungsverfahren auf eine Reihe von Deckgläsern verteilt, um durch oft wiederholtes Übertragen eine Isolierung einzelner Schwärmer zu ermöglichen. Fanden sich nun in einer der letzten Proben ein oder wenige Schwärmer, und unter diesen einer oder mehrere intermediäre, so wurde die Beob-achtung mindestens so lang dauernd fortgeführt, als der Schwärmer schwärmte; nach der Verfestigung konnte nach entsprechender Fixierung des mit der feuchten Kammer versehenen Objektträgers am Mikroskop die weitere Untersuchung etappenweise erfolgen. Daß diese Methode oft negative Resultate gab, ist klar; aber sie schien mir die einzig sichere, die unzweifelhafte Resultate bietet.

Erschwert wird die Untersuchung noch dadurch, daß die intermediären Schwärmer wie ihre Keimlinge in den ersten Stadien viel mehr unter äußeren störenden Einflüssen zu leiden haben, als Keimlinge, die ihre Entstehung typischen Makro- oder Mikrozoosporen verdanken. Es ging auch eine unverhältnismäßig hohe Zahl zu grunde, wobei wir aber nie vergessen dürfen, daß die Verhältnisse in der feuchten Kammer trotz aller Vorsichtsmaßregeln viel ungünstiger sind, als die natürlichen.

a) Ulothrix zonata.

Die beiden ersten Schwärmertypen von *Ulothrix zonata*, die Makrozoosporen und Mikrozoosporen, scheiden sich in ihrem entwickelungsgeschichtlichen Verhalten noch verhältnismäßig wenig. Erstere zeichnen sich durch ihr schiefes Ansetzen und durch ihr verhältnismäßig rasches Wachstum, mit welchem sie direkt zu neuen Fäden werden, aus, während die Mikrozoosporen langsam zur Ruhe kommen und nur langsam keimen. Daß dieses langsame Keimen der Mikrozoosporen direkt als Übergang zu dem Verhalten der Gametozoosporen von *Ulothrix* und den Mikrozoosporen der Chaetophoroiden zu deuten ist, habe ich bereits mehrfach erwähnt. Ebenso erwähnte ich bereits, daß sich auch bei *Ulothrix* schon einzelne Mikrozoosporen finden lassen, die sich bereits encystieren, -- und damit auch entwickelungsgeschichtlich von den Mikrozoosporen zu den Gametozoosporen hinüberleiten.

Verhält sich die Entwickelungsgeschichte der zwischen Makro- und Mikrozoosporen stehenden intermediären Schwärmer ebenfalls intermediär, so kann sich dieser Umstand selbstredend nur in einer verzögerten Keimung äußern. Der Umstand ist nun sehr schwer kontrollierbar, weil gerade die Keimung, respektive die ersten Teilungen, sehr von äußeren Umständen abhängig sind, und außerdem individuelle Schwankungen auftreten. Das erhellt am meisten aus der verschiedenen Form der Keimlinge; es lassen sich in jedem Material Keimlinge finden, die ungemein verlängert sind und dennoch nur aus einer Zelle bestehen, während andere gleich lange aus 4—6 Zellen sich zusammensetzen.

Es konnten bei *Ulothrix* nur wenig sichere Beobachtungen über das Verhalten von Schwärmern, die zwischen Makro- und Mikrozoosporen stehen, gemacht werden. Nur zweimal gelang es mir, direkte Beobachtungen anzustellen. Die beobachteten Schwärmer standen den Makrozoosporen näher als den Mikrozoosporen; sie maßen 11 resp. 10 μ. Diese Schwärmer, die ich kurz vor dem Festsetzen an beobachtete, hatten das Stigma weiter nach rückwärts gerückt. Dennoch sprang es nicht leistig vor, sondern war wie das der Makrozoosporen.

Diese Schwärmer setzten sich nun, obwohl sie den Makrozoosporen näher standen als den Mikrozoosporen, nicht mehr schief seitlich an wie diese, sondern mehr mit der Spitze; sie zogen sich dann etwas zusammen, so daß ich schon glaubte, es erfolge eine Encystierung derselben; nach einer längeren Zeit begannen sie aber die Streckung, es resultierten jene Stadien, die I w a n o f f als „untypische Gebilde" abbildet, die mehrzellig geworden Makrozoosporen erzeugten. Die Entwickelungsgeschichte der beiden Schwärmer verhielt sich also ganz entsprechend ihrer intermediären Morphologie. Die Keimung selbst und das Festsetzen klingt schon sehr an das Verhalten der Mikrozoosporen mit ihrem verzögerten Auskeimen an, dann aber erfolgen die Teilungen so wie bei den Makrozoosporenkeimlingen.

Derlei Stadien fanden sich nun in dem Keimungsmaterial nicht selten; und es scheint mir die Annahme, in Analogie zu den beiden beobachteten Fällen, daß sich die Entwickelungsgeschichte der besprochenen zwischen Makrozoosporen und Mikrozoosporen stehenden Schwärmer bei *Ulothrix* entsprechend ihrer Mittelstellung abspiele, in der Tat wahrscheinlich.

Zwergkeimlinge so wenig zellig, ähnlich denen, wie sie bei den höheren Chaetophoroiden auftreten, konnte ich nicht finden; doch kommt es in der Tat öfters vor, daß insbesondere aus typischen Makrozoosporen wenigzellige Fäden hervorgehen, die gleich wieder zur Zoosporenbildung schreiten, — ohne jedoch die bereits erwähnten absonderlichen Formen zu bilden. Dagegen finden sich bei *Ulothrix* von **Mikrozoosporen** abstammende Zwergkeimlinge, die den genannten Formen mehr entsprechen und ebenfalls Makrozoosporen bilden.

Schwärmer, die in ihrer Morphologie intermediär zwischen Gametozoosporen und Mikrozoosporen stehen, konnte ich bei *Ulothrix* in ihrer Entwickelung nicht beobachten; ich glaube aber, daß sich jene Fälle, in denen sich einzelne Mikrozoosporen, wie die Gametozoosporen encystieren, mit Schwärmern zusammenhängen, die von den Mikrozoosporen zu den Gametozoosporen hinüberleiten. Ich darf aber nicht verschweigen, daß ich, allerdings selten, auch typische **Mikrozoosporen** sich encystieren sah.

Anhangsweise möchte ich noch eine Beobachtung, die an unkopulierten Ruhezellen der Gametozoosporen gemacht wurde, erwähnen. — Diese Ruhezellen klappten in dem von mir beobachteten Fall auf, entließen aber keine Schwärmer, sondern der Inhalt kam hervor, streckte sich zu einem neuen Pflänzchen aus, wie auch Ähnliches seinerzeit K l e b s für die Mikrozoosporenruhezellen von *Draparnaudia*[1]) und ich für encystierte Stadien bei *Tetraspora*[2]) angab. Unter diesen Ruhezellen befanden sich solche, die ob ihrer Größe als Zygoten zweier Gametozoosporen anzusprechen waren, — auch sie klappten auf, um kurze Keimlinge zu bilden. Auf diese Beobachtungen geht auch jene in der Öst. bot. Zeitschrift (1906 Nr. 10) gemachte Bemerkung zurück. Es scheint daher auch vorzukommen, daß nicht immer die Teilungen (gewöhnlich zwei) innerhalb der Zygote durchgeführt werden, sondern daß sie auch unter Umständen im stande ist, direkt neue Individuen zu bilden.

b) Stigeoclonium fasciculare.

Zwergkeimlinge von *Stigeoclonium fasciculare* erwähnte ich bereits in meiner im ersten Teil zitierten Arbeit über die Reproduktion dieser Alge. Dort gab ich an, daß sie von Makrozoosporen gebildet werden. Durch Zufall erhielt ich später nochmals Material von *Stigeoclonium fasciculare*, und ich nahm nun auch die Untersuchung der Entwickelungsgeschichte der intermediären Schwärmer bei dieser Alge auf.

Es gelang mir auch einigemale, solche intermediären Schwärmer längere Zeit zu beobachten. Es waren Mikrozoosporen von ungefähr 12 μ Größe, also solche an der oberen Variationsgrenze, solche, die sich bereits sehr den Makrozoosporen nähern. Das Stigma war ziemlich weit nach vorn gerückt, entsprach aber in seiner Lage nicht ganz dem Makrozoosporenstigma, wie es auch in der Morphologie von diesem abwich und leistig vorsprang.

---

[1]) K l e b s , Bedingungen der Fortpflanzung, Tafel III., Fig. 17.
[2]) P a s c h e r , Neuer Beitrag zur Algenflora des südlichen Böhmerwaldes im „Lotos", Prag, 1906, Heft 6.

Die beobachteten Schwärmer, die unter sich etwas differierten, aber alle an der oberen Variationsgrenze gelegen waren, verhielten sich nicht gleich.

Einer derselben schwärmte nicht eben lange herum, setzte sich dann an, verlor dann seine Geißeln, — ich kann nicht sagen ob durch Abstoßen oder Einziehen, und keimte dann, ohne irgend ein Dauerstadium zu liefern, direkt aus; er verhielt sich also wie eine Makrozoospore, obwohl er das Stigma der Mikrozoosporen besaß, und auch seiner Körperform nach zu den Mikrozoosporen zu rechnen war.

Die andern der beobachteten intermediären Schwärmer verhielten sich dagegen genau so wie die bei *Ulothrix* beobachteten; auch sie standen wohl in der Lage des Stigma den Makrozoosporen näher, setzten sich aber mehr mit dem Vorderende an, zogen sich dann so zusammen, daß man an eine beginnende Encystierung dachte, dann aber dehnten und streckten sie sich, wuchsen ganz langsam in die Länge, bis schließlich jene wenigzelligen gedrungenen Keimlinge entstanden, die je nach der Zahl der gebildeten Zellen 4—6 Makrozoosporen entließen.

Darnach verhielten sich diese Schwärmer in ihrem Keimen entsprechend ihrer intermediären Stellung: sie zeigten bereits Anlage zur Bildung von Dauerstadien, wie sie für die Mikrozoosporen von *Stigeoclonium fasciculare* charakteristisch ist, keimten aber ob ihrer Größe dennoch direkt dann aus wie die Mikrozoosporen. Sie verhielten sich daher in mancher Beziehung wie die Mikrozoosporen von *Ulothrix*, deren Entwickelungsform ebenfalls noch keine abgeschlossene, sondern eine intermediäre ist; während aber die verzögerte Keimung bei den Mikrozoosporen von *Ulothrix* Regel ist, ist es hier ein Ausnahmsfall, der sich auf die an der oberen Variationsgrenze gelegenen Mikrozoosporen bezieht.

Unter dem Keimlingsmaterial waren mehrmals Stadien zu bemerken, die trotz weitergehender Encystierung sich dennoch streckten und direkt zu einem neuen Keimling wurden, der aber meist wenigzellig blieb und zur Zoosporenbildung schritt. Andere dagegen erreichten höhere Stadien der Entwickelung.

Bezüglich der aus Mikrozoosporen hervorgegangenen eigentümlichen Akinetenstadien verweise ich auf die mehrmals zitierte Abhandlung in der „Flora" (Ergänzungsband 1905, 95).

c) Stigeoclonium longipilum.

Bei *Stigeoclonium longipilum* fanden sich mehrfach Mikrozoosporen, die sich nach mehr oder minder weitgehender Encystierung dennoch streckten und langsam zu neuen Fäden auswuchsen.

Bei *Stigeoclonium longipilum* gelang es mehreremale, intermediäre Schwärmer, die nach beiden Richtungen vertreten waren, in ihrer Entwickelungsgeschichte zu beobachten.

Solche, die den Makrozoosporen nahe standen, konnten zweimal näher verfolgt werden. Sie maßen 11 µ in die Länge, standen also darum den Mikrozoosporen nahe, waren aber auf Grund der Morphologie ihres Stigma als Makrozoosporen anzusprechen.

Der eine schwärmte nicht sehr lange herum, setzte sich dann mit der Spitze fest und verhielt sich trotz seiner Makrozoosporengestalt wie die bei der letztbesprochenen *Stigeoclonium*-Art näher erwähnten Mikrozoosporen, er zog sich etwas zusammen, ohne sich aber zu encystieren, und keimte dann langsam, aber direkt aus, und bildete einen Zwergkeimling, der zur Makrozoosporenbildung schritt.

Der andere verhielt sich wie eine typische Makrozoospore, setzte sich schief und, ohne kugelig zu werden, und wuchs direkt zu einem neuen Faden aus.

Von abweichend gebauten Mikrozoosporen verhielten sich die an der unteren Variationsgrenze wie normale Mikrozoosporen.

Einige Mikrozoosporen, die Übergangsformen zu den Makrozoosporen darstellten, encystierten sich in einzelnen Fällen völlig wie typische Mikrozoosporen, andere aber zeigten nur die bereits mehrfach erwähnte verzögerte Keimung, und bildeten Zwergkeimlinge, die Makrozoosporen erzeugten.

Diese Mikrozoosporen blieben oft tagelang, ohne eine deutlichere Haut zu bilden kugelig, um sich dann doch noch zu strecken und auszuwachsen.

Leider gelang es nicht, solche Schwärmer zu beobachten, die direkt als Übergänge zwischen den Mikrozoosporen und den zweiwimperigen Schwärmern angesehen werden konnten, sowie ich auch über die Keimungsgeschichte der letzteren in ihrer normalen Ausbildung nichts sagen kann.

Mikrozoosporen, die in d e r Weise zu den zweiwimperigen Schwärmern hinüberführen, daß sie ein Wimperpaar abstoßen, sicher zu verfolgen, ist unmöglich, da diese Eigenschaft mit absoluter Sicherheit nur mittelst geeigneter Lähmungs- oder Fixierungsmittel konstatiert werden kann.

Nicht selten keimen auch die Aplanosporen ohne stark encystiert zu werden aus den Zellen der Äste aus.

Aus den Mikrocysten gehen nach dem Aufklappen der dicken Membran ein (seltener zwei) kleine Keimlinge hervor.

d) Stigeoclonium tenue.

Da diese Alge nur zwei Schwärmertypen besitzt, war die Untersuchung vereinfacht, und das Augenmerk nur auf Schwärmer zu richten, die zwischen den Makrozoosporen und Mikrozoosporen standen. Die sind aber wegen der relativ hohen Differenzierung der beiden Schwärmertypen relativ selten. Bei dieser Alge gingen sie besonders leicht zu grunde.

Zur unzweifelhaften und vollständigen Beobachtung gelangten bei dieser Alge wieder nur Mikrozoosporen, die in ihrer Größe wohl den Makrozoosporen nahe standen und deren Stigma auch fast wie das Makrozoosporenstigma gelegen war, dennoch aber die Morphologie des Mikrozoosporenstigma hatte.

Auch hier verhielten sich diese Schwärmer so, wie früher angegeben. Sie schwärmten ziemlich lange herum, setzten sich dann nicht schief nieder, zogen sich etwas zusammen, um in diesem „unentschiedenen" Zustand ziemlich lange zu verbleiben, und sich dann schließlich langsam zu strecken und auszukeimen. Es wurden wieder Zwergkeimlinge gebildet, die kurze, plumpe, tonnenförmige Zellen hatten, aus denen Makrozoosporen hervorgingen.

Von Makrozoosporenmaterial konnte ich mehrmals nur bereits ausgekeimte junge Stadien sehen, die von den üblichen Makrozoosporen dadurch abwichen, daß sie bedeutend langsamer wuchsen und plumpe Zellen bildeten. Ich glaube, daß sie größtenteils aus Makrozoosporen der unteren Variationsgrenze hervorgingen. Es entstanden größtenteils kleine Keimlinge, die bald wieder Makrozoosporen bildeten.

Die Aplanosporen keimen bei *S t i g e o c l o n i u m t e n u e* ebenfalls bei genügender Encystierung durch Aufklappen der Membran, wobei sich hie und da 2 Keimlinge bildeten; das gleiche war bei normalen Mikrocysten der Fall.

In einzelnen Fällen sah ich aber auch aus Mikrocysten S c h w ä r m e r hervorgehen, die in ihrer Morphologie Makrozoosporen entsprachen; sie setzten sich nach längerem Schwärmen fest und bildeten direkt kleine Fäden. Vielleicht handelte es sich in diesen Fällen um Zygoten zweier kopulierter Mikrozoosporen.

Die abnormal großen Makrozoosporen, die durch unvollständige Teilungen der Protoplasten entstanden und oft ganz abenteuerliche Formen haben, wachsen ungemein rasch zu Fäden heran, die oft ziemlich vielzellig werden: die Zellen sind plump und dick und bilden wieder Makrozoosporen, die direkt auskeimen.

Ähnlich verhalten sich die abnormal großen Mikrozoosporen, die sich gewöhnlich nicht sehr encystieren und strecken, um Zwergkeimlinge zu bilden, die sich wie bereits so oft erwähnt, verhalten und Schwärmer erzeugen.

e) Stigeoclonium nudiusculum.

Bei *Stigeoclonium nudiusculum* kamen mir merkwürdigerweise mehr intermediäre Schwärmer zur völligen entwickelungsgeschichtlichen Untersuchung als bei den vorhergehenden Arten.

Die größeren intermediären Schwärmerformen, die als Makrozoosporen anzusprechen waren, keimten direkt, aber mehr oder minder verzögert aus. Der Schwärmer zog sich vor dem Auskeimen nur unbedeutend zusammen, während die kleineren unter ihnen und insbesondere die, die im Stigma zu den Mikrozoosporen hinüberlenkten, die Zusammenziehung deutlich zeigten, dennoch aber wie die anderen zu kleinen wenigzelligen Keimlingen auswuchsen.

Von den intermediären Schwärmern, die als Mikrozoosporen zu deuten waren, sah ich nur wenige, die an der obersten Variationsgrenze der Mikrozoosporen lagen, deren Stigma aber ein deutliches Mikrozoosporenstigma war; sie encystierten sich nur wenig bis unmerklich, blieben tagelang unbeweglich liegen, streckten sich aber doch und wuchsen zu den kleinen wenigzelligen Keimlingen aus, die Makrozoosporen erzeugten.

Die abnormal großen Schwärmer, sowohl der Makro- als auch der Mikrozoosporen verhielten sich so wie bei der vorhergehenden Art angegeben.

Die Aplanosporen und Mikrocysten keimten in üblicher Weise. So weit ich sicher Zygoten vor mir hatte, gingen aus ihnen, oft nach überraschend kurzer Zeit, zwei Keimlinge nicht wie bei *Ulothrix zonata* vier Schwärmer hervor, die als Makrozoosporen anzusprechen waren und direkt auskeimten. Einmal sah ich auch aus einer Mikrocyste einen Schwärmer schlüpfen.

f) Draparnaudia glomerata.

Bei der Untersuchung der Reproduktion von *Draparnaudia glomerata* wurde ich das erstemal auf die Bildung der kleinen Keimlinge, die uns jetzt hauptsächlich beschäftigen, aufmerksam, und ich habe seinerzeit in der mehrfach erwähnten kleinen Notiz über die Reproduktion dieser Alge Abbildungen von derlei Stadien gegeben. Da damals die Untersuchungen über die intermediären Schwärmer noch nicht aufgenommen waren und ich damals nicht auf sie achtete, so erklärt es sich, daß ich angab, daß sie aus Mikrozoosporen entstanden. Als im Frühjahr 1906 die Alge wieder reichlich in den Frühjahrswässern zu finden war, prüfte ich die Sache wieder nach und es gelang auch mehrmal, die völlige Entwickelung von Schwärmer bis zum Schwärmer zu beobachten.

Trotz der großen Variationsweite bei den Zoosporentypen, sind intermediäre Schwärmer nicht häufig.

Von intermediären Schwärmern, die noch zu den Makrozoosporen zu rechnen waren und mit diesen insbesondere durch die Lage und Gestalt des Stigma verbunden waren, gelangten mir zwei zur Beobachtung, die bei 12 μ maßen. Sie waren also schon kleiner als die größten Mikrozoosporen. Die beiden beobachteten Schwärmer verhielten sich ganz gleich. Sie schwärmten nicht zu lange herum, kamen zur Ruhe, ohne sich aber unter Bildung einer deutlichen Haptere festzusetzen, zogen sich etwas, doch nicht auffallend, keineswegs aber kugelig, zusammen, um sich dann zu strecken und langsam zu den üblichen Zwergkeimlingen auszuwachsen, die, nachdem sie entsprechend in die Länge und Dicke gewachsen waren, Makrozoosporen entließen.

Intermediäre Schwärmer, die mehr den Mikrozoosporen, deren Stigma sie besaßen, zuzuteilen waren, — und die ebenfalls 12 μ maßen, verhielten sich in ganz ähnlicher Weise, nur blieben sie tagelang zusammengezogen liegen, umgaben sich in einzelnen Fällen mit einer deutlichen Membran, so daß ich schon dachte, sie würden wie normale Mikrozoosporen Cysten bilden; dann aber streckten sie sich dennoch ungemein langsam, um ebenfalls in einem vierzelligen Stadium Makrozoosporen zu bilden. Einer dieser Schwärmer, er hatte sich an einen Wattefaden gelagert, blieb volle 6 Tage abgerundet liegen, — um schließlich doch noch ʹauszutreiben.

Demnach liegen die Unterschiede zwischen intermediären Schwärmern, die den Makrozoosporen, und solchen, die den Mikrozoosporen nahe stehen, nur in der verschieden langen Zeit der Ruhe vor dem Austreiben.

Die üblichen Mikrocysten keimten, wenn sie deutlich encystiert waren, — ich fand bei der zweiten Nachuntersuchung von *Draparnaudia* die Angaben K l e b s völlig bestätigt, — in d e r Weise, daß die dicke Membran riß und ein, seltener zwei, kleine Keimlinge austraten.

Aus den Zygoten, — ich konnte wieder nur Kopulation in einem amöboiden Zustand der Mikrozoosporen sehen, — keimten, nach sehr verschieden langer Zeit der Ruhe, in der Weise, daß sie zwei, meist aber vier Keimlinge entließen. In den Fällen mit Bildung zweier Keimlinge, vermag ich nicht sicher zu sagen, ob es Zygosporen waren, — es wäre auch möglich, daß es sich um Cysten abnorm großer Mikrozoosporen, die ja ebenfalls vereinzelt auftreten, — handelt.

Zusammenfassung.

Sahen wir im vorhergehenden Teile, daß die einzelnen Zoosporentypen Übergänge zeigen in ihrer Morphologie und durch diese verbunden sind, und verhielten sich die untersuchten Arten völlig übereinstimmend in Bezug auf Variation und Übergänge der Schwärmertypen, sowie deren Morphologie, so bemerken wir die gleichen Übergänge auch in der Keimungsgeschichte derselben.

Die eigentümliche Tatsache, daß die Mikrozoosporen von *Ulothrix zonata*, den Makrozoosporen gegenüber meist nur verzögertes Auskeimen zeigen und nur verhältnismäßig wenigemale Dauerstadien liefern, steht wohl mit ihrer verhältnismäßig geringen Differenzierung in Zusammenhang; weisen sie doch noch zu den funktionell scharf charakterisierten Gametozoosporen sowie zu den Makrozoosporen zahlreiche Übergänge, zu ersteren sogar in der Bewimperung auf.

Dieses verzögerte Auskeimen ist aber gewissermaßen der erste Schritt zur Ausbildung jener Funktion, die die Mikrozoosporen bei den höheren untersuchten Arten besitzen, die Bildung von Dauerstadien, wodurch sie bei diesen scharf präzisiert erscheinen. Bei diesen aber ist das verzögerte Auskeimen, wie es für die Mikrozoosporen von *Ulothrix zonata* charakteristisch, eine verhältnismäßig seltene Erscheinung, und sie tritt auffallender Weise gerne bei den intermediären wenig differenzierten Schwärmern, solchen, die nicht präzise zu Mikrozoosporen oder Makrozoosporen differenziert sind, auf, — gleichwie die in ihrem entwickelungsgeschichtlichen Verhalten so unbestimmten Mikrozoosporen von *Ulothrix zonata* morphologisch ebenfalls recht unbestimmt sind und gewissermaßen intermediär zwischen den anderen beiden morphologisch wohl differenzierten Zoosporentypen stehen. Es herrscht demnach eine merkwürdige Analogie zwischen den Mikrozoosporen von *Ulothrix* und den intermediären Schwärmern der anderen Arten, sowohl in Bezug auf die Morphologie als insbesondere auf die Funktion.

Keimen die Makrozoosporen, um auf die Keimungsgeschichte der intermediären Formen überzugehen, direkt aus und bilden die Mikrozoosporen Dauerstadien, — so sehen wir bei den intermediären Schwärmern fast immer ein verzögertes Auskeimen, — das mit der Ausbildung eigentümlicher Stadien, den Zwergkeimlingen, schließt, — die zwar auch von typischen Zoosporen, wenn auch selten gebildet werden können. Doch nicht alle intermediären Schwärmer tun das. Ihr Verhalten stuft sich, man könnte fast sagen, entsprechend ihrer Stellung, zwischen beiden Typen, den Makro- und Mikrozoosporen, ab. Solche, die den Makrozoosporen nahe stehen, keimen nur weniger rasch aus, und bilden, falls sie nicht zu sehr von der charakteristischen Form abweichen, noch normale Fäden. Je mehr sie sich aber von den typischen Makrozoosporen entfernen, desto früher neigen die Keimlinge zur Zoosporenbildung, desto mehr verzögert sich die Keimung, desto mehr verlangsamt sich die Zellteilung, und zwar dies umsomehr, je mehr sie sich in ihrer Ausbildung den Mikrozoosporen nähern. Es resultieren die schon eingehend beschriebenen Zwergkeimlinge, welche nach einer Periode des Zusammenziehens des Protoplasten, die fast an eine Ruheperiode, an eine beginnende Encystierung anklingt, — prächtig die Übergänge zwischen der Funktion der Makro- und Mikrozoosporen, direktes Auskeimen und Bildung von Dauerstadien vermitteln.

Je mehr sich nun die intermediären Zoosporen-Formen den Mikrozoosporen in der Morphologie nähern und ihnen gleich kommen, desto mehr stimmen sie in der Funktion mit den Mikrozoosporen überein; es kommt auch nicht mehr zur Ausbildung der Zwergkeimlinge, — es erfolgt die Bildung von Dauerstadien, — die vielleicht etwas früher auskeimen, als die der typischen Mikrozoosporen.

So sehen wir Morphologie und Funktion bei den Zoosporen Hand in Hand gehen, und schlossen wir aus der Art und Weise der Übergänge in der Morphologie der Schwärmer auf eine gemeinsame Wurzel der verschiedenen Zoosporen der einzelnen Arten, so gewinnt dieser Schluß höchste Wahrscheinlichkeit bei der Betrachtung der zahlreichen vermittelnden und verbindenden Abstufungen, die zwischen den so differenten Funktionen der einzelnen Zoosporen liegen.

Gleiche Resultate würden aller Wahrscheinlichkeit nach auch genaue Untersuchungen des physiologischen Verhaltens der intermediären Formen geben, gemäß dem Wenigen, das in Bezug auf die Lichtempfindlichkeit derselben beobachtet werden konnte.

III. Teil.

Zur Systematik der *Ulotrichales*.

Die Systematik der Familien, von welchen einzelne Vertreter in den vorhergehenden Teilen besprochen wurden, erhielt in letzter Zeit in dem Oltmanns'schen Werke „Morphologie und Biologie der Algen" eine Umgestaltung. Oltmanns teilt die *Ulotrichales* in zwei Reihen ein:

in die *Ulotrichaceen*-Reihe *(Ulotrichoidae)* mit den Familien *Ulotrichaceae, Ulvaceae, Prasiolaceae, Cylindrocapsaceae, Oedogoniaceae*

und in die *Chaetophoraceen*-Reihe *(Chaetophoroidae)* mit den Familien *Chaetophoraceae, Aphanochaetaceae, Coleochaetaceae-Chroolepidaceae,*

erstere Reihe unverzweigt, — letztere verzweigt und mit Haarbildung; beide Reihen mit isogamen Gliedern beginnend und heterogamen Familien schließend.

Diese Einteilung hat den Vorzug großer Übersichtlichkeit und sucht, wenigstens zum Teile, auch den phylogenetischen Beziehungen gerecht zu werden.

Es möge nun im folgenden gezeigt werden, daß auch noch andere verwandtschaftliche Beziehungen zwischen Gliedern einzelner Familien existieren, Beziehungen, die sich hauptsächlich aus der Morphologie der Reproduktionsorgane — der Zoosporen — erkennen lassen.

In einzelnen Abhandlungen habe ich bereits mehrfach darauf hingewiesen, daß einzelne Gattungen verschiedener Familien der *Ulotrichales* nicht homogen sind, sondern aus vegetativ ähnlichen, in ihrer Reproduktion weit verschiedenen Formen bestehen.

So treten neben der *Ulothrix*-Form, die sich durch vierwimperige Makro- und Mikrozoosporen vermehrt, auch Formen auf, die bis jetzt noch als *Ulothrix* gehen, in ihrer Form zwar mit *Ulothrix* im obigen begrenzten Sinne übereinstimmen, aber durchwegs zweiwimperige Schwärmer, Makro- wie Mikrozoosporen, besitzen. Ich bezeichnete sie in meinem Manuskript als *Pseudulothrix* und will sie auch im folgenden kurz damit weiter bezeichnen. Ferner beschrieb Iwanoff das bereits mehrfach erwähnte *Stigeoclonium terrestre*, das morphologisch zu *Stigeoclonium* gehört, aber im Gegensatze zu diesem nur zweiwimperige Zoosporen hat. Ich habe es seinerzeit deshalb von *Stigeoclonium* abgetrennt und als *Iwanoffia* bezeichnet. Ebenso finden sich in der Literatur mehrfache Angaben, daß einzelne *Ulotrichales*, insbesondere der Chaetophoroiden nur zweiwimperige Schwärmer haben.

Es scheinen nun, es sei gleich erwähnt, die ganzen *Ulotrichales, Ulotrichaceae* wie *Chaetophoraceae*, — von welchen ich die *Oedogoniaceae, Chroolepidaceae* und vielleicht auch die *Prasiolaceae*, ferner *Microthamnion* im Gegensatze zu Oltmanns ausschließen möchte, in zwei Reihen zu zerfallen: die Reihe der Dikonten *(Dikontae)* und die der Tetrakonten *(Tetrakontae)*. Erstere haben nur zweiwimperige Zoosporentypen; letztere vierwimperige Zoosporentypen, aus denen sich erst sekundär ein zweiwimperiger entwickelte.

A) Die tetrakonten Ulotrichales *(Ulotrichales tetrakontae)*.

Wir wollen zunächst die Reihe der Tetrakontae betrachten; sie findet sich in allen Ulotrichoiden und Chaetophoroiden-Familien, und ihr gehören die häufigsten und zahlreicheren Gattungen an.

Die Tetrakonten sind dadurch charakterisiert, daß ihre Makrozoosporen immer vierwimperig sind, — neben diesen finden sich bei vielen, nicht bei allen morphologisch sich von ihnen ableitende, funktionell mehr oder minder charakterisierte vierwimperige Mikrozoosporen, und bei einzelnen auch zweiwimperige Schwärmer, die wieder bei einzelnen unter diesen Gattungen die Träger der geschlechtlichen Fortpflanzung sind, bei fortschreitender Entwickelung jedoch reduziert werden.

Die Makrozoosporen finden sich bei allen Gattungen, die Mikrozoosporen fast bei allen, die zweiwimperigen Gametozoosporen fehlen vielen.

Als Ausgangspunkt dieser Reihe kann *Ulothrix zonata* angesehen werden; hier finden sich alle drei Schwärmertypen: die zweiwimperigen Schwärmer, die Gametozoosporen, sind sexuell, die Mikrozoosporen sind funktionell noch nicht völlig bestimmt, die Makrozoosporen zeigen das normale Verhalten. Welche Formen zur Gattung *Ulothrix* in diesem beschränkten Sinne *(Proulothrix)* gehören, vermag ich nicht zu sagen; sicherlich fallen einige bis jetzt unter *Ulothrix* geführte Formen weg.

An *Ulothrix zonata* schließen sich nun Formen an, die in ihrer vegetativen Entwickelung bedeutende Organisationshöhe erreichen, verzweigt werden, Haarbildung zeigen: die *Chaetophoroiden* (so weit sie vierwimperige Makrozoosporen haben). Mit dieser Entwickelung der vegetativen Organe geht die bereits mehrfach erwähnte Reduktion der Schwärmertypen, die sich innerhalb der Gattung *Stigeoclonium*[1]) abspielt, Hand in Hand. Die zweiwimperigen Schwärmer, die bei *Ulothrix zonata* eine wichtige Rolle spielen, finden sich zwar noch bei einigen Arten, sogar noch in derselben geschlechtlichen Funktion, — werden aber mit der vorschreitenden Entwickelung reduziert und fehlen bereits bei den hochentwickelten *Stigeoclonium*-Arten und *Draparnaudia*. Diese haben nurmehr Makro- und Mikrozoosporen, beide vierwimperig, letztere aber in genau gleicher Funktion wie die zweiwimperigen Schwärmer von *Ulothrix zonata*, welch letztere also durch die Mikrozoosporen ersetzt werden.

Es ist nicht ausgeschlossen, daß es auch *Ulothrix*artige unverzweigte Formen gibt, die den zweiwimperigen Schwärmertypus, den der Gametozoosporen, völlig unterdrückt haben und wie die höheren Chaetophoroiden nur mehr vierwimperige Zoosporentypen, Makrozoosporen und Mikrozoosporen haben, beide Typen scharf und wie bei den Chaetophoroiden präzisiert. Solche Formen sind meines Wissens zwar noch nicht näher festgestellt worden; aber wie viele unverzweigte Formen wurden überhaupt erst genau untersucht!

Reiht sich also an *Ulothrix zonata* nach einer Richtung hin eine Reihe von Gattungen an, die den zweiwimperigen Typus, den der Gametozoosporen, rückbildet und in den höher organisierten Formen sogar völlig ausmerzt, so schließt an *Ulothrix zonata* auch noch eine zweite Reihe an, die ein gerade entgegengesetztes Verhalten zeigt und nicht den Typus der Gametozoosporen, sondern den der Mikrozoosporen unterdrückt.

---

[1]) Mit Ausschluss von *Stigeoclonium terrestre* (*Iwanoffia terrestris*).

Es sind nämlich unzweifelhaft Vertreter einer Reihe bekannt geworden, die nicht wie die erste Reihe vierwimperige Makro- und Mikrozoosporen, welch letztere schließlich sexuell werden, ausbilden, sondern nur vierwimperige Makrozoosporen und noch einen zweiwimperigen Typus, der völlig den Gametozoosporen von *Ulothrix zonata* entspricht. Und so wie der ersten Reihe ulotrichoide und chaetophoroide Formen angehören, so ist es auch hier der Fall.

In diese zweite Reihe mit vierwimperigen Makrozoosporen und zweiwimperigen Gametozoosporen gehören von ulotrichoiden Formen z. B. die von Wille[1]) beschriebenen *Ulothrix pseudo-flacca* und *Ulothrix subflaccida*.

Von chaetophoroiden Formen gehören jene *Stigeoclonium* - Arten her, für die nur vierwimperige Makrozoosporen und zweiwimperige Isogameten angegeben sind. So ist, falls die Sache sich wirklich so verhält, — ich fand nirgends eine Literaturangabe darüber, — das von West, im „Treatis on the british fresh water algae", p. 86 abgebildete *Stigeoclonium tenue*, sowie vielleicht das von Tilden seinerzeit untersuchte[2]) *Stigeoclonium flagelliferum* hieherzuzählen.

Ich darf aber keineswegs verschweigen, daß mir alle diese Arten mit Ausnahme der von Wille beschriebenen *Ulothrix* - Formen keineswegs genügend genau untersucht erscheinen.

In diese Reihe mit vierwimperigen Makrozoosporen und zweiwimperigen Gametozoosporen gehört aber meiner Ansicht nach sicherlich noch ein Teil jener großen Zahl der Chaetophoraceen, die sich an eine ekto- oder endoparasitische Lebensweise angepaßt und dabei hochgradige Veränderungen erlitten haben. Alle diese Gattungen sind aber gewöhnlich erst wenigemale gefunden, um wie viel weniger aber in ihrer Reproduktion untersucht worden!

Darnach haben wir unter den tetrakonten *Ulotrichales*, es ist dies höchst interessant zu bemerken, zwei Reihen die in ihrer Reproduktion bestimmte Unterschiede zeigen, sich aber dabei morphologisch völlig parallel entwickelt haben und zwar:

die *eutetrakonten*:

mit vierwimperigen Mikrozoosporen, (4 Ma. 4 Mi. 2 Ga. oder 4 Ma. 4 Mi. [3])

die *hemitetrakonten*:

mit zweiwimperigen Mikrozoosporen (4 Ma. 2 Mi. = 2 Ga.)

beide Reihen vermittelt und verbunden durch *Ulothrix zonata*, bei der die Mikrozoosporen erst im Beginn der Differenzierung und Präzisierung stehen, sowie durch die niederen *Stigeoclonium* - Arten *(Stigeoclonium fasciculare* und *Stigeoclonium longipilum)*, die den Gametozoosporentypus zu unterdrücken beginnen, dagegen den Mikrozoosporentypus immer mehr und mehr ausbilden.

Beide Reihen, die eutetrakonten und hemitetrakonten *Ulotrichales*, zeigen aber auffallenderweise noch weitergehende parallele Entwickelung.

Die bis jetzt betrachteten Formen zeigten alle nur Kopulation gleicher Zoosporen, — die erstere Reihe Kopulation der vierwimperigen Mikrozoosporen, einige niedere Chaetophoroiden, *Ulothrix zonata* und die andere Reihe Kopulation zweiwimperiger Zoosporen: sind also isogam.

Sowohl die erste als auch die zweite Reihe haben aber noch eine weitere Entwickelung erfahren. Ich erwähnte bereits wiederholt, daß bei den höheren Chaetophoroiden die sexuelle Funktion der zweiwimperigen Gametozoosporen verloren gehe, diese selbst mit der Zeit reduziert, und ihre Funktion von den vierwimperigen Mikrozoosporen übernommen werde.

---

[1]) Wille, Studien über Chlorophyceen. Videnskabsselskabets Skriftes Mat. nw. Kl. 1906.

[2]) Tilden, a contribution of the life history of *Pilinia diluta* Wood and *Stigeoclonium flagelliferum* Kütz. (Minnes. bot. stud. Bullet., 9. Pt. IX. No. XXXVII., 601—635).

[3]) Im folgenden finden sich öfters die Abkürzungen Ma = Makrozoosporen, Mi = Mikrozoosporen, Ga = Gametozoosporen; die davor stehende Ziffer bedeutet die Zahl der Wimpern.

So kopulieren bei *Ulothrix zonata* die zweiwimperigen Gametozoosporen, während die Mikrozoosporen hier noch wenig differenziert sind. Bei den niederen *Stigeoclonium*-Arten differenzieren sich bereits die Mikrozoosporen bei gleichzeitiger Rückbildung der Gametozoosporen immer mehr und mehr und übernehmen schliesslich so völlig die Funktion letzterer, bis diese selbst bei den höheren Chataetophoroiden völlig verloren gehen. Es ist überall typische Isogamie, die sich bei *Draparnaudia glomerata* sogar in einem amoeboiden Zustand der Schwärmer abspielt.

An diese Chaetophoroiden, die schließlich nur mehr vierwimperige Makro- und Mikrozoosporen besitzen, schließt nun eine heterogame Familie an, bei der die vierwimperigen Makrozoosporen noch völlig ihre Funktion haben, die Mikrozoosporen aber völlig heterogam geworden sind. Beide Geschlechter jedoch, es ist dies einer der interessantesten Fälle von Reproduktion, verblieben noch im Schwärmerzustand. Es ist dies die Familie der *Aphanochaetaceae* im Sinne Oltmanns, bei der sich die nach ihrer Sexualität morphologisch scharf differenzierten Mikrozoosporen, vierwimperige, große bewegliche Eizellen, und vierwimperige bewegliche Spermatozoiden, verbinden. Diese Aphanochaetaceen schließen sowohl in morphologischer Hinsicht, wie auch reproduktiv an die Reihe der tetrakonten *Ulotrichales*, die mit *Draparnaudia* endet, an.

Darnach schließt die erste Reihe der tetrakonten *Ulotrichales*, die in ihren Endgliedern nur vierwimperige Makrozoosporen und vierwimperige Mikrozoosporen besitzt und die Gametozoosporen unterdrückt hat, oogam mit den *Aphanochaetaceae*.

Aber auch die noch wenig genau gekannte zweite Reihe, die keine vierwimperigen Mikrozoosporen mehr ausbildet, sondern nur vierwimperige Makrozoosporen und zweiwimperige Gametozoosporen hat, — scheint in sexueller Hinsicht oogam zu enden.

Während aber in der ersten Reihe das oogame Endglied vegetativ vorgeschrittenen Gruppen angehört, — ist hier das oogame Endglied einfach gebaut und schließt morphologisch an die in diese zweite Reihe gehörigen *Ulothrix*-Arten an. Ich glaube, daß als oogames Endglied dieser zweiten Reihe der tetrakonten *Ulotrichales*, die Cylindrocapsaceen aufzufassen sind. Die Makrozoosporen sind bei ihnen noch nicht konstatiert; die Hiehergehörigkeit ist daher zweifelhaft. Die vierwimperigen Mikrozoosporen fehlen. Die den zweiwimperigen Gametozoosporen entsprechenden, die sexuelle Funktion besorgenden Schwärmer sind hier aber sexuell differenziert, wir finden zweiwimperige Spermatozoiden, und ruhende Eizellen, so daß die sexuelle Entwickelung der Cylindrocapsaceen eine höhere ist als beim Endglied der ersten Reihe der *Aphanochaetaceae*, wo die Eizellen noch selbstbeweglich sind.

Wie die hemitetrakonten *Ulotrichales* verhalten sich auch die Mehrzahl der Ulvaceen, die meist vierwimperige Makrozoosporen und zweiwimperige Gameten, aber keine vierwimperigen Mikrozoosporen haben.

Darnach sehen wir bei beiden Reihen,
den *Eutetrakonten* mit vierwimperigen Makrozoosporen, vierwimperigen Mikrozoosporen und in Reduktion begriffenen Gametozoosporen, welch letztere den entwickelteren Formen völlig fehlen; den *Hemitetrakonten* mit vierwimperigen Makrozoosporen, ohne Mikrozoosporen, und zweiwimperigen Gametozoosporen eine weitgehende parallele Entwickelung.

Bei beiden Reihen in vegetativer Hinsicht eine Entwickelung unverzweigter *Ulothrix*artiger Formen (*Ulothrix*-Typus) zu verzweigten Formen (*Stigeoclonium*- und *Draparnaudia*-Typus). In diesen *Stigeoclonium*-Typus fallen auch die *Aphanochaetaceae* hinein, — bei welchen von dem bei den höheren *Stigeoclonium*-Arten in Sohle und „Wasserstämme" (Cienkowski) differenzierten Thallus, nur die Sohle, die assimilationsfähig und vollständig selbständig geworden ist, erhalten blieb, die Bildung der Wasserstämme aber unterblieb. Bei beiden Reihen wahrscheinlich einzelne Glieder mit weitgehender Anpassung und Metamorphose des Thallus an eine endo- oder ektoparasitische Lebensweise.

In reproduktiver Hinsicht bei beiden Reihen eine Reduktion der Schwärmertypen, in der ersten Reihe allmähliche Reduktion des Typus der Gametozoosporen und zunehmende Differenzierung der vierwimperigen Mikrozoosporen, — in der zweiten Reihe Reduktion des Mikrozoosporentypus und Ausbildung und Differenzierung des zweiwimperigen Gametozoosporentypus. Und in Analogie zu dieser Reduktion der Schwärmer in den beiden Reihen, in der ersten Reihe Entwickelung zur Heterogamie bei den Mikrozoosporen (Aphanochaetaceae), — in der zweiten Reihe Entwickelung zur Heterogamie bei den zweiwimperigen Gametozoosporen (Cylindrocapsaceae).

So verhältnismäßig gut wir nach all den vorausstehenden Auseinandersetzungen über den Zusammenhang beider Reihen, der Eutetrakonten und der Hemitetrakonten unterrichtet sind, und so natürlich die Entwickelung beider Reihen scheint, — so schwierig ist es zu sagen, welche Gattungen diesen beiden Reihen oder überhaupt den tetrakonten Ulotrichales zugehören.

Das ist ungemein schwierig deswegen, weil wir, wie ich bereits so oft erwähnte, über die wenigsten Ulotrichales genauere Kenntnis der Schwärmer und der Reproduktion besitzen; dann, weil nur wenige zusammenhängende Untersuchungen darüber gemacht wurden, sondern vieles nur gelegentlich und vielleicht auch nicht eindeutig beobachtet wurde.

Sicher gehören, glaube ich, — zu den Tetrakonten folgende Ulotrichales:

> Ulothrix
> Stigeoclonium
> Draparnaudia
> Aphanochaete
> Chaetonema
> Chaetopeltis
> Phaeophila
> Sporocladus
> Chaetosphaeridium
> Chaetophora[1]

und wohl viele andere Gattungen insbesondere aus der Reihe der Chaetophoroiden.

Von den obigen Gattungen sind manche sicherlich nicht einheitlich, sondern müssen nach der Art und Weise ihrer Reproduktion zerlegt werden.

So gibt es, wie ich bereits mehrfach erwähnte, Ulothrix-Arten, die nicht den Schwärmertypus der Mikrozoosporen ausbilden, sondern völlig in die Reihe der Hemitetrakonten gehören, während ein anderer Teil Mikrozoosporen besitzt, und den Eutetrakonten angehört; ich möchte letztere Ulothrix-Formen mit Makrozoosporen, Mikrozoosporen und Gametozoosporen als Proulothrix bezeichnen, erstere die nur Makrozoosporen und Gametozoosporen haben, als Hemiulothrix. Es ist möglich und nicht ausgeschlossen, daß sich auch Formen des Ulothrix-Typus, reproduktiv wie die höheren Stigeoclonium- und die Draparnaudia-Arten verhalten, also den Gametozoosporentypus völlig unterdrückten, und nur Makro- und Mikrozoosporen, letztere kopulierend, haben. Ich glaube

---

[1] Chaetophora ist ebenfalls viel zu wenig auf seine Reproduktion hin untersucht, um bezüglich seiner engeren Stellung ein einigermaßen sicheres Urteil geben zu können. Ich glaube, daß einige Arten zu den Hemitetrakonten, vielleicht sogar zu den Dikonten gehören.

auch derartige Formen bereits gesehen zu haben, doch sind meine diesbezüglichen Beobachtungen noch nicht abgeschlossen; diese Formen[1]) könnte man vielleicht als *Euulothrix* bezeichnen.

Ebenso zerfällt die Gattung *Stigeoclonium*[2]) in dieselben drei Reihen; in eine Reihe mit vierwimperigen Makrozoosporen und zweiwimperigen Gametozoosporen: *Hemistigeoclonium*, — in eine die neben diesen zwei Schwärmertypen noch den Mikrozoosporentypus entwickelt *(Stigeoclonium longipilum, Stigeoclonium fasciculare)* — *Prostigeoclonium*, und in die, die nur mehr Makro- und Mikrozoosporen haben, — den Typus der Gametozoosporen aber ausfallen lassen, — *(Stigeoclonium tenue* im Sinne der vorhergehenden Untersuchungen, *Stigeoclonium nudiusculum)* — *Eustigeoclonium*.

Nach all dem Gesagten ergäbe sich folgende Übersicht über die Gruppierung nach der Entwickelung der Reproduktion[3]): Siehe Seite 101.

B) Die dikonten *Ulotrichales (Dikontae)*.

Während wir in der Reihe der tetrakonten *Ulotrichales* eine ziemlich große Anzahl von Gliedern kennen gelernt, — ist unsere Kenntnis über diese Reihe eine recht mangelhafte. Diese Reihe der dikonten *Ulotrichales* scheint auch nicht so reich entwickelt zu sein, eine so vielfache Gliederung in zahlreiche Gattungen nicht erfahren zu haben, wie die erstere Reihe: die Tetrakonten. Sie scheint mir einen wenig entwickelten Zweig in der Reihe der *Ulotrichales* darzustellen, der vielleicht, man könnte dies aus den ungemein hochentwickelten Endgliedern schließen, die Zeit der ausgedehntesten Entwickelung bereits längst vorbei hat. Ich komme speziell auf diesen Punkt noch später zurück.

Die Dikonten sind, wie bereits mehrfach erwähnt, dadurch charakterisiert, daß b e i d e Zoosporentypen, Makrozoosporen und Mikrozoosporen, z w e i w i m p e r i g sind. Das Charakterisierende ist die Zweiwimperigkeit des primären Zoosporentypus der Makrozoosporen.

Von den Dikonten kennen wir nur wenig Gattungen, — und auch diese in einzelnen Formen nicht sicher; trotzdem durchzieht aber diese Reihe die Ulotrichoiden sowie die Chaetophoroiden.

Es ist nun höchst merkwürdig zu beobachten, daß wir auch hier in vegetativer Hinsicht eine Entwickelung vorfinden, die völlig parallel ist zur vegetativen Differenzierung der Reihe der tetrakonten *Ulotrichales*.

Wie wir dort in beiden Reihen eine Differenzierung der Vegetationsorgane aus, einfachen unverzweigten Formen zu oft kompliziertest gebauten Verzweigungssystemen *(Draparnaudia)* sehen, — so ist auch hier eine solche mählige Differenzierung der Vegetationsorgane vorhanden. Auch hier eine Entwickelung aus einfachen unverzweigten ulotrichoiden Fäden zu verzweigten chaeto-

---

[1]) Es liegt mir ferne, diese Namen, die ich für die einzelnen Reihen einer Gattung verwende, ausdrücklich als neue Gattungsnamen festzulegen. — hauptsächlich stelle ich sie deswegen ein, um in den folgenden Übersichten eine kürzere Ausdrucksweise zu haben, genau so gut könnte man sagen Reihe a, Reihe b usw. Als Sektionsbezeichnungen werden sie sicher zu verwenden sein.

[2]) *Stigeoclonium* mit Ausschluß der Formen mit 2wimperigen Makrozoosporen, die ich zu Iwanoffia vereinigt habe.

[3]) Die Übersicht will nur die Phylogenie zum Ausdruck bringen.

phoroiden Formen, die aber hier nicht jenen komplizierten Aufbau zeigen, wie wir ihn bei den höheren *Stigeoclonium*-Arten mit der weitgehenden Differenzierung der Vegetationsorgane in Sohle und Wasserstämme oder wie bei *Draparnaudia* sehen; doch auch hier *Ulothrix*- und *Stigeo-clonium*-Typus.

Und wie wir ferner bei den Eutetrakonten eine mit der fortschreitenden Entwickelung der sexuellen Differenzierung zur Oogamie Hand in Hand gehende Reduktion der Vegetationsorgane sehen, — indem bei den Aphanochaetaceen von den beiden Systemen des Vegetationsorganes, Sohle und Wasserstämme, — nur die Sohle überblieb; so sehen wir auch bei den Dikonten ganz dasselbe.

Tetrakontae.

		Reduktion der vierwimperigen Mikrozoosporen. *Hemitetrakontae*	Reduktion der zweiwimperigen Gametozoosporen. *Eutetrakontae*	
		[1]) 4 Ma 2 Ga	4 Ma 4 Mi 2 Ga	4 Ma 4 Mi
isogam		*Ulotrichaceae*		
	Ulothrix-Typus	*Hemi-ulothrix* (*Ulothrix pseudoflacca* *U. subflaccida*) Wille[2])	ʼ*Proulothrix* *Ulothrix zonata* (Klebs)	*Euulothrix* ? *Ulothrix*
	Stigeoclonium- Typus	*Chaetophoraceae*		
		Hemi- *stigeoclonium* *Stigeoclonium tenue* (West.) *Stigeoclonium flagelli-* *ferum* (Tilden)	*Prostigeoclonium* *St. longipilum* (Pascher) *St. fasciculare*	*Eustigeoclonium* *St. tenue* (Klebs) *St. tenue* (Pascher) *St. nudiusculum* (Pascher) *Stigeoclonium*
		Chaetophora ekto- oder endopara- sitische Gattungen		*Draparnaudia* ekto- und endopara- sitische Gattungen
				Pringsheimia
heterogam		*Cylindro-* *capsaceae* 4 Ma? (2) Mi ♀ 2 Mi *Cylindrocapsa*		*Aphano-* *chaetaceae* 4 Ma 4 Mi ♀ 4 Mi ♂ *Aphanochaete*

[1]) Ma = Makrozoosporen, Mi = Mikrozoosporen, Ga = Gametozoosporen, die Ziffer bedeutet die Zahl der Wimpern.
[2]) Die beigesetzten Autornamen beziehen sich auf die Untersucher der Reproduktion der genannten Algen.

Aber nicht nur bezüglich der vegetativen Entwickelung lassen sich zwischen den dikonten und tetrakonten *Ulotrichales* Parallele ziehen, — sondern auch bezüglich der Weiterentwickelung der Fortpflanzung. Auch bei den Dikonten sehen wir zu Beginn isogame Formen, und schließlich oogame, — die aber in ihrer sekundären Anpassung zwecks Erleichterung der geschlechtlichen Verbindung viel weiter vorgeschritten sind als die oogamen Endglieder der beiden Reihen der tetrakonten *Ulotrichales*, die *Cylindrocapsaceae* und *Aphanochaetaceae*.

Zu den Dikonten gehören sicherlich unverzweigte, morphologisch mit der Gattung *Ulothrix* übereinstimmende Formen, die, — ich konnte dies einmal sicher feststellen, — gewiß Makrozoosporen mit nur zwei Wimpern besitzen.

Diese Beobachtung steht nicht vereinzelt da, — auch W i l l e hat mir liebenswürdigst brieflich mitgeteilt, daß eine der von ihm in den „S t u d i e n ü b e r C h l o r o p h y c e e n" [1] beschriebenen *Ulothrix*-Arten, — untermischt war mit einer *Ulothrix* artigen Alge, die nur zweiwimperige Zoosporen besaß. Ich bin mit den Untersuchungen über diese Algen noch nicht zu ende; es ging mir das Material ein, — möchte sie aber, da sie schon sicher konstatiert wurden, um des kürzeren Ausdruckes willen, im folgenden kurz als *Pseudulothrix* bezeichnen.

Dagegen wurde in ihrer Reproduktion völlig untersucht eine Gattung, die morphologisch parallel war zur Gattung *Stigeoclonium*. I w a n o f f [2] beschrieb seinerzeit, — ich bin bereits mehrfach auf die zitierte Abhandlung zurückgekommen, — ein *Stigeoclonium terrestre*, das in seiner Reproduktion recht von den andern bisher gekannten *Stigeoclonium*-Arten abwich. Es besaß Makrozoosporen mit nur zwei Wimpern, und zweiwimperige Mikrozoosporen.

Ich habe bereits seinerzeit [3] darauf aufmerksam gemacht, daß die Alge nicht als *Stigeoclonium* zu führen sei, — sondern den Vertreter einer anderen neuen Gattung darstellt, die zudem einer ganz anderen Reihe angehört. Ich nannte sie damals *Iwanoffia terrestris* und behalte auch den Namen für sie, — sowie überhaupt alle morphologisch dem *Stigeoclonium* ähnliche Formen, — die aber n i c h t t e t r a k o n t, sondern d i k o n t sind, — aufrecht.

Ferner scheinen mir hierher zu gehören die Gattungen *Akrochaete* und *Ulvella*, für die zweiwimperige Makrozoosporen beobachtet sind. Sicherlich ist die Zahl der hiehergehörigen Formen eine größere, wenn sie wohl auch nicht die Mannigfaltigkeit des tetrakonten *Stigeoclonium*-Typus hat. Insbesonders unter den endo- und ektoparasitischen Formen vermute ich noch manche dikonte Gattungen.

Die bisher erwähnten Gattungen der dikonten *Ulotrichales* sind isogam.

Aber auch die dikonten *Ulotrichales* haben ein oogames Endglied! Zu den Dikonten sind als oogames Endglied sicher zu stellen die *Coleochaetaceae*, deren vegetative Vermehrung durch zweiwimperige Makrozoosporen, deren sexuelle Fortpflanzung durch Eibefruchtung mittelst zweiwimperiger Spermatozoiden erfolgt. Daß die *Coleochaetaceae* eine weitgehende sekundäre sexuelle Entwicklung erfahren haben, brauche ich nicht näher auszuführen, ich erinnere an die flaschenförmige Verlängerung des Oogonium, die Ausbildung eigener Antheridialzellen, die Umrindung; auf die Keimung der Oosporen komme ich noch zurück. Die Spermatozoiden entsprechen, obwohl sie des Chromatophors ermangeln und trotzdem sie stark modifiziert sind, — auch O l t m a n n s, wohl der beste derzeitige Kenner der Reproduktion der Coleochaetaceen, erwähnt dies, — völlig den dikonten Zoosporen der anderen *Ulotrichales*.

Es ist eine interessante Tatsache, ich muß dies hier erwähnen, daß die *Coleochaetaceae* in vegetativer Hinsicht eine Reduktion erfahren haben. Während zum Beispiel *Iwanoffia ter-*

---

[1] W i l l e, Studien über Chlorophyceen I.—VII. L. Meddelelser fra den biologiske Station ved Dobrak Nr. 2.
[2] I w a n o f f, Über neue Algen etc. l. c., Bull. soc. Nat. Mosc., 1899. Nr. 4.
[3] P a s c h e r, Zur Kenntnis der Reproduktion bei *Stigeoclonium fasciculare*. Flora, Ergzbd. 1905, 95.

restris in Übereinstimmung mit *Stigeoclonium* eine Differenzierung in Sohle und Wasserstämme erkennen läßt, ist hier bei *Coleochaete* nur die Sohle ausgebildet, allerdings dafür aber in ganz eigener Weise vorgeschritten und den radiären Thallus der *Coleochaetaceen* bildend. Bei einer Reihe von *Coleochaeten* hat die Sohle noch nicht jene mächtige Ausbildung; es finden sich radiäre „Wasserstämme" bei anderen aber sind die Wasserstämme völlig reduziert und nur die Sohle findet sich vor, hat sich aber allerdings weiter entwickelt. Das erwähnt schon Oltmanns (Morphologie und Biologie der Algen, I. 242). Interessant ist aber der Umstand, daß sich hierin die tetrakonten *Ulotrichales* genau so verhalten wie die dikonten; dort sahen wir die Reduktion der Wasserstämme bei den *Aphanochaetaceen*. Und es sind hier wie dort besonders die oogamen Endglieder, die eine derartige Reduktion der Differenzierung des Thallus zeigen.

Ich darf aber nicht verschweigen, daß auch tetrakonte Isogame vorhanden sind, die eine derartige Reduktion des Wasserstammsystems zeigen und radiäre Scheibchen ausbilden; es sind dies die Gattungen *Pringsheimia* und andere Verwandte, die wohl noch alle genau auf ihre Reproduktion hin zu untersuchen sind.

Danach sind nur wenige Glieder der dikonten *Ulotrichales* sicher bekannt:

Pseudulothrix
Iwanoffia
Acrochaete
Ctenocladus (Borzi)
Ulvella
Coleochaete

die in ihrer vegetativen Entwickelung und sexuellen Differenzierung sich genau wie die tetrakonten *Ulotrichales* verhalten, in sexueller Hinsicht aber in ihrem Endglied, insbesondere was sekundäre Anpassungen anbelangt, viel weiter vorgeschritten sind als diese.

Auffallend ist die geringe Zahl der zu den Dikonten gehörigen Formen; ich glaube aber, daß sie, selbst wenn alle *Ulotrichales* genau auf ihre Reproduktion hin untersucht sind, nicht sonderlich vermehrt werden dürften, — und zwar gemäß folgender Überlegung.

Es ist eine eigentümliche Tatsache, daß unter den Algen in allen jenen Reihen, — in denen die sexuelle Differenzierung weit vorgeschritten ist, die also typisch oogam geworden, — jene Glieder an Anzahl zurückgehen, die isogam sind, im Gegensatz zu jenen Reihen, die mit sexuell weniger differenzierten Gliedern abschließen.

So ist in der Reihe der Tetrakonten, und zwar bei den Eutetrakonten, die Zahl der isogamen Gattungen und Formen ungemein groß und wird sich bei zunehmender Kenntnis ihrer Reproduktion noch sehr vermehren; die sexuelle Differenzierung der Endglieder, der *Aphanochaetaceae*, ist aber verhältnismäßig gering, — wir sehen, daß zwar Eibefruchtung, aber diese noch im Schwärmerzustand vorhanden ist. Andererseits ist die Zahl der Glieder der hemitetrakonten Reihe verhältnismäßig gering, — hier ist aber das vermutliche Endglied der Reihe sexuell ungemein weit vorgeschritten: *Cylindrocapsa* hat typische Eibefruchtung durch Spermatozoiden.

Bei anderen Reihen ist das noch viel auffälliger. Die *Oedogoniaceae* mit ihrer weitgehenden vorgeschrittenen sexuellen Differenzierung, mit ihren drei Zoosporentypen, und den Zwergmännchen, — sie müssen doch wohl auch isogame Ausgangsglieder gehabt haben; diese sind nicht mehr vorhanden, — und nur das sexuell so hoch entwickelte Endglied dieser durch ihre eigentümliche Schwärmerform charakterisierten Reihe ist mehr vorhanden, und es scheint mir sehr fraglich, — ob die *Derbesiaceae* hereingezogen werden dürfen, wie es das in letzter Zeit erschienene Buch von Lotsy, Botanische Stammesgeschichte, das in manchen Abschnitten mit zu großer Spekulation verfaßt ist, tut.

Und ganz etwas analoges ist hier bei den Dikonten der Fall. So wie wir bei all den Reihen, die mit hochdifferenzierter Oogamie enden, die Zahl der Gattungen mit einrechenbaren isogamen Glieder gering sahen, so ist es auch hier. Die *Coleochaetaceae* sind das sexuell weitgehendest differenzierte Endglied der Reihe, — und entsprechend dieser weit vorgeschrittenen Oogamie finden wir nur mehr wenige isogame Gattungen.

Es ist dies, däucht mir, eine ganz allgemeine Erscheinung.

Noch möchte ich bei *Coleochaete* einen Punkt berühren, dem früher viel Wichtigkeit beigemessen wurde. *Coleochaete* erzeugt in der Eispore einen mehrzelligen (8—16 Zellen) Körper, der dann aus jeder Zelle einen vegetativen Schwärmer entläßt, der einer Makrozoospore entspricht, und sich auch wie eine solche verhält.

Es wird nun, ich sehe hier ganz ab von der Einteilung in Gametophyt und Sporophyt, — die insbesondere auch bei *Coleochaete* gemacht wurde, gemeiniglich angenommen, als ob derlei „Zwischenstadien" die erst sekundär mit Zoosporen wieder die neue Pflanze bilden, — nur bei sexuell höher entwickelten Algen sich finden. Das scheint mir nun nicht so ganz der Fall zu sein.

Ich kann mich des Gedankens an eine gewisse Ähnlichkeit zwischen den Zwergkeimlingen der intermediären Schwärmer und diesen „Zwischenstadien" nicht erwehren. Hier wie dort ein Gebilde, das mit den normal vegetativen Stadien nicht übereinstimmt, dann aber Zoosporen erzeugt, die befähigt sind, zu neuen vollkommenen Individuen auszuwachsen. Aber nicht nur bei den intermediären Schwärmern finden wir ähnliches.

So gehen, ich verweise auf das bei *Ulothrix zonata* Gesagte, aus den unkopulierten Gametozoosporen kleine Keimlinge hervor, die bis zu einer gewissen Größe heranwuchsen, und dann Zoosporen entließen. Auch Zygoten dieser Gametozoosporen scheinen nicht immer die entsprechenden völligen Teilungen durchzuführen, sondern sind ebenfalls imstande, Keimlinge zu bilden, die in kurzer Zeit Schwärmer erzeugen. Aus den Mikrocysten von *Stigeoclonium longipilum* sah ich ebenfalls kurze Keimlinge hervorgehen, die Makrozoosporen erzeugten; ja hier blieben die Keimlinge sogar hie und da einzellig. Bei *Stigeoclonium tenue* gingen aus den Mikrocysten (ob vielleicht Zygoten) direkt zwei Schwärmer hervor — in anderen Fällen aber wurden 2 kleine Keimlinge gebildet, die dann erst wieder Zoosporen bildeten. Bei *Stigeoclonium nudiusculum* ging aus einer Mikrocyste einmal ein Schwärmer, sonst aber Keimlinge hervor. Ebenso entließen die Zygoten von *Draparnaudia glomerata* 2—4 Keimlinge, die ebenfalls unter Umständen bald zu Zoosporen schritten.

Es ist nun die Bildung derartiger bald schwärmender ein- oder mehrzelliger, meist aber wenigzelliger Keimlinge aus asexuellen Mikrocysten und Zygoten wohl nicht überall die Regel, aber sie tritt auf, — und darin scheinen mir doch Übergänge zu jenem Vorgange zu liegen, der bei *Coleochaete* besonders erwähnt und der so mancherlei Deutung auch für den Generationswechsel erfahren hat.

Ich glaube aber, — ich kann hier nicht weiter darauf eingehen — daß man diese an den vorerwähnten isogamen Ulotrichoiden und Chaetophoroiden gemachten Beobachtungen zur Deutung der Vorgänge bei *Coleochaete* heranziehen soll, ja ich meine, — daß sie sogar als Ausgangspunkte für derlei Deutungsversuche in Betracht gezogen werden müssen.

Damit hätte ich die Reihe der dikonten *Ulotrichales* erschöpft; ich bin weiter auf sie eingegangen als es hier eigentlich angezeigt war; es erübrigt noch eine Übersicht über die Dikonten zu geben, so wie ich sie für die tetrakonten *Ulotrichales* versucht habe (s. S. 105).

Möglicherweise gehören zu den Dikonten auch die *Chroolepidaceae*, — für gewisse Gattungen halte ich dies geradezu für wahrscheinlich, die Familie müßte aber eine andere Umgrenzung erfahren, darüber mehr in einer anderen Arbeit.

Es wird vielleicht auffallen, daß ich viele, insbesondere Chaetophoraceengattungen nicht genannt habe. Bei vielen ist jedoch die Morphologie der Schwärmer überhaupt noch nicht bekannt, bei vielen scheinen mir die Angaben nicht sicher genug zu sein, um daraufhin eine Zuteilung vornehmen zu können.

Ulotrichales dikontae.
2 Ma 2 Mi

Ulothrix-Typus	*Pseudulothrix* 2 Ma 2 Mi		
Stigeoclonium-Typus	*Iwanoffia terrestris* 2 Ma 2 Mi		isogam
	Acrochaete		
	Ulvella		
Aphanochaete resp. *Pringsheimia*-Typus		*Coleochaetaceae* 2 Ma ♀ Mi ♂ 2 Mi	heterogam

Zusammenfassung.

Darnach zerfallen die *Ulotrichales* (mit Ausschluß der *Oedogoniaceen*, einzelner *Chroolepidaceae*, *Prasiolaceae* und der Gattung *Mikrothamnion*) nach ihrer Reproduktion in zwei natürliche Reihen, die *Tetrakontae* und *Dikontae*.

Beide Reihen höchst ungleich an Gliederzahl, — zeigen parallele Entwickelung sowohl in Bezug auf die Morphologie der Vegetationsorgane, wie in Bezug auf Reproduktion: bei beiden die Entwickelung von einem unverzweigten *Ulothrix*-Typus zu einem verzweigten *Stigeoclonium*-Typus, der sich schließlich in Sohle und Wasserstämme differenziert, — bei beiden Reihen eine Entwickelung von isogamen zu heterogamen Formen, — welch letztere oogame Formen bei beiden Reihen, dann Reduktion in der Gliederung des Thallus zeigen. während auch in beiden Reihen die Anpassung an eine ekto- oder endoparasitische Lebensweise analoge weitgehende Veränderungen der Vegetationsorgane hervorruft.

Während die Reihe der *Dikontae* verhältnismäßig einfach ist und bezüglich der Reproduktion in einfacher aufsteigender Linie die Entwickelung zu oogamen Endgliedern durchläuft, so zeigt die Reihe der *Tetrakontae* mannigfache Gliederung, insbesondere dadurch, daß sie durch Ausbildung resp. Reduktion von Schwärmertypen eine Entwickelung nach zwei Richtungen erfahren. hat, welche Verhältnisse dadurch kompliziert werden, daß einige Gattungen (wie *Ulothrix*, *Stigeoclonium*) noch in dieser Entwickelung nach zwei Richtungen begriffen sind, andere jedoch bereits hochentwickelte Glieder eine der beiden Entwickelungsrichtungen darstellen *(Chaetophora, — Draparnaudia)*. Dadurch, daß bei den *Tetrakontae* in einer Richtung hin die Reduktion eines bestimmten Schwärmertypus mit gleichzeitig einsetzender Bildung eines neuen Schwärmertypus beginnt, — resultieren zwei Gruppen, die Hemitetrakonten mit 4 Ma und 2 Ga und die Eutetrakonten mit 4 Ma und 4 Mi, wobei allmählich die 2 Ga reduziert wurden.

Während die *Dikontae* und *Tetrakontae* bestimmte phylogenetische Reihen darstellen, die sich von verschiedenen primären Monadenformen ableiten, — und die auch wohl systematisch festgehalten werden müssen, wage ich dasselbe nicht so unbedingt zu behaupten für die *Hemi*- und *Eutetrakontae*, obwohl gerade die Berücksichtigung des reproduktiven Momentes uns klarer über den phylogenetischen Zusammenhang orientiert, wie insbesonders aus der beifolgenden Tabelle, die *Tetra*- und *Dikontae* nebeneinanderführt, hervorgeht. Ob sich durch systematische Gliederung diese Verwandtschaftsverhältnisse werden zum Ausdrucke bringen lassen, scheint mir fraglich. da sie viel zu komplizierter Natur sind.

Für jene Gattungen, welche noch nicht eine völlige Spaltung in *H e m i -* und *E u t e t r a k o n t a e* erfahren haben, — werden wohl diese einzelnen Etappen der Entwickelung wohl zum mindesten als Sektionen der Gattung festgehalten werden müssen, — und ich habe, um die gleiche Entwickelung innerhalb der Gattungen *U l o t h r i x* und *S t i g e o c l o n i u m* zum Ausdruck zu bringen, für beide die gleichen Zusammensetzungen: *E u u l o t h r i x , E u s t i g e o c l o n i u m , P r o u l o t h r i x , P r o s t i g e o - c l o n i u m , H e m i u l o t h r i x , H e m i s t i g e o c l o n i u m ,* die zugleich die Zugehörigkeit zu den *H e m i -* resp. *E u t e t r a k o n t a e* markieren soll, — angenommen.

Wir dürfen aber nicht vergessen, daß die einzelnen Gattungen verschiedene Anschlüsse zeigen: *C h a e - t o p h o r a* an *H e m i s t i g e o c l o n i u m , D r a p a r n a u d i a* an *E u s t i g e o c l o n i u m* anschließt.

Diese beiden Reihen, die eu- und hemitetrakonten *U l o t r i c h a l e s ,* die sich innerhalb der Gattungen *S t i g e o c l o n i u m* und *U l o t h r i x* innig berühren, haben sich auch jede für sich zur Oogamie weiter entwickelt: die Hemitetrakonten schließen aller Wahrscheinlichkeit nach mit *C y l i n d r o - c a p s a ,* die Eutetrakonten mit *A p h a n o c h a e t e .*

Nicht näher verwandt, oder wenigstens in ihrem Verwandtschaftsverhältnis zu den besprochenen Formen nicht näher zu erkennen, sind folgende Algen: *M i k r o s p o r a , H o r m i d i u m ,* die *P r a - s i o l a c e a e , O e d o g o n i a c e a e* und *M i k r o t h a m n i o n ,* welch letzteres wohl schon recht reduzierte Formen darstellt.

Inwieweit die Gattungen *C h l o r o t y l i u m , G o n g r o s i r a* und vor allem die *C h r o o - l e p i d a c e a e* Anschluss an die *U l o t r i c h a l e s* zeigen, darüber werden selbst, wenn wir genau über die Reproduktion aufgeklärt sind, die Meinungen sehr geteilt sein; wir haben hier sekundär ungemein veränderte Formen vor uns.

Über den *C h a e t o s i p h o n* H u b e r s bin ich nicht klar, — er scheint mir nicht genügend genau gekannt; bei ihm wird wohl die Entwickelungsgeschichte ausschlaggebender sein als die Morphologie der Vegetationsorgane, die auch hier durch den Endoparasatismus weitgehend verändert sind.

Jedenfalls wird uns jede einzelne genaue Beobachtung der Reproduktion dieser systematisch und reproduktiv interessanten Formen (— ich beziehe hier auch die Legion der so wenig geklärten ekto- und endoparasitischen Chaetophoroiden und Ulotrichoiden ein), neue Gesichtspunkte eröffnen, wie bei diesen kritischen oft weitgehend umgeänderten Formen nur die Kenntnis der Reproduktion imstande ist, Aufklärung über die verwandtschaftlichen Beziehungen zu geben.

Die parallele Entwickelung beider Reihen, der *D i k o n t a e* und *T e t r a k o n t a e* aber möge die auf Seite 108 angegebene Tabelle veranschaulichen, die vielleicht einzelne Umstände klarer macht als lange Auseinandersetzungen.

Nochmals möchte ich betonen, daß diese Tabellen und diese Gliederung, insbesondere bei den Tetrakonten mehr das phylogenetische Verwandtschaftsverhältnis zum Ausdruck bringen sollen, — als daß sie für systematische Gliederung benützt werden mögen. Zur Verwendung in Bestimmungsbüchern und Florenwerken werden sie sich kaum eignen, — aber sie zeigen das, daß die Beziehungen der einzelnen Familien komplizierter sind als gemeiniglich angenommen wird; und daß die Kenntnis der Reproduktion in ihren verschiedenen Formen auch für die Systematik und insbesondere für phylogenetische Erklärungsversuche innerhalb engerer Familien und Gattungenverwendet werden muß. Diese Erkenntnis wird wohl mit der Zeit natürlichere Gruppierungen vornehmen lassen, als die Momente, die in der jetzigen Familien- und Gattungsumgrenzung ausschlaggebend sind, — und die innerhalb gewisser Familien und Gattungen, wie z. B. *U l o t h r i x* und *S t i g e o c l o n i u m* auf einer Einteilung analog der in „Bäume" und „Nichtbäume" stehen geblieben zu sein scheint.

Wir haben bis jetzt nur die *U l o t r i c h a l e s* betrachtet.

Eine ebenso schwierige Gruppe sind die *P r o t o c o c c a l e s ;* soweit ich diese Familienreihe untersucht habe, läßt sich ebenfalls eine analoge Gruppierung vornehmen, und zwar ist diese viel einheitlicher, als die Zusammenordnungen, die nach der jetzt bei der Systematik dieser diffizilen Gruppen vorgenommen wurden; es lassen sich auch bei den *P r o t o c o c c a l e s* einheitlichere Reihen finden. Doch darüber in einer anderen Arbeit.

Ein wirklich natürliches System der Grünalgen werden wir wohl nie erhalten; nur vereinzelt sind die verbindenden Brücken erhalten geblieben und auf uns gekommen.

Was wir jetzt vor uns haben, sind wohl größtenteils meist nur mehr die letzten Spitzen von Ästen eines tief, tief untergesunkenen Baumes, — dessen mannigfach veränderte Äste ihre Verzweigungspunkte tief unten haben, so daß wir deren Lage nur aus kleinen Divergenzen der vorstehenden Spitzen der Äste zu erraten suchen müssen.

Tabelle der Ulotrichales.

Tetrakontae.			Dikontae
4 Ma, 4 Mi 2 Ga			2 Ma 2 Ga
Reduktion des Typus 4 Mi	Reduktion des Typus 2 Ga und Entwickelung von 4 Mi		
4 Ma 2 Ga	4 Ma 4 Mi 2 Ga	4 Ma 4 Mi	
Hemitetrakontae	*Eutetrakontae*		
	Ulothrix		Ulothrix-Typus
Hemiulothrix	*Proulothrix*	*Euulothrix*	*Pseudulothrix*
Ulothrix pseudoflacca	Ulothrix zonata	?	
Ulothrix subflaccida			
	Stigeoclonium		
Hemistigeoclo-nium	*Prostigeoclonium*	*Eustigeoclonium*	*Iwanoffia terrestris* Pascher (Iwanoff)
Stigeoclonium tenue (West.)	Stigeoclon. fasciculare ,, longipilum (Pascher)	Stigeoclon. tenue (Klebs) Stigeocl. tenue ,, nudiusculum (Pascher)	
Stigeocl. flagelliferum (Tilden)			*Acrochaete Ulvella*
Chaetophora		*Draparnaudia*	
endo- und ekto-parasitische Genera		endo- und ekto-parasitische Genera	
Pringsheimia (?) kaum alle Formen			
Ulvaceae			Chroolepidaceae (?)
Cylindrocapsaceae		*Aphanochaetaceae*	*Coleochaetaceae*
Cylindrocapsa		*Aphanochaete*	*Coleochaete.*

isogam / oogam

Ulothrix-Typus / Stigeoclonium-Typus

Ich möchte meine Arbeit nicht schließen, ohne auf eine allgemeinere Erscheinung, die von größerer Bedeutung ist und die ich nicht anderswo besprechen konnte, zu erörtern.

Es ist dies die successive Entwickelung des kleineren Schwärmertypus, sei er nun zwei- oder vierwimperig, bei den vorbesprochenen Chlorophyceen.

Während der vierwimperige kleinere Schwärmertypus, der der Mikrozoosporen, einer ganzen Reihe von *Ulotrichales*, wie bereits erwähnt, zu fehlen scheint, tritt er beispielsweise bei *Ulothrix zonata* erst wenig differenziert und entsprechend seiner Mittelstellung zwischen Gametozoosporen und Mikrozoosporen nicht einmal morphologisch einheitlich gebaut und auch funktionell nicht genügend präzisiert auf.

Bei *Stigeoclonium longipilum* bilden die vierwimperigen Mikroozospuren bereits ständig Dauerstadien, während solche bei *Ulothrix* erst ausnahmsweise gebildet werden. Sie sind also entwickelungsgeschichtlich gewissermaßen bereits an die Gametozoosporen herangekommen. Sie kopulieren aber noch nicht. Leider sind wir speziell bei *Stigeoclonium longipilum* nicht näher orientiert über das Verhalten des zweiwimperigen Typus, des Gametozoosporentypus; wahrscheinlich kopuliert dieser Typus.

Bei *Stigeoclonium fasciculare* dagegen sind die Mikrozoosporen bereits völlig auf der Höhe ihrer Entwickelung, sie funktionieren wie die Gametozoosporen bei *Ulothrix zonata*, kopulieren, bilden Dauerstadien, — während die Gametozoosporen hier rückgebildet werden und in ihrer Entstehung auf ein Kinetenstadium beschränkt zu sein scheinen.

Bei *Stigeoclonium tenue, Stigeoclonium nudiusculum, Draparnaudia glomerata* dagegen fehlen die Gametozoosporen völlig; sie sind ganz durch die Mikrozoosporen, die allmählich die Höhe der Gametozoosporen erklommen haben, ersetzt.

Bei *Draparnaudia glomerata* macht sich nun eine Sonderentwickelung bemerkbar: die Mikrozoosporen kehren bei der Kopulation in ein amoeboides Stadium zurück.

So verlief allem Anscheine nach die Entwickelung der Mikrozoosporen überhaupt, — die im I. Teile besprochenen *Ulotrichales* stellen ja nur einzelne Glieder in einer Kette ununterbrochener Entwickelung dar —, so weit sie isogam blieben.

Die Mikrozoosporen entwickelten sich aber noch weiter, — wurden heterogam und die *Aphanochaetaceae* mit ihren beweglichen vierwimperigen Eisphären und vierwimperigen Spermatozoiden, die beide noch sehr an ihre ursprüngliche Schwärmerform erinnern, lassen uns diese allmähliche Differenzierung der isogamen Mikrozoosporen zu heterogamen Geschlechtsprodukten in einzig schöner Weise erkennen.

Darnach ist es bei den Tetrakonten, in der Reihe der E u t e t r a k o n t e n der Mikrozoosporentypus der s e k u n d ä r e Typus, der ursprünglich bloß die Fähigkeit besaß, Dauerstadien zu liefern, — und auch diese erst successive (*Ulothrix zonata*, — wo dieser Typus nur ganz ausnahmsweise Dauerstadien liefert, — *Stigeoclonium longipilum*, wo er bereits immer Dauerstadien liefert, aber noch nicht kopuliert) erwarb, — derjenige wurde, der dann eine weitgehende Differenzierung in Ei und Spermatozoid erfuhr.

Aber auch bei den H e m i t e t r a k o n t e n ist es der zweite Zoosporentypus, der heterogam wird. Die zweiwimperigen Gametozoosporen, — die hier die gleiche Funktion, wie die vierwimperigen Mikrozoosporen bei den Eutetrakonten haben, sind zunächst isogam, und werden heterogam; während aber bei den *Aphanochaetaceae* die Eizelle noch beweglich ist, ist sie bei *Cylindrocapsa* unbeweglich geworden, — die Spermatozoiden haben ebenfalls eine große Differenzierung gegenüber der primären Form der Gametozoosporen erfahren, diese sind eben Spermatozoiden und nicht mehr die isogamen kleinen zweiwimperigen Schwärmer.

Das Gleiche sehen wir aber auch bei den D i k o n t e n, die Makrozoosporen mit nur zwei Wimpern haben. Auch hier kopulierte bei *Iwanoffia terrestris* der kleinere sekundäre zweiwimperige Schwärmertypus, der morphologisch den Gametozoosporen der Hemitetrakonten entspricht;

bei dem oogamen Endglied der Dikonten der Coleochaetaceen sehen wir ebenfalls diesen zweiten Schwärmertypus hochgradig und weitgehendst differenziert und sekundär verändert in die Eisphäre, die durch sekundäre Einrichtung hochgradig angepaßt ist, — und in die bei den meisten Arten von Coleochaete farblosen, zweiwimperigen Spermatozoiden; während der primäre Typus, der Typus der Makrozoosporen, die ja bei den Dikonten, im Gegensatz zu den Tetrakonten, immer zweiwimperig sind, — ihre ursprüngliche Funktion voll und ganz gewahrt haben.

Darnach ist es bei allen den besprochenen Reihen nur immer der sekundäre Schwärmertypus, der, ursprünglich wohl nur befähigt war Dauerstadien zu liefern, um damit ungünstige äußere Faktoren zu überdauern, — zu Geschlechtsprodukten umgewandelt wurde, seien sie nun isogamer oder heterogamer Natur, im letzteren Fall aber oft mit weitgehender Differenzierung und sekundären Anpassungen, — aber im einzelnen immer schön vermittelt durch Übergänge.

Bei alledem aber sehen wir den Makrozoosporentypus immer völlig unverändert die primäre Funktion bewahren, seien nun die betreffenden Algen isogam oder heterogam, — und nur die Übergänge zwischen Makrozoosporen und Mikrozoosporen, wie sie bei einzelnen Arten im ersten Teil dieser Arbeit nachgewiesen sind, lassen uns die Ableitung dieses kleineren Schwärmertypus, sei es nun Mikrozoosporen oder Gametozoosporen (— ich bezeichnete damit immer die vierwimperigen kleinen Schwärmer, — im Gegensatz zu den zweiwimperigen kleineren Schwärmern, — die der Einheitlichkeit willen als Gametozoosporen bezeichnet wurden), von dem Typus der Makrozoosporen erkennen, — und diesen kleineren Schwärmertypus selbst als sekundär zunächst, als eine biologische Einrichtung erkennen, — die mit der Zeit sexuellen Charakter annahm.

Das, was nun für die tetrakonten und dikonten Ulotrichales zutrifft, gilt meiner Ansicht nach wohl für alle Chlorophyceen; — die Oedogoniaceen zeigen ganz analoge Verhältnisse, — Zoosporen rein vegetativer Natur und einen kleineren Schwärmertypus als Träger sexueller Fortpflanzung, — der allerdings heterogam geworden, Eisphären und Spermatozoiden darstellt, bei welch letzteren die Ableitung von den vegetativen Zoosporen insbesondere durch die Androzoosporen erkennbar gemacht ist.

Bei den Oedogoniaceen scheint uns der ursprüngliche biologische Zweck des sekundären Schwärmertypus, — die Bildung von sexuellen Dauerstadien verloren gegangen zu sein, — wenn wir nicht die hie und da auftretenden Parthenosporen als letzten Rest der Fähigkeit asexueller Cystenbildung deuten wollen.

Von der Entwickelungsreihe, der die Oedogoniaceen angehören, — kennen wir nur mehr das oogame Endglied; die isogamen Glieder sind sicherlich ausgestorben, müssen aber vorhanden gewesen sein.

Gleiche Verhältnisse finden sich auch bei den Chlamydomonadeen, bei denen wir vegetative Zoosporen und isogame Gametozoosporen haben, — die sich sicherlich von der ersteren ableiten, und bei vielen Arten von den Zoosporen nicht einmal auffallend verschieden sind.

Gleiches trifft bei den Volvocineen zu, die wohl kaum in dem gewohnten Umfang aufrecht erhalten werden können (— ich glaube, daß Stephanosphaera, Spondylomorum und einige wenige andere Gattungen auszuscheiden sind —)[1], bei denen wir ebenfalls vegetative, den Makrozoosporen der Ulotrichales entsprechende Zoosporen, — und einen sekundären Schwärmertypus finden, der entweder isogam ist, oder bei einzelnen Gattungen heterogam geworden ist (Volvox, Eudorina) — wobei einzelnen Fällen, insbesonders die Eizellen (Eudorina) — sehr an die primäre Schwärmerform anklingen, und morphologisch kaum verändert werden. Wir dürfen aber dabei nicht vergessen, daß insbesonders bei den höheren Gattungen der Einblick in die Deutung der Sexualprodukte durch sekundäre Momente, — Coloniebildung, Differenzierung in geschlechtliche und ungeschlechtliche Zellen, manchmal erschwert wird.

---

[1] Auch Oltmanns, Morphologie und Biologie der Algen, I. 150, scheint ähnlicher Ansicht zu sein.

Bei den Tetrasporaceen liegen die Verhältnisse dagegen viel einfacher und obwohl bei ihnen erst bei *Tetraspora*[1]) Kopulation kleinerer Isogameten nachgewiesen sind, die jedenfalls auf die primären Zoosporen zurückgehen.

Für die eugamen *Protococcales* trifft wohl ähnliches zu, ebenso wie für die isogamen *Siphonocladiales*, — bei welchen innerhalb einzelner Gattungen die Sache etwas modifiziert ist. Die oogamen *Sphaeropleaceae* scheinen dagegen auf den ersten Blick von ihnen abzuweichen, da neben den Geschlechtsprodukten kein vegetativer Zoosporentypus aufzutreten scheint.

Ich glaube aber, daß er, wenn er nicht noch aufgefunden wird, sicher vorhanden war, — darauf deutet meiner Ansicht nach hin das Auftreten der Karpozoosporen, — der vegetativen, aus den befruchteten Eizellen hervorgehenden Zoosporen. Ich glaube, daß diese, abgesehen von der Rotfärbung, die ja sekundärer Natur ist, auch morphologisch den hypothetischen Zoosporen entsprechen. Bei den *Coleochaetaceae* entsprechen die aus der Eispore resp. aus der in ihr gebildeten Zellen hervorgehenden Schwärmer völlig den vegetativen Makrozoosporen. Dasselbe gilt für die *Oedogoniaceae*: hier sind sie gewöhnlich ein bischen kleiner als die vegetativen Zoosporen, — keimen aber direkt aus, und decken sich in der übrigen Morphologie fast völlig mit ihnen. Und bei den *Ulotrichales* sehen wir aus den Zwergkeimlingen, — ich erwähnte dies im II. Teil vorliegender Abhandlung wiederholt, — immer wieder den Makrozoosporentypus, also den primären Typus hervorgehen. Darum dürften wahrscheinlich auch die vegetativen Zoosporen der Sphaeropleaceen in der Morphologie dieser Karpozoosporen (Oltmanns) ziemlich entsprechen oder entsprochen haben.

Bei den *Siphonales*, die gewißlich keine einheitliche Reihe sind, sondern die polyerigden, monosiphonen Endglieder verschiedener Reihen darstellen, — sind die Verhältnisse eben durch die extreme Morphologie der Zelle verwischt und hier scheint in der Tat der Makrozoosporentypus eben dadurch bei einzelnen unterdrückt — oder weitgehend verändert (*Vaucheria*-Synzoosporen), zu sein, — während der sekundäre Schwärmertypus sich erhalten hat und heterogam geworden (*Bryopsis*, *Codium*) oder weitgehende Modifikationen erlitten hat (*Vaucheria*).

Eine einheitliche Betrachtung der *Siphonales* in dieser Richtung ist dadurch erschwert, beziehungsweise unmöglich gemacht, daß sie von vorneherein keine einheitliche Reihe sind.

Aus all dem Gesagten aber erhellt zur Genüge, daß sich die Sexualprodukte wohl nie direkt von dem primären Zoosporentypus, dem Makrozoosporentypus ableiten, sondern von dem sekundären kleineren Schwärmertypus, der ursprünglich nicht die Funktion der sexuellen Fortpflanzung besaß, sondern nur die biologische Aufgabe hatte, Dauerstadien zu liefern, — mit der Zeit diese Funktion erwarb wie auch damit die entsprechenden Teilungen zu ihrer Bildung angelegt wurden[2]): eine Tatsache, die noch heute an der Entwickelung der Mikrozoosporen bei den Eutetrakonten zu erkennen ist.

Der sekundäre Schwärmertypus hinwieder leitet sich morphologisch von dem primären, bloß der rein vegetativen Vermehrung dienenden ab, und ist mit ihm durch mannigfache Übergänge, die teils morphologischer. teils entwickelungsgeschichtlicher Natur sind, verbunden, — deren Nachweis ja eben den Hauptteil vorliegender Abhandlung bildet.

Durch die Erkenntnis dieses genetischen Zusammenhanges der Sexualprodukte mit dem sekundären Schwärmertypus erlangt aber auch der Nachweis der Verbindung derselben mit dem primären Zoosporen-, dem Makrozoosporentypus. besondere Bedeutung für die Auffassung und Deutung ersterer.

---

[1]) Reinke, J., Über *Monostroma bullosum* Thur. und *Tetraspora lubrica* Kg., Pringsheim, Jahrbücher XI., 531 ff.

[2]) Die geringere Größe der sekundären Schwärmertypen hat wohl in erster Linie Bezug auf ihre primäre biologische Bedeutung und erst mit der Zeit Bezug auf die sexuelle Fortpflanzung (vergl. Strasburger, Schwärmsporen, Gameten, pflanzliche Spermatozoiden und das Wesen der Befruchtung (Histol. Beiträge IV. S. 96).

Interessant und wünschenswert wären wohl auch analoge Untersuchungen bei den Phaeo-phyceen, die wohl reproduktiv einen analogen Entwickelungsgang durchgemacht haben, — sich aber viel mannigfacher, sowohl sexuell als auch morphologisch entwickelt haben, und die wohl auch noch allgemeiner verwertbare Resultate ergeben würden.

Die vergleichenden Untersuchungen der Schwärmervariation haben nach all den vorstehenden Ausführungen gestattet, mancherlei Fragen anzuschneiden.

Zunächst konnte gezeigt werden, daß Zwischenformen, wie sie insbesondere von Klebs und vor ihm schon von anderen Autoren angegeben werden, — zwischen den einzelnen Zoosporentypen ziemlich allgemein vorhanden sind, — daß kein Zoosporentypus konstant ist, sondern innerhalb gewisser Grenzen variiert, — daß zwischen den einzelnen Zoosporentypen Übergänge konstatierbar sind, sowohl bezüglich der Morphologie als auch bezüglich der Entwickelungsgeschichte.

Die einzelnen Typen haben ihre ganz bestimmte Variation, — und der Charakter der der Variation entsprechenden Kurve ist wenigstens bei den *Ulotrichales* für jeden Zoosporentypus ein bestimmter; die Variation in der Größe, der Bewimperung und der Stigmatisierung vollzieht sich bei allen *Ulotrichales* in einer bestimmten, jeden Typus charakterisierenden Weise.

Diese Variation ließ aber auch Übergänge zwischen den einzelnen Schwärmertypen erkennen, — auch diese Übergänge finden sich in bestimmter Weise und scheinen im allgemeinen im Zusammenhang zu stehen mit der vegetativen Organisationshöhe, — in der Weise, daß höher organisierte *Ulotrichales* im allgemeinen weniger Übergangsformen zwischen den einzelnen Zoosporentypen zeigen als weniger hoch organisierte.

Das erhellt aus den spezifizierten Schwankungen der Variation bei den einzelnen Algenformen, — welche deutlich eine weitergehende Differenzierung der Schwärmerformen bei zunehmender Organisations-höhe zeigen.

Aber nicht nur bezüglich der Länge der Schwärmer ergab sich eine bestimmte Gesetzmäßigkeit in der Variation, sondern auch bezüglich der Variation in der Lage des Stigma und in der Bewimpe-rung. Wir sahen, daß jede Art ihre Zoosporen in bestimmter, aber für jeden Typus verschiedener Weise stigmatisiert hat, und daß jede Art an dieser Stigmatisierung zäh fest hält, ja die Stigmatisierung der Schwärmer sogar als Diagnostikum für die einzelnen Algen verwendet werden kann.

Gleichwohl zeigen sich auch hierin Übergänge zwischen den Zoosporentypen jeder Art — und diese Übergänge folgen im allgemeinen wieder einer bestimmten Regel, — und treten relativ am häufig-sten bei den bezüglich der Länge intermediären Schwärmerformen auf — auch hierin wird die Diffe-renzierung bei zunehmender Organisationshöhe der Alge eine bedeutendere.

Aus der Art und Weise der Variation, aus dem Charakter der Kurven ergibt sich der Schluß, daß die einzelnen Zoosporen erst sekundär differenziert sind, daß sie sich erst mit der Zeit entwickelt haben. Schwindet doch bei den *Ulotrichales* selbst bei einer Reihe von Formen der eine Zoosporentypus und tritt mit dem Schwinden des einen ein anderer neuer Zoosporentypus in dieser Reihe auf, dessen Variationskurve bei *Ulothrix zonata* noch wenig scharf ausgeprägt, innerhalb der Gattung *Stigeoclonium* ganz bestimmte Spezialisierung erfährt.

Als primärer Typus scheint der Makrozoosporentypus, als der mit der primären Funktion aus-gestattete, und deswegen, weil er bei allen Formen funktionell und morphologisch in gleicher Weise ohne sekundäre Modifikationen auftritt, anzusprechen zu sein.

Die einzelnen Zoosporentypen sind aber heute noch durch Übergangsformen verbunden.

Daß nicht nur bei den *Ulotrichales* derartige Schwärmervariationen auftreten, sondern daß sie wohl überall konstatierbar sind und als Substrat für weitere Schlüsse verwendet werden können, wurde zu zeigen versucht an *Tribonema (Conferva)* und *Oedogonium*.

Bei *Tribonema* wurde gezeigt, daß die Kenntnis der Variation und Morphologie der Schwärmer ein wichtiges Hilfsmittel zu sein scheint zur Klärung der hiehergehörigen Formen, so wie auch wahrscheinlich aus der Art der Variation gemacht wurde, daß neben dem bis jetzt bekannten Zoosporentypus noch ein zweiter bestehe.

Andererseits sahen wir bei *Oedogonium*, daß die Kenntnis der Variation der Schwärmer uns für die Erklärung der sekundären Anpassungserscheinungen, die ja innerhalb dieser Familie weit vorgeschritten sind, ein geeignetes Substrat für eine plausible Erklärung finden läßt.

Der genetische Zusammenhang der einzelnen Zoosporentypen ergab sich aber nicht nur aus der Morphologie der Zoosporen, sondern auch aus ihrer Entwickelungsgeschichte, insbesondere der Entwickelungsgeschichte der intermediären Schwärmerformen. Diese intermediären Schwärmerformen verhalten sich in ihrer Entwickelungsgeschichte ganz entsprechend ihrer Mittelstellung bezüglich der Morphologie, sei es daß sie bloß eine verzögerte Keimung zeigen, wenn sie den direkt auskeimenden Makrozoosporen nahestehen, oder diese Keimung umsomehr verzögern, je mehr sie den Mikrozoosporen entsprechen. Fast immer aber sehen wir die Bildung kleiner Stadien, — der Zwergkeimlinge, die, je mehr sich die sekundären Schwärmer den Mikrozoosporen nähern, — um so wenigerzellig werden, bis sie gewissermaßen bei den typischen Mikrozoosporen einzellige Cysten werden.

Diese allgemeine Erscheinung, die deutlich zeigt, daß sich der kleinere Typus auch funktionell allmählich aus dem primären Typus entwickelte, — läßt uns auch das Verhalten der Mikrozoosporen bei *Ulothrix zonata* mit ihrem etwas verzögerten Keimen erklärlich finden. Sind einerseits, im Gegensatz zu den höheren Chaetophoroiden, — die Mikrozoosporen bei *Ulothrix zonata* morphologisch noch nicht recht präzisiert, — so ist dies auch funktionell nicht der Fall, und ihr eigentümlich verzögertes Keimen ist gewissermaßen der erste Ansatz zur Bildung von Dauerstadien, — die ja von den Mikrozoosporen der weiter entwickelten Chaetophoroiden bei ihrer besser präzisierten Morphologie regelmäßig gebildet werden.

Aus dem Vergleich der Art und Weise der Reproduktion der *Ulotrichales* ergab sich aber mit Notwendigkeit eine Trennung dieser Familie in 2 Reihen, in die, deren primärer Typus vier Geißeln, und die, deren primärer Typus nur zwei Wimpern hat. Und diese erstere Reihe zerfällt wieder in zwei Reihen, in solche, deren sekundärer Schwärmertypus biciliat, und solche, deren sekundärer Schwärmertypus quadriciliat ist, und diese letzteren beiden Reihen sind durch Übergänge verbunden, — bei denen eben der erwähnte biciliate Typus in Reduktion und dafür der quadriciliate in Bildung begriffen ist, wie bei *Ulothrix* oder *Stigeoclonium*, wo wir einzelne oder alle Phasen dieser Entwickelung wahrnehmen können. Andere Gattungen haben ebenfalls diese Entwickelung mitgemacht, sind aber bereits am Ende angelangt und sind eutetrakont geworden, andere scheinen hemitetrakont geblieben zu sein.

Alle diese drei Reihen der *Ulotrichales* haben sich aber auch in ihrer weiteren Entwickelung gleich verhalten, sind wenigstens zum Teil vegetativ gleich vorgeschritten, und haben sich auch sexuell weiter differenziert; sie schließen mit vegetativ kompliziert gebauten Formen, — und haben schließlich Oogamie er'angt; bei allen ist es aber der sekundäre Zoosporentypus, der oogam wird, — eine Erscheinung, der wohl allgemeinere Bedeutung zukommt, — und die eventuell der Ausgangspunkt neuer Beobachtungen bilden kann.

So glaube ich, hat uns die genaue Kenntnis der Variation der Zoosporen einerseits die Phylogenie der einzelnen Gruppen näher gebracht, — andererseits uns aber auch klar werden lassen über die auf den ersten Blick komplizierten reproduktiven Verhältnisse der Grünalgen.

Tafel-Erklärung.

Tafel I.

Tafel I A Variationskurven.

  a) über Mikrozoosporen von Fäden der *Ulothrix zonata*, die 25—33 μ maßen.
  b) über Mikrozoosporen von Fäden der *Ulothrix zonata*, die bis 70 μ maßen.

  a) über Makrozoosporen von Fäden der *Ulothrix zonata*, die 15—20 μ maßen.
  b) „   „   „   „ „   „   „   „ 30—35 μ maßen.
  c) „   „   „   „ „   „   „   „ 40—45 μ maßen.

Tafel I B. Variationskurven über die Zoosporen von

  Tribonema (Conferva) minus (?).
  Tribonema bombycinum forma *genuina* (?).

Tafel II.

Ulothrix zonata.

A) Darstellung der Längenvariationskurven der drei Zoosporentypen.
B) Darstellung der Variation der Lage des Stigma bei den Mikro- und Makrozoosporen.

Tafel III.

Stigeoclonium longipilum.

A) Langenvariationskurven der Zoosporen.
B) Variation der Lage des Stigma.

Tafel IV.

Stigeoclonium fasciculare.

A) Längenvariationskurven der Zoosporen.
B) Variation der Lage des Stigma.

Tafel V.

Stigeoclonium tenue.

A. B) in vorstehender Bedeutung.

Tafel VI.

Stigeoclonium nudiusculum.

A. B) in vorstehender Bedeutung.

Tafel VII.

Draparnaudia glomerata.

A, B) in vorstehender Bedeutung.

Tafel VIII.

Übersichtstabelle über die Längenvariationskurven der untersuchten Chlorophyceen:

a) *Ulothrix zonata.*
b) *Stigeoclonium longipilum.*
c) *Stigeoclonium fasciculare.*
d) *Stigeoclonium tenue.*
e) *Stigeoclonium nudiusculum.*
f) *Draparnaudia glomerata.*

Inhaltsverzeichnis.

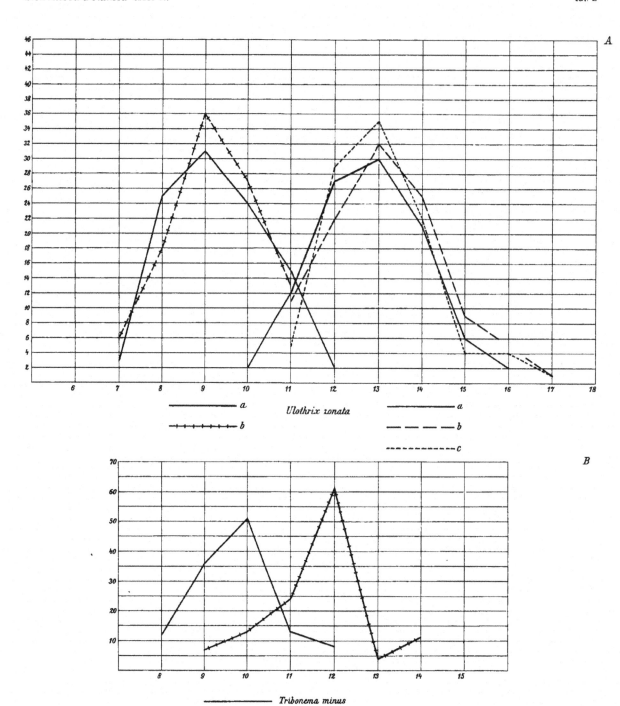

Ulothrix zonata

Tribonema minus

Tribonema bombycinum Forma genuina

Lith. v. Gerstenlaurr & Reisacher Stuttgart.

E.Schweizerbart'sche Verlagsbuchhandlung (E.Nägele) Stuttgart.

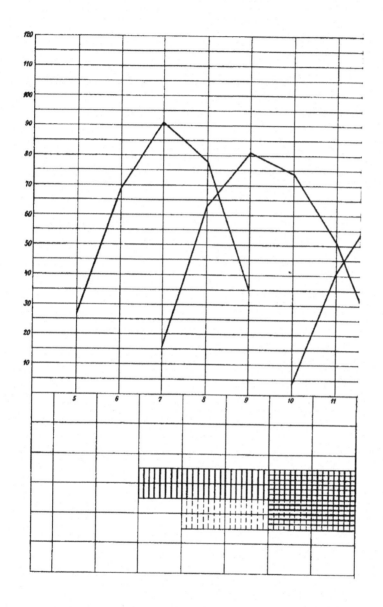

Ulothrix zon

E. Schweizerbart'sche Verlagsbuchhandl

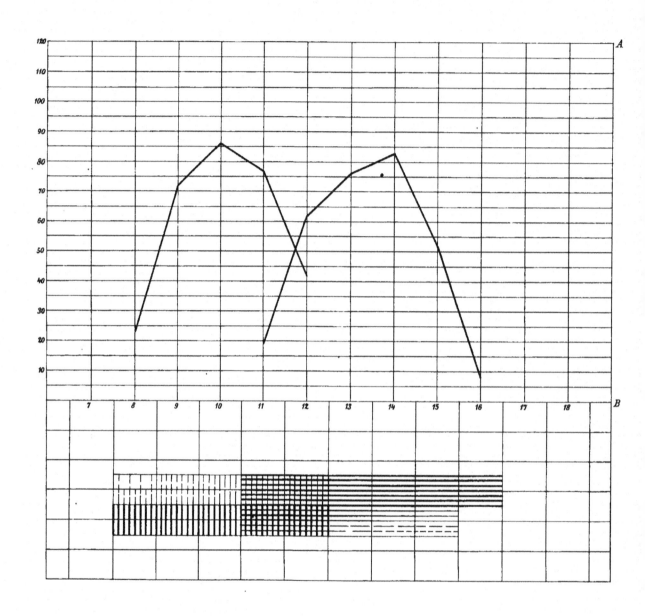

Stigeoclonium longipilum

Lith. u. Gerstenlauer & Reisacher Stuttgart.

E. Schweizerbart'sche Verlagsbuchhandlung (E. Nägele) Stuttgart.

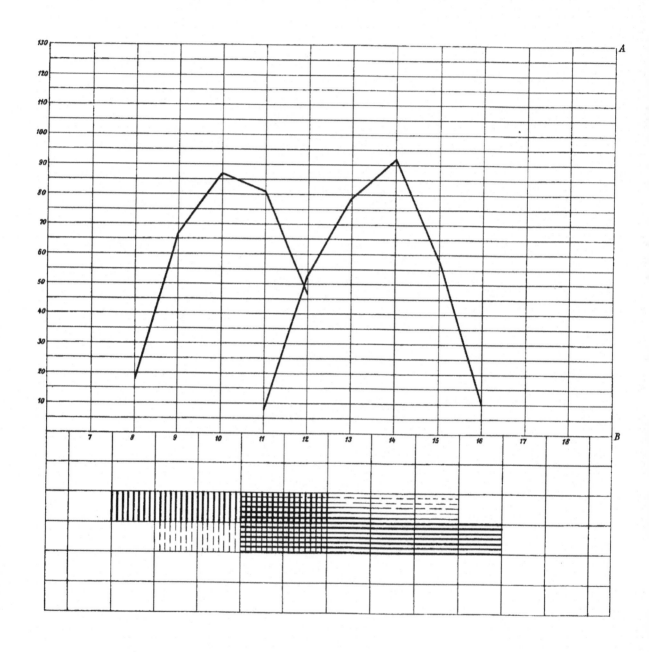

Stigeoclonium fasciculare

Lith v. Gerstenlauer & Reisacher. Stuttgart

E. Schweizerbart'sche Verlagsbuchhandlung (E.Nägele) Stuttgart.

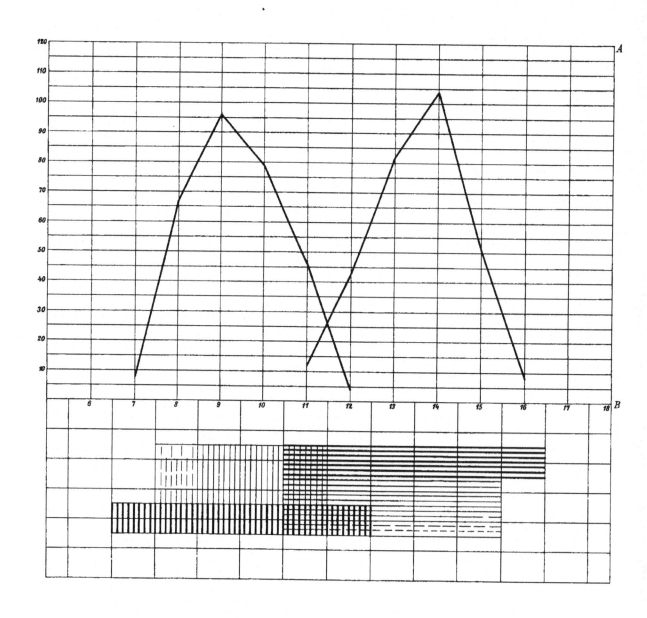

Stigeoclonium tenue

Lith. v. Gerstenlauer & Reisacher, Stuttgart.

E. Schweizerbart'sche Verlagsbuchhandlung (E. Nägele) Stuttgart.

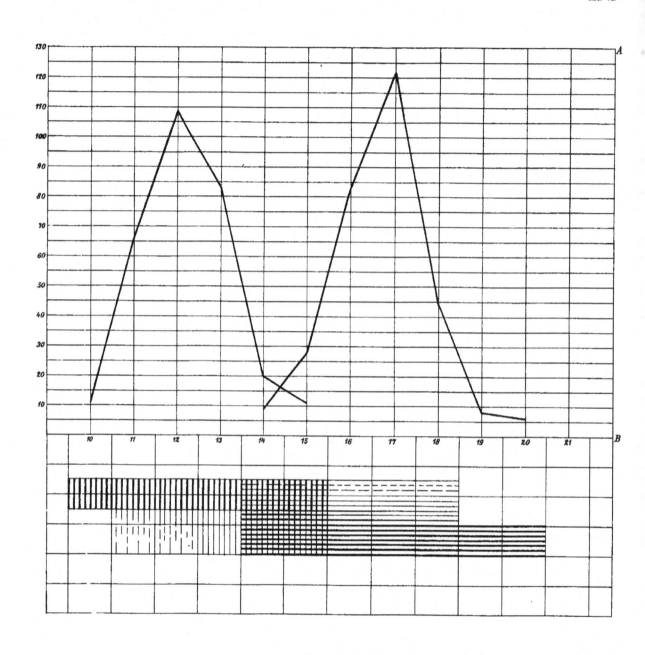

Stigeoclonium nudiusculum

Lith ⚬ Gerstenlauer & Reusacher, Stuttgart

E. Schweizerbart'sche Verlagsbuchhandlung (E. Nagele) Stuttgart.

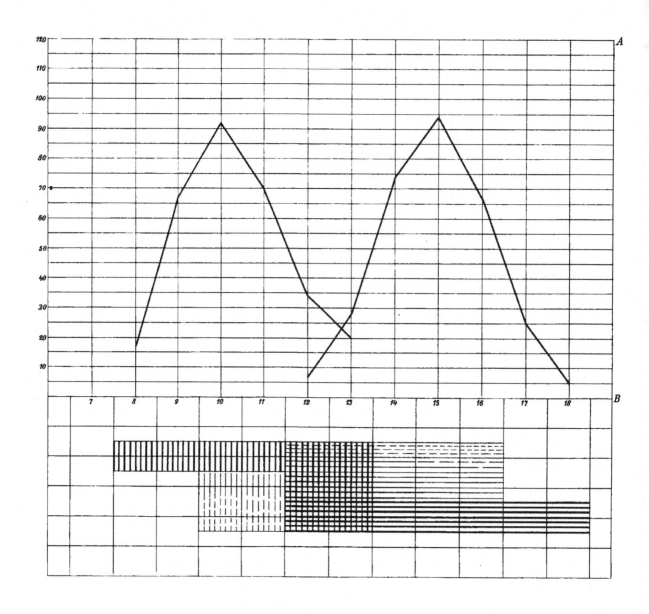

Draparnaudia glomerata

Lith u Gerstenlauer & Reisacher, Stuttgart

E. Schweizerbart'sche Verlagsbuchhandlung (E.Nagele) Stuttgart.

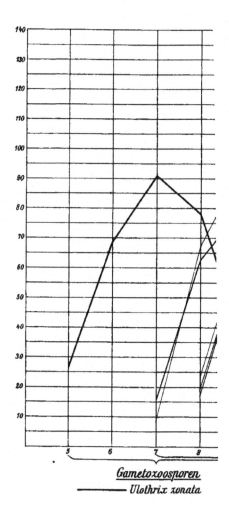

Gametozoosporen
———— Ulothrix zonata

Bibliotheca Botanica

Verzeichnis der bisher erschienenen Hefte